via reise verlag

Pavla Nejezchleba

WANDERN MIT KINDERN

RUND UM LEIPZIG & HALLE

Inhalt

Rund um Leipzig & Halle

Schwierigkeitsgrad

● leicht ● mittel ● herausfordernd

GPS-Tracks

Als Ergänzung zu den Karten im Buch könnt ihr die GPS-Tracks für alle Touren auf der Homepage des via reise verlags herunterladen. Damit lässt sich die Wegstrecke auf einem Smartphone oder einem anderen GPS-Gerät darstellen. Den Link und eine Kurzanleitung zur Verwendung der Dateien findet ihr bei den Informationen zum Buch: www.viareise.de.

Sachgeschichten

Ausflüge, die allen Spaß machen

Wandern macht glücklich, das steht fest. Mit Kindern kann es aber dennoch eine Herausforderung für alle sein. Vielleicht kennt ihr das auch: Die Kinder haben keine Lust mehr zu laufen, sie langweilen sich und meckern. Wann sind wir endlich da? Die Badestelle fällt zu steil ins Wasser ab. Die Kinder wollen Eis, aber weit und breit gibt es keins. Und dann braucht man Münzen für den Aussichtsturm und ihr habt keine und die Gaststätte ist ausgerechnet heute zu und der Zug fällt aus … Es gibt reichlich Stimmungskiller, wenn man seinem Nachwuchs doch eigentlich die Leidenschaft für Natur und die Lust am Wandern nahebringen will und eine schöne Zeit zusammen haben möchte.

Diesen Wanderführer habe ich geschrieben, um solche Szenarien nach Möglichkeit zu vermeiden. Einen pünktlichen Zug kann ich nicht versprechen, aber ich will die besten familienfreundlichen Routen vorstellen und euch möglichst viele Infos mit auf den Weg geben. Denn auch auf den schönsten Wanderstrecken ist das Wichtigste, die Bedürfnisse von Kindern und Eltern (oder begleitenden Erwachsenen) zu berücksichtigen. So findet ihr Hinweise zu Spielmöglichkeiten, Rastplätzen, kinderfreundlichen Restaurants, Eisdielen und zu vielen anderen Orten und Sehenswürdigkeiten, die einen Besuch lohnen, in den Wegbeschreibungen bzw. Infokästen am Anfang jeder Tour.

Die Autorin

Pavla Nejezchleba ist Kinderbuchautorin und Ethnologin. Sie reist gern und liebt es, neue Orte zu entdecken. Dabei genießt sie vor allem Streifzüge durch die Natur. 2020 ist sie von Berlin nach Leipzig gezogen und erkundet seitdem so oft wie möglich mit ihrer Familie das Umland. Besonders reizvoll findet sie die hügelige Landschaft entlang der Unstrut. Freie Nachmittage verbringt sie gern mit ihren Kindern im Leipziger Auwald.

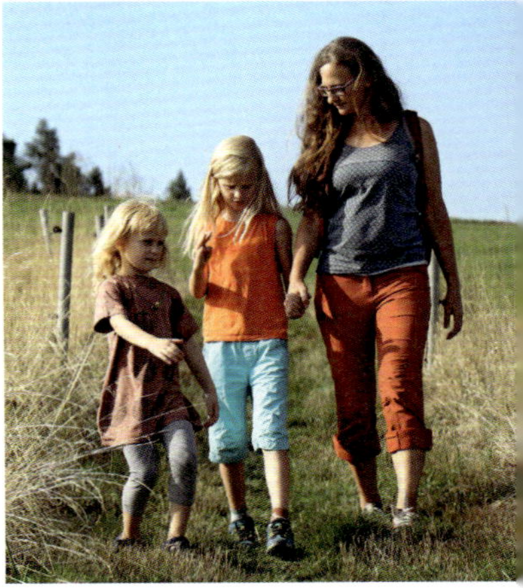

Wandern mit Kindern

Als ich vor zweieinhalb Jahren mit meiner Familie nach Leipzig zog, wollten wir natürlich die neue Gegend entdecken. Also fragte ich wanderbegeisterte Freunde, recherchierte in Karten, Büchern, im Internet und probierte es mit meiner Familie aus. Da wir umweltfreundlich reisen möchten, mussten alle Orte mit den öffentlichen Verkehrsmitteln erreichbar sein. Was nicht immer so leicht ist, denn das Bahnnetz ist in Sachsen, Sachsen-Anhalt und Thüringen leider nicht so dicht, wie man es sich – gerade wenn man mit Kinderschritten unterwegs ist – wünschen würde. Was folgte, war eine kombinatorische Ameisenarbeit mit dem Ziel, kurze Strecken zu finden, am besten kinderwagentauglich, mit spannenden Zwischenzielen, gut erreichbar und idealerweise auch noch mit einer Eisdiele auf dem Weg.

Das Ergebnis präsentiert dieses Buch: 20 tolle Wanderungen rund um Halle und Leipzig, die die Kriterien der Familienfreundlichkeit und Nachhaltigkeit erfüllen. Die meisten sind mit Kinderwagen, Lauf- oder Fahrrad befahrbar. Sie führen durch Wälder, Flusstäler und zu Seen mit schönen Badestellen. Ihr könnt Burgen und Schlösser erkunden, archäologische Fundstellen und spannende Museen sowie abenteuerliche Spielplätze entdecken. Wobei die Kinder meist ohnehin in der Natur ihre eigenen und schönsten Spielzeuge finden. Und falls die Sprösslinge doch mal ungeduldig werden, probiert die Spielideen für unterwegs aus.

Die wilden Wege machen am meisten Spaß

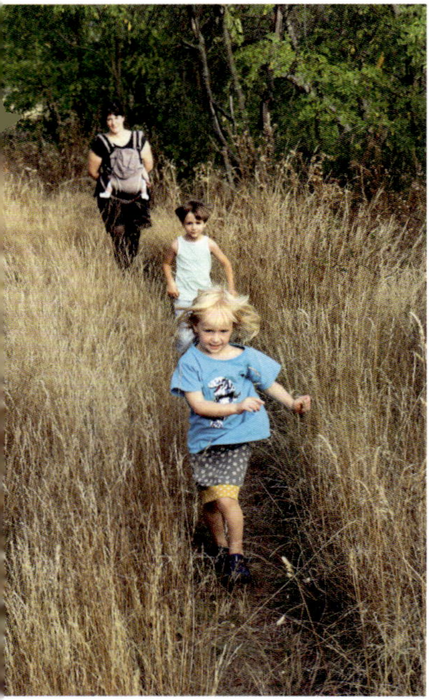

Schwierigkeitsgrade

Die Wanderungen sind in drei Schwierigkeitsgrade eingeteilt, die auf Begehbarkeit, Länge und Steigung basieren und euch eine schnelle Orientierung ermöglichen.

Tipps fürs Wandern mit Kindern

⇨ **Zeit**
Immer genug Zeit für Pausen, Essen, Spiele und Erkundungen einplanen!

⇨ **Proviant**
Genügend Trinkflüssigkeit und etwas zu essen für Zwischendurch/Picknick mitnehmen, z. B. Obst, kleingeschnittenes Gemüse, Kekse

⇨ **Einkehren**
Sicherheitshalber vorher Öffnungszeiten erfragen

⇨ **Ausrüstung**
Windeln, Wechselkleidung, Regen- und Sonnenschutz (Hut, Creme), je nach Jahreszeit Badezeug einpacken. Mückenschutz nicht vergessen!

⇨ **Erste-Hilfe-Set**
Pflaster, kleine Reiseapotheke, Zeckenzange

⇨ **Fahrzeuge**
Geländetauglicher Kinderwagen für anspruchsvollere Touren, für leichte Touren evtl. Laufrad oder Roller mitnehmen

⇨ **Spiel und Spaß**
Fernglas, Becherlupe, Kescher, Transportgefäße für gesammelte Objekte; für die Zugfahrt Bücher, kleine Spiele, Malsachen

⇨ **Motivation**
Am meisten Spaß macht es Kindern mit Gleichaltrigen

⇨ **Bei Anreise mit der Bahn**
Vor der Tour sicherheitshalber noch einmal die aktuellen Fahrpläne im Internet oder per Telefon prüfen

Leichte Routen ● führen über geteerte Strecken oder gut befestigte Fußwege und sind nicht besonders lang. Es gibt hier fast keine Steigungen. Ihr könnt auch mit einem gewöhnlichen Kinderwagen laufen.

Mittlerer Schwierigkeitsgrad ● bedeutet, dass der Untergrund auch mal sandig oder uneben (z. B. durch Wurzeln und Steine) sein kann. Teilweise kann die Route über zugewucherte Wege oder Wiesen führen. Es empfiehlt sich ein outdoortauglicher Kinderwagen mit größeren Rädern.

Herausfordernde Strecken ● enthalten dagegen größere Steigungen oder Abschnitte, die etwas Ausdauer erfordern.

Schwierige Stellen (sofern es sie gibt) werden in den Tourenbeschreibungen genannt und sind auf den Karten stets als gestrichelte Linie (---) erkennbar.

Spielideen für unterwegs

- die nächste Wegmarkierung suchen
- Tiere und ihre Spuren, Pilze oder Waldbeeren suchen
- Sport: Zapfen-Weitwurf, Wettrennen, auf Baumstämmen balancieren, einen Parcours ausdenken ...
- singen
- mit Naturmaterialien aus dem Wald basteln, Hütte bauen
- Spiele wie „Ich sehe was, was du nicht siehst", „Ich packe meinen Koffer" oder Tiere raten
- fotografieren
- mal barfuß laufen

Die Angaben zur (Un-)Tauglichkeit für Kinderwagen und Fahrräder dienen der Orientierung – besonders sportliche Familien, die mit dem Fahrrad über Stock, Stein und Treppen fahren, mögen manches anders bewerten. Die Tourbeschreibungen und Angaben in den Info-Boxen lassen euch individuell entscheiden.

Gehzeit

Als Gehzeit ist bei jeder Tour die angenommene Laufzeit ohne Pausen angegeben. Natürlich hat jedes Kind sein eigenes Tempo. Und ihr müsst unbedingt genügend Zeit für Essen, Spielen, Ausruhen einrechnen. Sinnvoll ist wohl, mit rund doppelt so viel Zeit wie angegeben zu planen. Falls ihr es schwer einschätzen könnt, probiert zuerst die kurzen Wanderungen.

Verpflegung

Ganz wichtig für den Erfolg des Ausfluges ist, dass niemand Durst oder Hunger leidet. Auf einer Wanderung können die Kräfte – und damit auch Motivation und Laune – schnell abfallen. Habt also immer einen Müsli-Riegel oder ein Stück Schokolade dabei. Ich habe versucht, für jede Tour eine familienfreundliche Einkehrmöglichkeit zu finden. Sofern es in den Lokalen Wickeltische und Hochstühle gibt, weise ich darauf hin. Es empfiehlt sich besonders bei abgelegenen Orten oder im Winter zur Sicherheit vorher telefonisch die Öffnungszeiten zu erfragen. Häufig findet ihr aber auch auf dem Weg schöne Ecken für ein Picknick oder beispielsweise Brombeeren am Wegesrand zum Naschen.

Ausrüstung

Über die Beschreibungen der Touren bekommt ihr eine Vorstellung, was für ein Terrain euch erwartet. Je nach Saison, Wetter und natürlich Alter der Kinder entscheidet sich, was ihr sonst noch braucht: Ersatz- oder Regenkleidung, Windeln, Feuchttücher, eine kleine Reiseapotheke, Spielzeug oder ein Buch, im Sommer Badesachen, Hut und Sonnencreme. Bei den Touren durch Auenlandschaften solltet ihr keinesfalls das Mückenspray vergessen. Für Naturforscher eignet sich ein Fernglas oder eine Becherlupe. Die Radfahrer brauchen natürlich verkehrssichere Fahrräder, Helme, Luftpumpe und Werkzeug. Für die Zugfahrt empfehlen sich Sachen zum Malen, Lesen oder Spielen.

Kindgerechtes Wissen

Im Buch beleuchten Sachtexte jeweils ein relevantes Thema aus der Region. Sie richten sich an Kinder im Grundschulalter. Euch erwarten zwanzig Sachgeschichten zur lokalen Geschichte und Archäologie, zu Architektur, Urbanismus und selbstverständlich auch zur Natur (Übersicht ▸ Seite 4).

Am schönsten ist es, wenn Freundinnen oder Freunde auf die Tour mitkommen

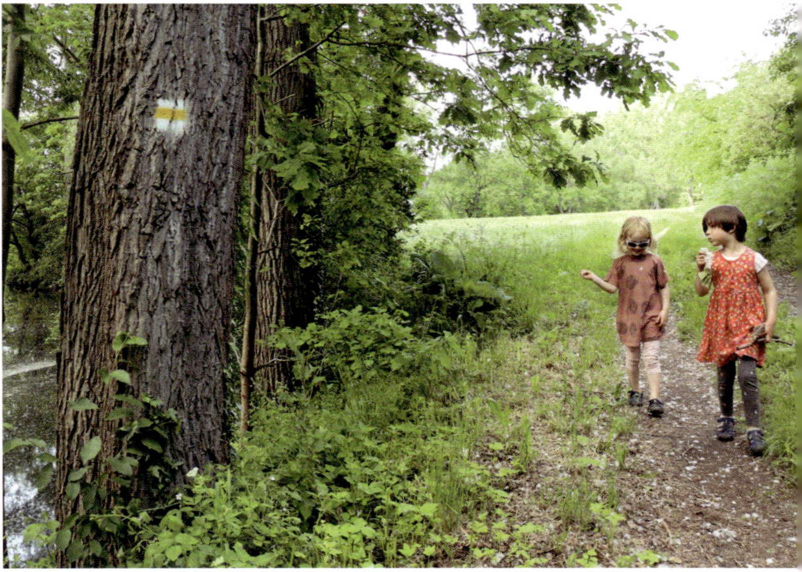

Mit Bahn & Bus zum Wandern

Die Wanderungen sind so konzipiert, dass alle Start- und Zielpunkte mit öffentlichen Verkehrsmitteln, bevorzugt S-Bahn und Regionalbahn, gut zu erreichen sind. Die entsprechenden Verbindungen sind bei jeder Tour angegeben, doch ihr solltet unbedingt vorher überprüfen, ob die Bahnen und Busse auch tatsächlich am gewünschten Tag so fahren. Informationen findet ihr unter www.bahn.de oder bei dem Mitteldeutschen Verkehrsverbund www.mdv.de, beziehungsweise in der App der Deutschen Bahn (DB Navigator) oder der MDV (Moovme). Die Fahrscheine sind an den DB- und S-Bahn-Automaten, an den Ticketschaltern oder online über die oben genannten Apps erhältlich.

Tickets

Die MDV-Verbundtickets gelten für alle Verkehrsmittel. Damit sind Umstiege zwischen S-Bahnen, anderen Nahverkehrszügen, Stadtbussen oder Straßenbahnen einfacher.

Innerhalb der Städte sind die **24-Stunden-Karten** interessant, die es für bis zu fünf Personen gibt. Innerhalb Leipzigs können damit sogar drei Kinder bis 14 Jahre gratis mitgenommen werden. Für die Wanderungen sind aber meistens Strecken über mehrere Tarifzonen nötig. Auch hierfür gibt es 24-Stunden-Karten, jedoch können Kinder nicht kostenfrei mitgenommen werden. Der Preis errechnet sich dann nach der Zahl der durchreisten Zonen. Auch diese Karten gibt es für bis zu fünf Personen sowie für Kinder.

Besser geeignet für Tagesausflüge in das MDV-Gebiet außerhalb Leipzigs ist das **Hopperticket.** Es gilt für Strecken für bis zu 6 Tarifzonen. Die Hin- und Rückfahrt kostet 11 €. Zusätzlich können bis zu drei Kinder (bis einschließlich 14 Jahre) kostenfrei mitgenommen werden. Zu beachten ist aber die zeitliche Begrenzung an Arbeitstagen. Montag bis Freitag gilt es erst ab 9 Uhr, an Wochenenden und Feiertagen ab 0 Uhr. Dieses Ticket ist **nur über die App Moovme erhältlich** und gilt zum sofortigen Fahrtantritt. Die Rückfahrt müsst ihr später aktivieren.

Außerdem existieren die **Länder-Tickets** für den Nahverkehr (Sachsen-Ticket oder Sachsen-Anhalt-Ticket). Ein Erwachsener zahlt dafür 27 €, fünf Personen 59 €. Man kann beliebig viele

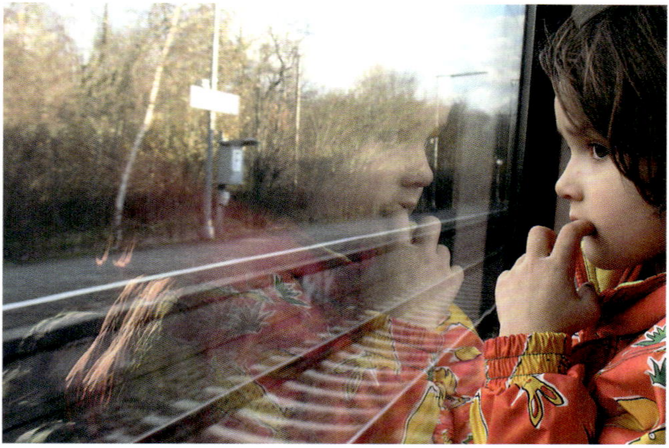

Für längere Zugfahrten ist es günstig, Spiele oder Bücher mitzunehmen

Fahrten innerhalb Sachsens, Sachsen-Anhalts und Thüringens an einem Tag unternehmen (montags bis freitags 9 bis 3 Uhr am Folgetag, am Wochenende und an Feiertagen ab 0 Uhr). Bis zu drei 6- bis 14-jährige Kinder können kostenlos mitfahren. Kinderwagen werden kostenfrei mitgenommen.

Deutschland-Ticket

Wer schon ein MDV-Abo hat oder sich eines zulegen möchte, für den könnte der Umstieg auf das Deutschlandticket interessant sein. Damit kann man nicht nur im MDV-Gebiet, sondern in allen Bussen und Bahnen des Regionalverkehrs in Deutschland für 49 € pro Monat fahren. Allerdings benötigen mitreisende Kinder dann einen eigenen Fahrschein oder ein eigenes Deutschlandticket.

Fahrradmitnahme

Fahrradmitnahme ist **in allen Zügen** des Nahverkehrs im MDV kostenfrei. In den Straßenbahnen und Bussen im sächsischen und thüringischen Verbundgebiet sowie in der Stadt Halle und zu bestimmten Zeiten in Leipzig müsst ihr eine Extra-Karte erwerben. Sie kostet 1,90 € in Halle, 2 € in Leipzig (eine Fahrt). Die Mitnahme der Fahrräder ist allgemein von der Kapazität der Züge begrenzt, Kinderwagen und Rollstühle haben immer Vorrang.

Lützschena – Wahren

1 Entdeckungsreise durch den nördlichen Leipziger Auwald

Start	Ziel	Länge	Gehzeit	Schwierigkeit
S-Bhf. Lützschena	S-Bhf. Wahren (oder Tram)	8 km (7,5 km)	2 Std.	● leicht

Nordwestlich von Leipzig mäandern die Weiße Elster und weitere Flüsse durch den einzigartigen Auwald in Richtung Saale. In der Auwaldstation in Lützschena kann man dieses besondere Ökosystem näher kennenlernen. Besondere Attraktion für Kinder ist dort ein Baumhaus, in dem man die Vielfalt des Lebens in den Baumkronen entdecken, Vögel beobachten oder einfach dem Quaken der Frösche lauschen kann. Die Entdeckungsreise führt weiter durch den Schlosspark von Lützschena. Im Frühling umgibt euch dort ein typischer Geruch: Bärlauch. Auf dem Wanderweg entlang der Neue Luppe gelangt ihr zum Abenteuerspielplatz und zur Parkeisenbahn am Auensee.

Wo erkundet man am besten das Leben in den Baumkronen? Im Baumhaus!

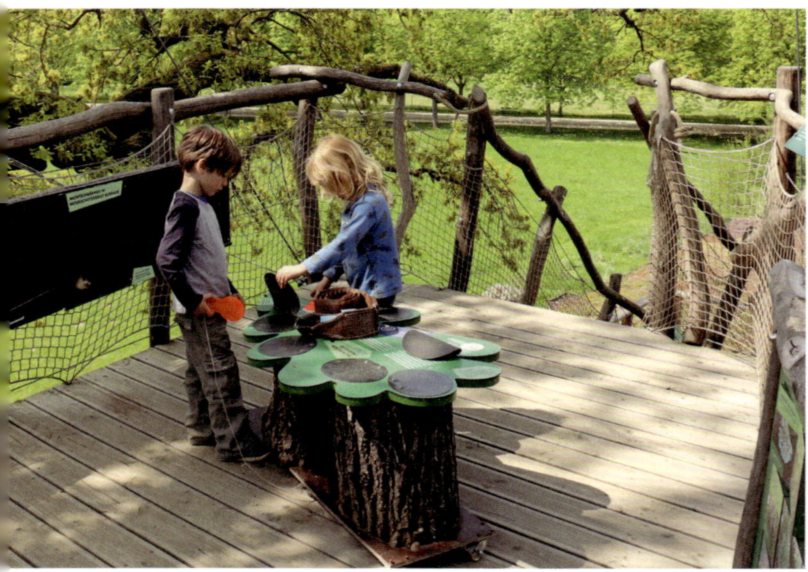

Infos zur Tour

Anfahrt
S-Bahnhof Lützschena
aus Leipzig: S3, alle 30 Min., ca. 10 Min.
aus Halle: S3, alle 30 Min., ca. 25 Min.

Rückfahrt
nach Leipzig: Tram 11 von Wahren (Rathaus), oft, ca. 20 Min.
nach Halle: Tram 11 nach Leipzig Hbf. und dann S-Bahn, oder ab S-Bhf. Wahren mit S3, alle 30 Min., ca. 30 Min.

Streckenverlauf
S-Bhf. Lützschena – Wanderweg Rund um Leipzig – Schloss Lützschena – Schlosspark – entlang der Neuen Luppe – Auensee – Wahren (– S-Bhf. Wahren)

Streckencharakteristik
Auch wenn diese Wanderung auf Stadtgebiet verläuft, führt sie durch viel Grün. Im Schlosspark und beim See ist es angenehm schattig, entlang der Neuen Luppe lauft ihr aber in offener Landschaft. Daher ist ein heißer Sommertag nicht ideal für diese Tour. Entspannter lässt sich die Natur hier im Winter, Frühling und Herbst entdecken.

Mit Kinderwagen?
Ja

Beschilderung
Teils rote Markierung, dann blau-weiße Balken im Schlosspark, später Elsterradweg

Spielplätze
Spielplatz am Auensee

Aktivitäten
Auwaldstation Leipzig
Schloßweg 11 · 04159 Leipzig · www.auwaldstation.de · Mo geschlossen
Feine Ausstellung auf der Baumplattform (3 €, Kinder 2€) und im/beim Haus (kostenfrei). Es werden vielfältige Aktivitäten für Kinder verschiedener Altersgruppen angeboten.

Parkeisenbahn Auensee
Gustav-Esche-Straße 8 · 04159 Leipzig · www.parkeisenbahn-auensee-leipzig.de · Mitte Apr.–Okt. Di–Fr 14–17.45, Sa/So/Fei zusätzlich 10–12.45 Uhr, Mo Ruhetag, bei ungünstiger Witterung nicht in Betrieb
Seerundfahrt mit der Schmalspureisenbahn.

Einkehren
Haus am See
Gustav-Esche-Straße 4a · 04159 Leipzig · www.freizeitinleipzig.de/terrassencafe-am-auensee · tgl. 11.30–18.30 Uhr
Netter Imbiss mit Seeblick und gleichzeitig Bootsverleih. Mit kleiner Spielecke. Im Winter kann man dort schön am Feuer sitzen.

Café Restaurant FachWerk
Rittergutsstraße 11 · 04159 Leipzig · www.fachwerk-wahren.de · Mi/Do 17.30–22, Fr/Sa 14.30–22, So 11.30–18 Uhr
Leckere mediterrane Küche, auch Kindergerichte. Man kann auch draußen sitzen und Kaffee und Kuchen genießen. Sehr empfehlenswert.

km 0–3,5 **Von Leipzig-Lützschena zur Neue Luppe**

Verlasst den Bahnhof über die Bahnstraße in südlicher Richtung. Ihr befindet euch auf einem rot markierten Wanderweg, wobei meist nur aufmerksame Kinderaugen die Markierung entdecken. Nach rund 200 Metern führt die kleine Straße Auf der Höhe nach links. Schon bald verschwinden die Einfamilienhäuser und auch der Asphalt. Bevor der Weg das Bächlein überquert, biegt ihr links ab und geht durchs Grüne an dem kleinen Gewässer entlang.

Diesem Weg folgt ihr bis zu den Straßenbahngleisen an der Halleschen Straße und wendet euch hier nach rechts. Ihr müsst nun Gleise und Straße überqueren, denn der Weg führt auf der anderen Seite parallel zur Straße zwischen Familienhäusern und Feldern entlang. Er mündet in die Straße Am Bildersaal, wo ihr euch nach links wendet. An der nächsten Kreuzung folgt ihr weiter nach links der roten Markierung in die Straße An der Schäferei. Über den rechts abbiegenden Schlossweg geht es an der kleinen Schlosskirche vorbei und bald erreicht ihr das **Schloss.**

Es sieht etwas untypisch für ein Schloss aus, denn es wurde in den 1950er-Jahren umgebaut. Damals wurde hier das Internat der landwirtschaftlichen Fachschule eingerichtet, man brauchte Platz und ersetzte die Zinnen durch ein viertes Stockwerk. Ihr geht rechts um das Schloss herum und folgt dem Schild Richtung

Der Elsterradweg verläuft hier entlang der Neuen Luppe, auf der Deichkrone

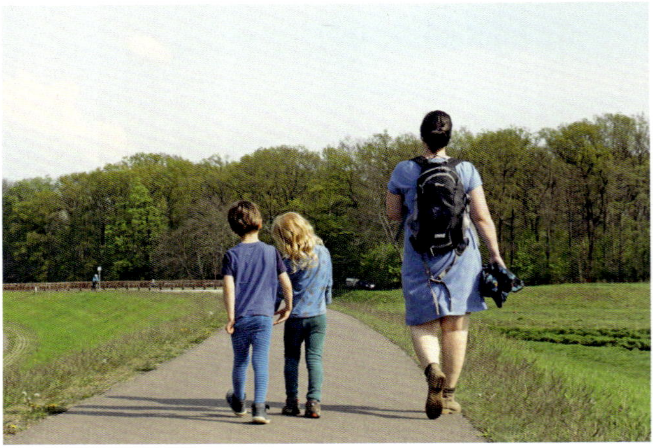

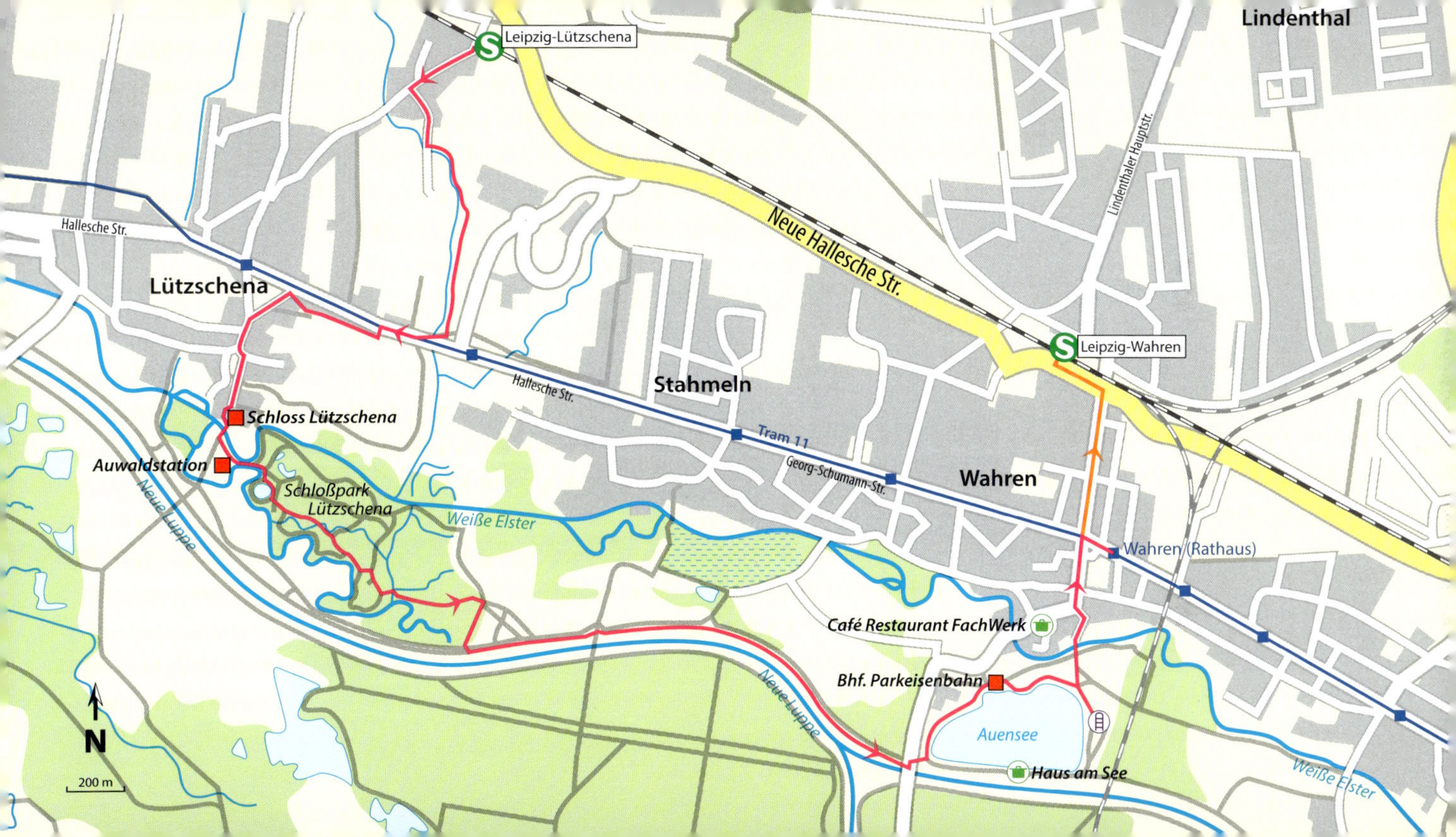
Lindenthal
Leipzig-Lützschena
Leipzig-Wahren
Neue Hallesche Str.
Lindenthaler Hauptstr.
Hallesche Str.
Lützschena
Stahmeln
Wahren
Tram 11
Georg-Schumann-Str.
Wahren (Rathaus)
Schloss Lützschena
Auwaldstation
Schloßpark Lützschena
Weiße Elster
Neue Luppe
Café Restaurant FachWerk
Bhf. Parkeisenbahn
Auensee
Haus am See
N
200 m

Auwaldstation. Eine kleine Holzbrücke überquert die Weiße Elster, rechts könnt ihr die Mühle und das Mühlwehr sehen. Hinter der Brücke links liegt die Auwaldstation. Aber noch bevor ihr sie erreicht habt, werden die Kinder sicher das Xylophon aus herabhängenden Hölzern erklingen lassen.

Die **Auwaldstation** ist im ehemaligen Wirtschaftsgebäude der Familie von Sternburg untergebracht und versteht sich als Umweltbildungszentrum, Naturschutzstation und Kulturstätte. In die drei Eichen neben dem Haus ist eine Baumkronenplattform eingebaut, eine Art Baumhaus, das Kinder begeistert (hierfür ist ein geringer Eintritt zu bezahlen). Oben gibt es eine kleine, aber feine Ausstellung zur Biodiversität in den Baumkronen. Ihr erfahrt etwas über die acht heimischen Fledermausarten, über die Zeitrhythmen der Singvögel oder verschiedene Baumflechten. Rund um das Haus findet ihr weitere kleine Spiele und Informationen zu den Themen Natur und Umwelt, insbesondere zum **Leipziger Auwald,** der übrigens zu den größten erhaltenen Auwaldbeständen in Mitteleuropa zählt, und zum Schlosspark Lützschena.

Die Auwaldstation wirkt wie ein Tor zum **Schlosspark Lützschena.** Er ist heute ein Teil des Naturschutzgebiets Burgaue. Schon 1685 wurde ein Lustgarten auf dem Rittergut Lützschena, mitten in der Auenlandschaft erwähnt. Seine heutige Form erhielt der Park allerdings erst im 19. Jahrhundert, als der Leipziger Kaufmann und Kunsthändler Maximilian Speck von Sternburg ihn als englischen Landschaftspark neu gestalten ließ: mit Skulpturen und Denkmälern, künstlichen Teichen und Inseln. Die Kunstobjekte, aber vor allem die Natur des Auwaldes, könnt ihr beim Wandern erkunden, etwa mit der kostenlosen App der Auwaldstation (Auwald-Erlebnispfade, siehe auch www.auwaldstation.de).

Bei dieser Wanderung folgt ihr aber keiner App, sondern der blauen Markierung. Der Weg führt vorbei am Dianateich und nach Überquerung des Parkfließ' weiter zur Marienkapelle. Im Frühjahr schreitet ihr hier durch dichte Teppiche von Bärlauch. Die Wege im Park sind unbefestigt, aber auch mit Kinderwagen oder Laufrad gut befahrbar. Nur verlassen solltet ihr sie nicht, denn ihr befindet euch im Naturschutzgebiet. Wo der markierte Weg südlich aus dem Park hinausführt, stoßt ihr auf den Elsterradweg, der hier entlang der **Neuen Luppe** verläuft.

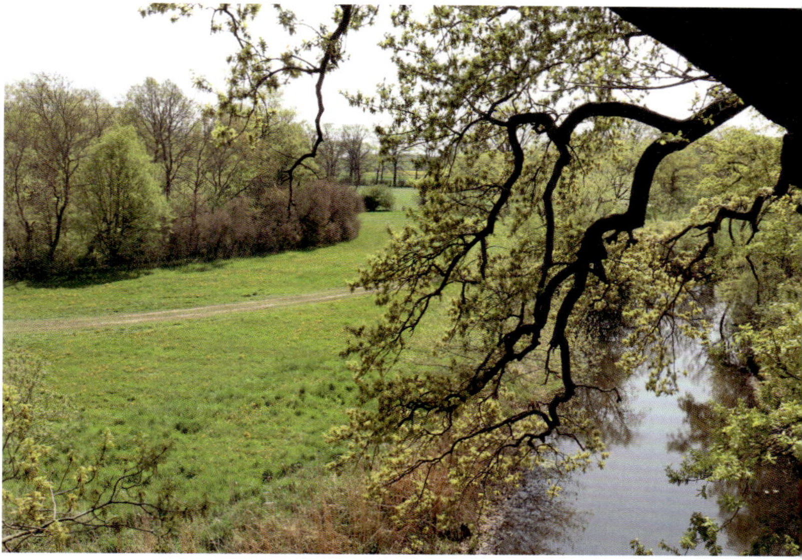

Malerischer Ausblick im frühlingshaften Schlosspark Lützschena

Von der Neuen Luppe zum Auensee **km 3,5–6,6**

Die Neue Luppe ist ein künstlicher Nebenarm der Weißen Elster. Sie fließt in einem breiten, grünen Flussbett, Dämme schützen vor Hochwasser. Ihr lauft nun für nicht ganz zwei Kilometer oben auf dem Deich weiter in Richtung Leipzig, also nach links. Sollte auf diesem asphaltierten Radweg zu viel Radverkehr sein, könnt ihr auch den gepflasterten Weg links unterhalb des Deichs nehmen. Vorbei an Kleingärten und am Campingplatz linker Hand kommt bald am gegenüberliegenden Ufer das Naturschutzgebiet Burgaue in Sicht, wo sich der **Forschungskran** der Auwaldstation befindet. Direkt hinter der Straßenbrücke geht es links runter zum **Auensee,** der schon durch die Äste zu sehen ist.

Beim See angekommen könnt ihr selbst entscheiden, in welcher Richtung ihr ihn umrunden wollt. Wer Lust auf eine Fahrt mit der Parkeisenbahn hat, der sollte linksherum gehen. Ihr kommt an einem großen Biergarten mit Spielplatz vorbei und bald danach taucht schon das Bahnhofsgebäude auf. Diese **Parkeisenbahn** (die in der DDR Pioniereisenbahn hieß) ist seit 1951 in Betrieb. Mal von

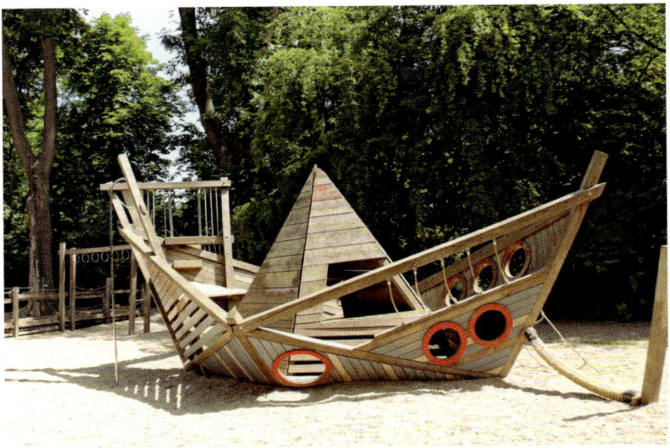

Wer kann dieses Schiff aus Papier nachbauen?

einer Dampflok, mal von einer Lok mit Elektroakku gezogen, umrundet sie auf einer 1,9 Kilometer langen Strecke den Auensee.

Ob mit oder ohne Fahrt, weiter geht es am Seeufer entlang zu einer Liegewiese. Links befindet sich ein toller **Spielplatz.** Highlight sind hier die hölzernen „Papierschiffe“, auf denen man herumklettern und fantastische Abenteuerreisen erleben kann.

km 6,6–8 Vom Auensee nach Leipzig-Wahren

Wenn sich die Kinder zur Rückkehr überreden lassen, lauft ein kurzes Stück zurück und geht an der Weggabelung rechts. Ihr überquert die Gleise der Parkeisenbahn und dann die Weiße Elster und stoßt auf die Straße Am Hirtenhaus. Sie macht einen kleinen Bogen nach links und führt auf eine Kreuzung, wo ihr rechts abbiegt. Nach knapp 300 Metern taucht rechts die Straßenbahnschleife auf, gegenüber vom unübersehbaren **Rathaus** mit eckigem Turm. Rechts, auf der Georg-Schumann-Straße, befindet sich die Tram-Haltestelle (Linien 10, 11, 50).

Wer lieber mit der S-Bahn zurückfahren möchte, läuft weiter geradeaus auf der Linkelstraße. Bei der großen Ampelkreuzung geht es links. Neben dem Gehweg kommt bald eine Mauer, die den Weg von den Bahngleisen trennt, aber auf Höhe des S-Bahnhofs einen Durchgang gewährt. Insgesamt sind es noch rund 700 Meter.

Zum Vorlesen

Ein ganz besonderer Duft: Was wächst im Leipziger Auwald?

Auwald nennt man einen Wald, der regelmäßig von Flüssen oder Bächen überschwemmt wird. In solchen Wäldern wachsen Bäume, die längere Zeit im Wasser stehen können, wie Weiden und Grauerlen. Die Auwälder und Auwiesen bieten Lebensraum für sehr viele – auch seltene – Pflanzen und Tiere.

Meistens aber lassen Menschen die Natur nicht einfach so, wie sie ist. Sie verändern den Lauf der Flüsse. Sie fällen Bäume. Sie bauen Dörfer und Städte, Felder und Straßen. Das alles passierte auch bei Leipzig. Flüsse wie Elster, Parthe, Pleiße und Luppe wurden reguliert und große Teile der Landschaft damit trockengelegt. Die Stadt wuchs. Der Auwald veränderte sich (und ändert sich noch). Andere Baumarten breiteten sich aus, denn zu Überschwemmungen kommt es kaum noch. Einzigartig aber ist, dass sich der Auwald noch mitten in der Stadt befindet.

Gleichzeitig wuchs aber auch das Verständnis über den Wert des Waldes. 1959 wurde der Leipziger Auwald unter Schutz gestellt. Er zeichnet sich durch einen besonderen Reichtum an Frühjahrsblühern aus. Dazu gehört auch der Bärlauch: Ihn kennen wahrscheinlich alle hier, denn er breitet sich wie ein Riesenteppich im Wald aus und verströmt im Frühling einen typischen, intensiven Geruch. Noch früher taucht der Märzenbecher mit weißen glockenförmigen Blüten auf sowie die hellgelbe Hohe Schlüsselblume oder der violette Hohle Lerchensporn.

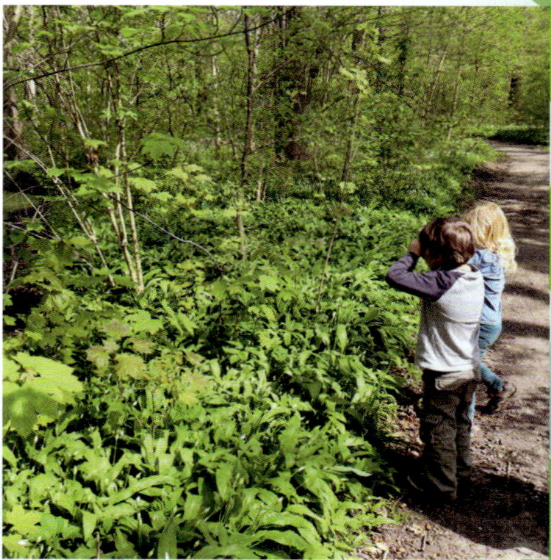

Geht aufmerksam durch den Wald und schaut, was für Bäume, Pflanzen oder Pilze ihr beim Wandern entdeckt.

Petersroda – Bitterfeld

2 Durch die wilde Goitzsche

Start	Ziel	Länge	Gehzeit	Schwierigkeit
Bhf. Petersroda	Bhf. Bitterfeld	13 km (10,5 km)	4,5 Std. (3 Std.)	● herausfordernd ● mittel

Was einst eine durch den Braunkohleabbau verwüstete Halde war, ist heute zu einer überraschend schönen Seelandschaft geworden. Unweit der Industriestadt Bitterfeld wird der Natur seit zwei Jahrzehnten freier Lauf gelassen. So entstand die „Goitzsche Wildnis" und sie entwickelt sich immer noch weiter. Während ihr sie durchwandert, könnt ihr ihre neuen Bewohner wie Seeadler oder seltene Libellen begrüßen. Es gibt schöne Ausblicke zu genießen und unterschiedliche Kunstwerke, die an die industrielle Vergangenheit der Landschaft erinnern. Der Große Goitzschesee und der Ludwigsee bieten sich zum Baden an, beim Arboretum haben die Kinder Spaß auf dem Wasserspielplatz.

Die „Wächter der Goitzsche" passen auf, dass hier niemand die Natur beeinflusst

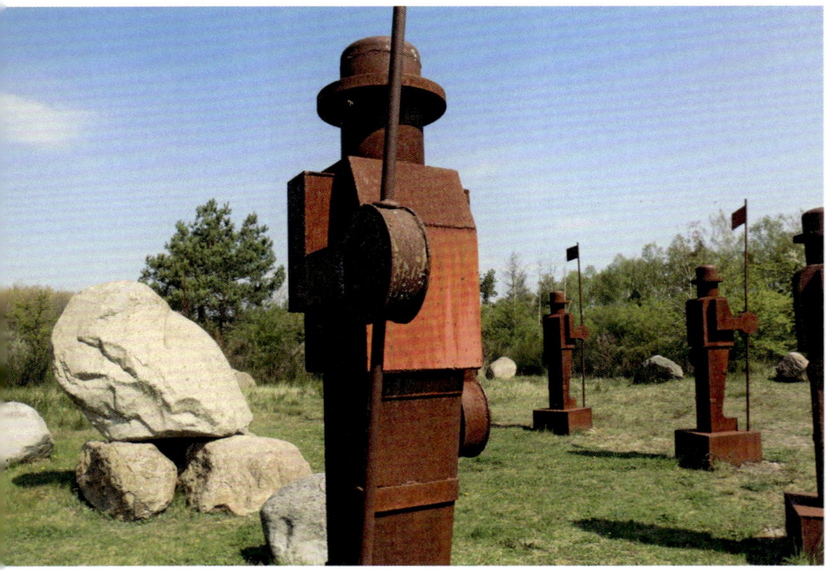

Infos zur Tour

Anfahrt
Bahnhof Petersroda
aus Leipzig: S2, alle 30 Min., ca. 25 Min.
aus Halle: S5 nach Leipzig-Messe, weiter mit S2 nach Petersroda, alle 30 Min., ca. 60 Min.

Rückfahrt
Bahnhof Bitterfeld
nach Leipzig: S2, alle 30 Min., ca. 30 Min.
nach Halle: S8, alle 30 Min., Sa/So stündlich, ca. 20 Min.

Streckenverlauf
Bhf. Petersroda – Ludwigsee (Strand) – Arboretum – Wächter – Holzweißiger Ostsee – Bitterfelder Bogen – Grüne Lunge – Bhf. Bitterfeld (Wolfen)

Streckencharakteristik
Lange, herausfordernde Wanderung auf gut ausgebauten Wanderwegen. Zu beobachten ist, wie Pflanzen und Tiere sich nach der Zeit des Tagebaus ihr Terrain zurückerobern.

Mit Kinderwagen?
Wegen enger Passagen und steiler Abschnitte auf der Zöckeritzer Höhe ist mit Kinderwagen oder Fahrrädern die Variante über den Lutherweg zu empfehlen, auf dem man leider einige schöne Orte verpasst.

Beschilderung
Variante: Lutherweg

Spielplätze
In Petersroda, am Arboretum, in Bitterfeld

Baden
Strand am Ludwigsee

Aktivitäten
Tiergehege und Minigolf Bitterfeld
Parkstraße 1 · 06749 Bitterfeld-Wolfen · www.pepe-activ.de ·ganzjährig geöffnet
Ziegen, Lamas, Esel, manche können gestreichelt werden. Die Minigolfanlage auf dem Gelände ist erst ab Mai und nur am Sonntagnachmittag geöffnet.

Wasserzentrum Bitterfeld
Berliner Straße 6a · 06749 Bitterfeld-Wolfen · www.wasserzentrum-bitterfeld.de · Mo–Fr 10–14.30 Uhr
Tolles Experimente-Museum zum Thema Wasser. Kindgerechte Führungen und Kreativangebote. Leider sehr begrenzten Öffnungszeiten. Der große Außenbereich ist nur von Mai bis Oktober zugänglich.

Einkehren
Amai Sushi & More
Walther-Rathenau-Straße 4 · 06749 Bitterfeld-Wolfen · www.amai-asianfood.de · Mo–Sa 10.30–22 Uhr
Kleines Bistro, leckere Sushi und vietnamesische Küche. Es gibt ein Kindermenü (auch vegetarisch) und als Nachspeise Mochi (kleine Reiskuchen gefüllt mit Eis) oder Klebereis mit Eis und Kokos. Hochstuhl vorhanden.

Eisdiele Matteo
Am Leineufer 3 · 06749 Bitterfeld-Wolfen · www.eisdiele-matteo.de
Tolle Lage am Goitzschesee und in der Nähe eines Wasserspielplatzes. Kinder finden das Eis lecker.

km 0–3 **Vom Bahnhof Petersroda zum Strand am Ludwigsee**

Ihr verlasst den Bahnhof Richtung Norden, wo die Straße der Freundschaft die Gleise überquert. Euer Weg führt auf die Straße hinauf und nach rechts weiter. Gleich taucht rechts ein grüner Streifen auf, wo es einen kleinen Spielplatz gibt. Weiter hinten sieht man die Dorfkirche. Ihr geht weiter geradeaus.

Variante Lutherweg (mit Kinderwagen)

km 0–4 **Vom Bahnhof Petersroda zum Strand am Ludwigsee**

Es sei denn, ihr biegt hier schon links ab in die Mühlstraße und damit auf den **Lutherweg,** auf dem es sich mit Fahrrad oder Kinderwagen leichter fahren lässt. Ihr folgt einfach dem grün (manchmal auch mit „L") markierten Lutherweg durch den jungen Wald, bis ihr nach circa 3,5 Kilometer einen asphaltierten Radweg erreicht. Nach links sind Benndorf und Bitterfeld ausgeschildert, ihr biegt aber rechts ab und lauft bergab zum Strand des **Ludwigsees.**

Der insgesamt abwechslungsreiche, aber holprige Weg verläuft noch geradeaus bis zum Ende der Straße der Freundschaft. Hinter der Schranke biegt er links ab. Hier verlasst ihr den Ort und taucht in die grüne Landschaft ein. An einer T-Kreuzung nehmt ihr den rechten, mit großen Platten gepflasterten Weg, der zwischen Bäumen und Büschen leicht bergab führt. Am ersten Abzweig links schlängelt er sich als sandiger, unbefestigter Waldweg weiter zwischen Birken hindurch und später durch einen jungen Mischwald. Ab und zu wird er sehr schmal und kann nach Regen matschig sein.

Rechts von euch ist ein mooriges Gewässer zu sehen und es ist gut möglich, dass ihr Froschquaken hört. Ihr lauft immer geradeaus – wenn sich der Weg gabeln sollte, haltet euch am besten immer rechts, nah am Wasser. Wo der Weg wieder breiter wird und gekiest ist, erreicht ihr eine Kreuzung. Ein Weg führt geradeaus zum Ludwigsee, der andere biegt im Bogen nach links ab. Ihn könnt ihr nehmen, wenn ihr euch die **Goitzsche Zeitreise** anschauen wollt: Etwa 150 Meter entfernt sind zehn kleinen **Bildtafeln** aufgestellt, die die Geschichte der Goitzsche Region sehr vereinfacht darstellen: Vom Tertiär (als die Braunkohle entstand) bis in unsere Zeit. Für die Gegenwart steht der Pegelturm, ein schraubenförmiges Ge-

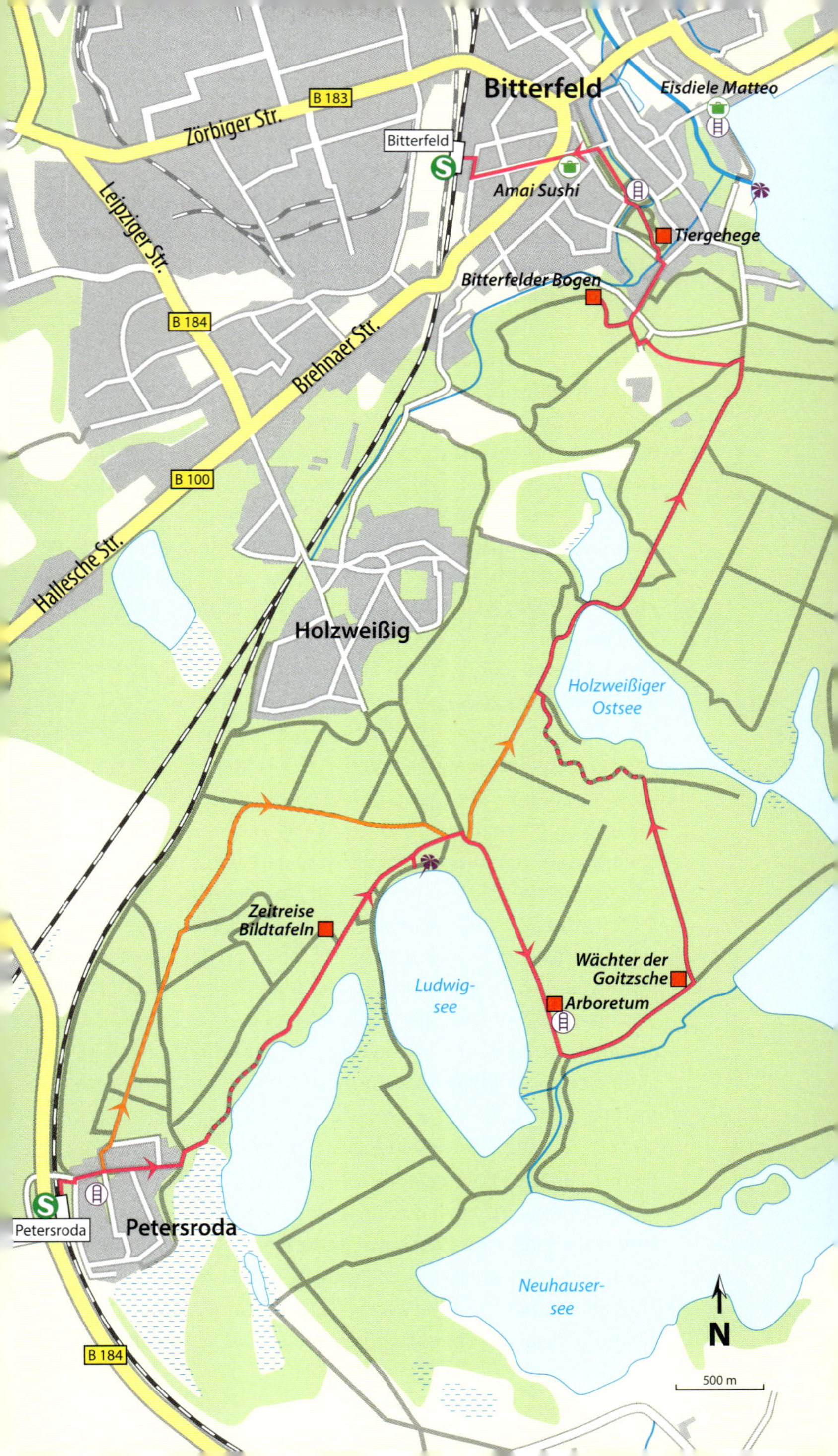

Bitterfeld
Eisdiele Matteo
B 183
Zörbiger Str.
Bitterfeld
Amai Sushi
Tiergehege
Leipziger Str.
Bitterfelder Bogen
B 184
Brehnaer Str.
B 100
Hallesche Str.
Holzweißig
Holzweißiger Ostsee
Zeitreise Bildtafeln
Ludwig-see
Wächter der Goitzsche
Arboretum
Petersroda
Petersroda
Neuhauser-see
N
B 184
500 m

bilde im Goitzschesee bei Bitterfeld. Er ist ein Symbol für die Verwandlung des früheren Tagebaugebiets in eine Kulturlandschaft. Zusammen mit anderen Bauten und Kunstobjekten, denen ihr auf dem Weg begegnet, ist er im Rahmen der **EXPO 2000** entstanden, wie auch das Gesamtkonzept für die Renaturierung der Landschaft: Man ließ nach Ende des Kohleabbaus der Natur einfach freien Lauf. So entstand die **Goitzsche Wildnis,** das heißt, sie ist immer noch im Werden (▸ Seite 27).

Wenn ihr von der Zeitreise zurück seid, bleiben noch rund 600 Meter bis zum Strand am **Ludwigsee.** Von der Wegkreuzung ist der kleine gemütliche **Sandstrand** mit Birken rechts von euch schon zu sehen. Der Einstieg ins Wasser ist zunächst flach, also auch für kleinere Kinder geeignet. Da wir uns in der geschützten Wildnis befinden, ist das Baden nur in dem mit Bojen begrenzten Bereich erlaubt, damit auch Vögel und andere Tiere ihre Ruhe genießen können. Auch den Strand teilt ihr euch mit Ameisen und Käfern.

km 3–8,5 **Vom Ludwigsee zum Holzweißiger Ostsee**

Nach der Abkühlung kehrt ihr zurück zum Waldweg und biegt rechts ab. Der Weg ist nun geteert und steigt leicht bergauf. Gleich gelangt ihr zu einer Kreuzung: Der Weg nach links führt nach Petersroda – von dort aus kommt man auf den Lutherweg mit dem Rad oder Kinderwagen. Ihr nehmt den Weg geradeaus, Richtung Bitterfeld. Auf der rechten Seite könnt ihr den Ludwigsee zwischen den Ästen und Blättern noch sehen. Hier befindet sich auch eine einzigartige öffentliche Grillstelle, die benutzt werden darf, sofern keine Brandgefahr droht. Es ist eine runde Steinplattform mit dem Grill in der Mitte und Steintischen und Steinbänken drumherum. Hinterm Grillplatz geht ihr rechts (Lutherweg: links) und gelangt gleich wieder zu einer Abzweigung.

Variante Lutherweg mit Kinderwagen

km 4–6 **Vom Ludwigsee zum Holzweißiger Ostsee**

Für die kürzere und kinderwagentaugliche Variante wählt ihr hier wieder den grünen Lutherweg nach links. Zum Rastplatz am **Holzweißiger Ostsee** sind es nun zwei Kilometer immer geradeaus.

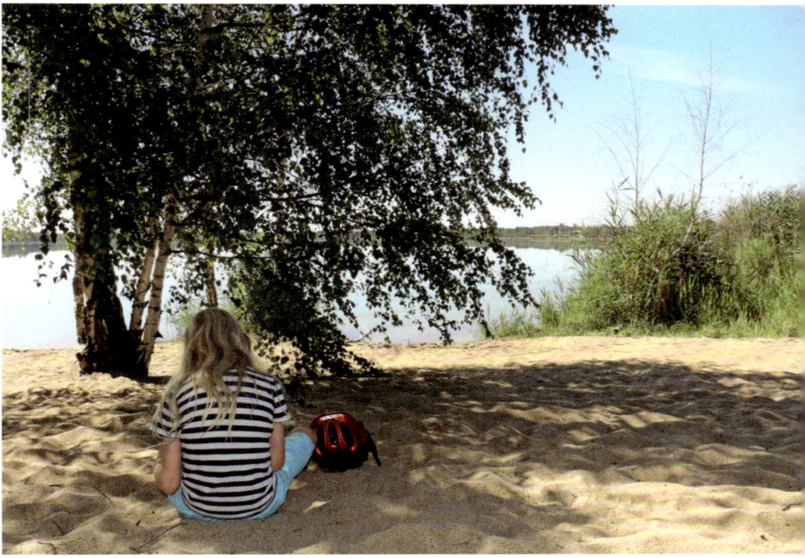

Sand und Schatten am Ludwigsee. Im begrenzten Bereich ist Baden erlaubt

Die etwas längere Wanderung führt geradeaus zu den Wächtern der Goitzsche. Ihr wandert um eine Halde herum, auf der sich die Verwilderung richtig gut beobachten lässt. Im Frühling spielt die Vegetation hier mit unterschiedlichen Grüntönen, im Gebüsch raschelt es, überall Vogelgesang. Den Geräuschen der Natur lauschend kommt ihr zum **Arboretum.** Die Bäume rundherum sind beschriftet, von Apfelbaum bis Speierling. An der Pappel steht ein großer **Sandkasten** mit Wasserpumpe und -kanal. Da können sich die Kinder richtig austoben, während sich die Eltern eine Pause auf einer Bank im Schatten gönnen. Einen Barfußpfad gibt es auch.

Vom Arboretum wandert ihr nach links weiter zu den **Wächtern der Goitzsche.** Es geht etwa 800 Meter über einen unbefestigten, holprigen Feldweg bis zu den Skulpturen, die zusammen mit großen Findlingen unweit vom Paupitzscher See im Kreis stehen. Die über zwei Meter hohen Figuren aus rostigem Stahl sollen über die ökologische und nachhaltige Neuformung der Tagebaulandschaft wachen. Gleichzeitig sind sie eine Hommage an den Fürsten Franz, der den Wörlitzer Park und das Georgium in Dessau gestalten ließ.

Denn auch seine Vision war damals, Parkgestaltung und Architektur mit Ökologie und Pädagogik zu verbinden.

Bei den Wächtern biegt ihr links ab. Hinter dem abgezäunten Gelände mit Ponys nehmt ihr den Pfad nach links bergauf zur **Zöckeritzer Höhe.** Von dort aus habt ihr einen tollen Ausblick über den **Holzweißiger Ostsee** bis nach Bitterfeld. Dann geht es kurz bergab und ihr stoßt auf den asphaltierten Lutherweg, in den ihr rechts einbiegt. Nach etwa 500 Metern erreicht ihr den schön gelegenen **Rastplatz** zwischen dem Ostsee und dem Auensee.

km 8,5–13 (6–10,5) **Vom Holzweißiger Ostsee nach Bitterfeld**

Hier vereinen sich die beiden Wegvarianten. Vom Rastplatz folgt ihr nun dem Lutherweg immer geradeaus zwischen jungen Bäumen hindurch. Wo alte Gleise die Straße kreuzen, biegt ihr links ab und gleich bei der nächsten Gabelung wieder rechts. Da führt ein Pfad durch den Wald und damit vermeidet ihr, neben einer befahrenen Straße laufen zu müssen. Ihr überquert dann eine Straße, etwas nach links versetzt führt ein breiterer Pfad geradeaus in den Wald. In Kürze stoßt ihr auf einen asphaltierten Weg, der sich rechts hoch zum **Bitterfelder Bogen** schlängelt, einer besonderen Aussichtsplattform in Form einer Stahl-Bogenbrücke. Auch dieser Bau ist im Rahmen der EXPO 2000 entstanden. Zurück auf der Straße geht es weiter über die Leopoldstraße hinweg nach **Bitterfeld** hinein.

Bitterfeld

Die Stadt erlebte mit dem Kohleabbau einen wirtschaftlichen Aufschwung ab Mitte des 19. Jahrhunderts. Später kam die chemische Industrie dazu. Mit der Wende wurden viele Betriebe stillgelegt. Als Bitterfeld zur Korrespondenzregion der EXPO 2000 wurde, veränderte sich hier viel. Der Tagebau Goitzsche wurde zum Großen Goitzschesee mit Seepromenade und dem Aussichtsturm Pegelturm. Das Gebiet zieht mittlerweile auch Wassersportfans, Radfahrer und Wanderer an.

Ihr seid auf der Parkstraße unterwegs, biegt aber bei der nächsten Gelegenheit links ab in die **Grüne Lunge** von Bitterfeld. In diesem Park gibt es eine Minigolfstation (nur sonntags geöffnet), ein Tiergehege und einen **Spielplatz.** Vom Parkausgang führt euch die Walther-Rathenau-Straße links direkt zum Bahnhof.

Gibt es Wildnis in Mitteldeutschland?

Was stellt ihr euch unter einer Wildnis vor? Einen Urwald voller gefährlicher Tiere, weite afrikanische Savannen oder menschenleere Berggipfel? Und gibt es so etwas in Mitteldeutschland überhaupt? Also eine wilde, vom Menschen unberührte Landschaft?

Deutschland ist stark bebaut und dicht besiedelt. Zwar war dieses Land, wie ganz Europa, in ferner Vergangenheit von dichten Wäldern bedeckt, aber die wilde Natur musste im Laufe der Zeit weichen: Dörfern und Städten, Straßen und Gleisen, Fabriken und insbesondere dem Tagebau. Je mehr die Menschen aber verstehen, wie wichtig die Natur ist und welche Auswirkungen ihre Zerstörung hat, desto mehr schützen sie sie. Und geben ihr manchmal sogar Raum zurück. Zum Beispiel hier in der Goitzsche.

Ausgerechnet das Gebiet um Bitterfeld-Wolfen, wo lange Braunkohle abgebaut und die Natur vollständig zerstört wurde, soll nun eine Wildnis werden. Wie geht das?

Die riesigen Löcher wurden zu Seen und damit zum Zuhause für viele Vogelarten: Seeadler, Kormorane, Kraniche. An den sandigen Ufern bauen Uferschwalben ihre Nester. Viele Arten von Libellen und Fröschen, Fischottern und Bibern kehren an die Goitzsche zurück. Verschiedene Biotope entstehen: Kiefer- und Birkenwald oder Sandtrockenrasen.

Vor allem aber gibt es ein Motto: „Mut zum Nichtstun". Der Mensch darf sich kein bisschen einmischen! Auf den Halden entsteht alles von alleine, die Natur entscheidet selbst, was hier gut wächst und was vielleicht wieder verschwindet. So kann man den einst angerichteten Schaden und die Verwüstung aus der industriellen Zeit doch noch wiedergutmachen – zumindest ein bisschen.

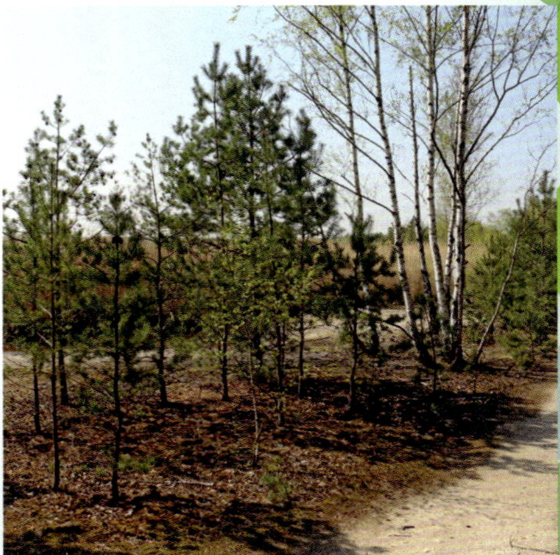

Dessau

3 Weiße Würfel im Wald und eine Ruine mit Elbblick

Start	Ziel	Länge	Gehzeit	Schwierigkeit
Dessau Hbf.	Dessau Hbf.	8 km	2 Std.	● leicht

Dessau war zwischen 1925 und 1932 Sitz der Kunstschule Bauhaus. Viele ikonische Bauten wie das berühmte Bauhausgebäude mit dem charakteristischen Schriftzug oder die von Walter Gropius entworfenen Meisterhäuser sind hier zu besichtigen. Sie gehören zu den UNESCO-Welterbestätten. Die Kunst des Bauhauses lässt sich seit 2019 auch im neu eröffneten Bauhausmuseum bewundern. Doch führt euch dieser Spaziergang auch durch viel Grün wie den englischen Garten Georgium oder den ruhigen Park im Beckerbruch. Hier könnt ihr einen schönen Blick auf die Elbe genießen, etwa von der künstlichen Ruine der Wallwitzburg.

Abstieg mit Drehwurm – die Treppe führt zur Wallwitzburg

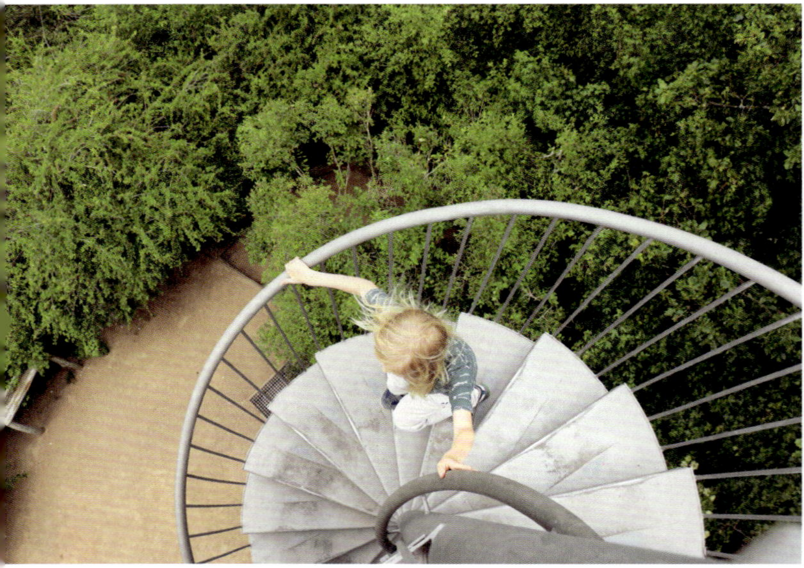

Infos zur Tour

An-/Rückfahrt

Dessau Hbf.
aus Leipzig: RE13 oder S2, 2 Mal pro Std., ca. 50 Min.
aus Halle: S8, stündlich, ca. 50 Min.

Streckenverlauf

Dessau Hbf. – Bauhausgebäude – Meisterhäuser – Kornhaus – Wallwitzburg – Georgium – Dessau Hbf. (– Abstecher Innenstadt)

Streckencharakteristik

Durch Dessau und entlang einiger der wichtigsten Bauhaus-Bauten. Im Park im Beckerbruch, am See zwischen Bäumen, vergisst man die Nähe der Stadt.

Mit Kinderwagen?

Ja, außer auf die Anlagen der Wallwitzburg (Treppen)

Beschilderung

jeweils nach den Baudenkmälern

Spielplätze

beim Kornhaus und beim Elbpavillon sowie im Stadtpark

Besichtigungen

Bauhausgebäude
Gropiusallee 38 · 06846 Dessau-Roßlau · www.bauhaus-dessau.de · tgl. 10–17 Uhr · bis 18 Jahre Eintritt frei
Das Bauhaus-Schulgebäude bietet Raum für Ausstellungen. Mi/Sa Führungen. Man kann hier auch (bauhaus-)stilecht übernachten.

Meisterhäuser
Ebertallee 59 · wie Bauhausgebäude
Drei der vier Meisterhäuser können besichtigt werden. Im Haus Kandinsky/Klee sind sogar die Ausstattung und die Wandfarben rekonstruiert.

Bauhaus Museum Dessau
Mies-van-der-Rohe Platz 1 · 06844 Dessau-Roßlau · www.bauhaus-dessau.de · Di–So 10–18 Uhr · bis 18 Jahre freier Eintritt
Das 2019 eröffnete Museum besitzt die zweitgrößte Sammlung zum Thema Bauhaus weltweit. Für Kinder gibt es an der Kasse (manchmal) ein Zeichen-KIT und ein Entdecker-Heft, die einen kindgemäßen Blick auf die Bauhaus-Kunst ermöglichen.

Tierpark Dessau
Querallee 8 · 06846 Dessau-Roßlau · www.tierpark.dessau-rosslau.de · tgl. 9–19 Uhr
Selten gewordene heimische Tierarten sowie Exoten. Eine neue Anlage stellt die Dünen- und Wattlandschaft vor.

Einkehren

Kornhaus Dessau
Kornhausstraße 146 · 06846 Dessau-Roßlau · www.kornhaus-dessau.de · tgl. 12–21 Uhr
Preise zwar eher im höheren Bereich, aber einen Besuch wert ist die Gaststätte wegen ihrer Geschichte und des Blicks von der Terrasse auf die Elbe.

Eiscafé Adam
Zerbster Str. 18 · 06844 Dessau-Roßlau · www.eiscafe-adam.com · tgl. 13–18 Uhr
Rundet jeden gelungenen Ausflug ab: leckeres Eis oder Waffeln für die Kids und guten Kaffee für die Eltern.

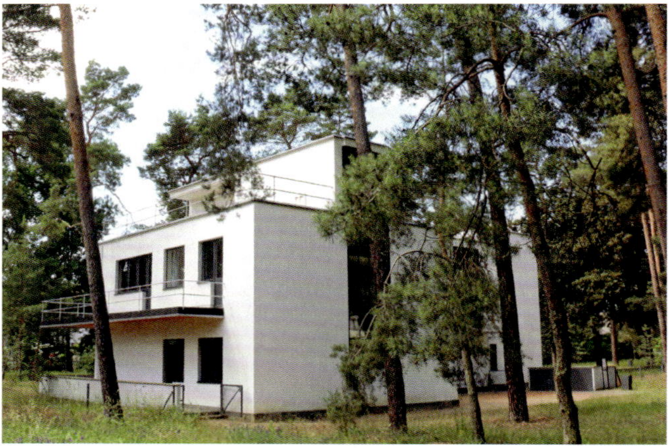

Weißer Würfel im Wald: eines der Meisterhäuser der Bauhaus-Lehrer

Dessau und das Bauhaus

Dessau ist durch das Bauhaus weltbekannt geworden. Zwar wurde die Kunstschule 1919 in Weimar gegründet, zog aber schon sechs Jahre später nach Dessau. Ihre kurze aber intensive Blütezeit unter den drei Bauhausdirektoren Walter Gropius, Hannes Meyer und Ludwig Mies van der Rohe bis 1931 hat diese Stadt geprägt. Die Bauhausbauten, die damals hier entstanden, zählen zu den Ikonen der Architektur des 20. Jahrhunderts. Einige davon könnt ihr bei dieser Stadtwanderung näher kennenlernen, darunter das Gebäude der Bauhausschule, die Meisterhäuser und das Kornhaus.

km 0–1,3 Vom Bahnhof zu den Meisterhäusern

Vom Dessauer Bahnhof ist es nicht weit zur Bauhausschule. Ihr verlasst den Bahnhof durch den Westausgang (Richtung Bauhaus) zum breiten Seminarplatz. Vor euch steht die Hochschule für Design, ihr lauft links daran vorbei und seht gleich ein Schild, das euch die Richtung und Distanz zum Bauhausgebäude (350 Meter) anzeigt. Über die Bauhausstraße, eine angenehme Fußgängerzone mit vielen Bäumen, gelangt ihr zu dem großen Schul- und Ateliergebäude.

Entworfen von Walter Gropius in den Jahren 1925/26, waren im **Bauhausgebäude** die Kunst-, Design- und Architekturschulen

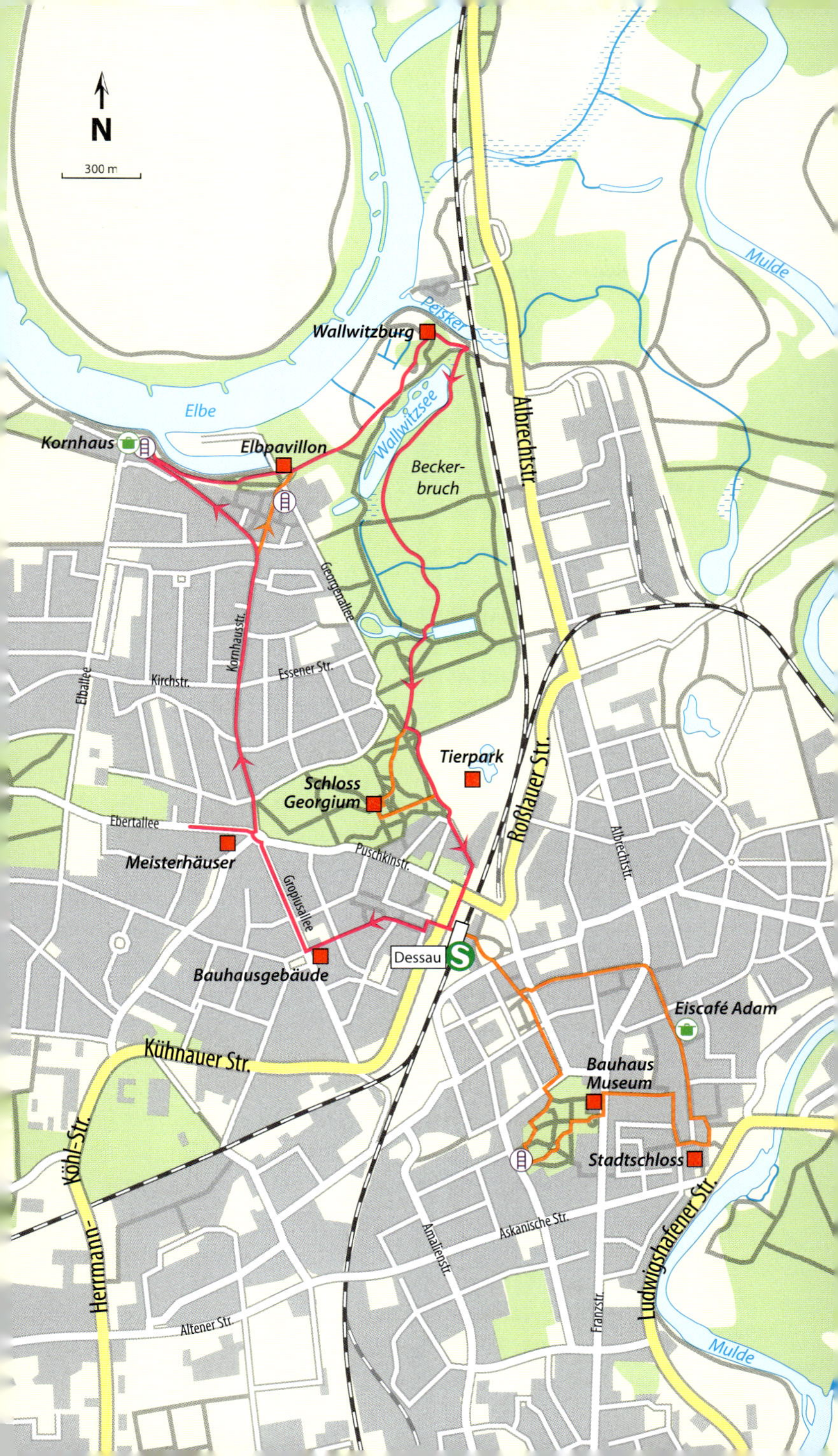

N
300 m
Elbe
Mulde
Peisker
Wallwitzburg
Wallwitzsee
Kornhaus
Elbpavillon
Beckerbruch
Albrechtstr.
Georgenallee
Kornhausstr.
Essener Str.
Kirchstr.
Elballee
Tierpark
Schloss Georgium
Ebertallee
Meisterhäuser
Puschkinstr.
Roßlauer Str.
Albrechtstr.
Gropiusallee
Dessau
Bauhausgebäude
Eiscafé Adam
Kühnauer Str.
Bauhaus Museum
Stadtschloss
Hermann-Köhl-Str.
Ludwigshafener Str.
Askanische Str.
Amalienstr.
Franzstr.
Altener Str.

untergebracht. Es ist ein fünfteiliger Komplex, der sowohl Ateliers und Werkstätten, als auch Wohnungen für Studierende umfasste. Sein Hauptmerkmal ist die Funktionalität: ein quadratisches Stahlskelett mit flachem Dach und Glasfassaden, die viel Licht durchlassen, denn Helligkeit ist für das künstlerische Gestalten unerlässlich. Heute ist das Gebäude Teil der UNESCO-Welterbestätte Bauhaus und Sitz der Stiftung Bauhaus Dessau. Für die Kinder ist möglicherweise die runde Schaukel auf dem Bauhausplatz hinter dem Gebäude interessanter als all die Architektur.

Der Bauhausspaziergang biegt noch vor dem Bauhausplatz nach rechts ab und führt über die Gropius- und Ebertallee zu den Meisterhäusern. Wo an dem Kreisverkehr die Ebertallee beginnt, kommt ihr an der in die Mauer des Gropius-Hauses integrierten **Trinkhalle** bzw. deren Nachbildung vorbei: ein Kiosk, 1932 von Mies van der Rohe entworfen, in den 1960er-Jahren abgerissen und später rekonstruiert. Heute könnt ihr dort, zumindest an Wochenenden, Getränke kaufen wie früher. An der weißen Mauer entlang gelangt ihr zum Haus von Walter Gropius, dem ersten Meisterhaus der Künstlerkolonie.

Auch die **Meisterhäuser** gehören zum UNESCO-Welterbe. Sie wurden von Walter Gropius als Musterhäuser und gleichzeitig Unterkünfte für die Bauhaus-Meister entworfen und 1926 fertiggestellt. Die vier Villen stehen nebeneinander, ein Einzelhaus und drei Doppelhäuser, alle minimalistisch, weiß und von Kiefern umgeben. Die Häuser sind nach ihren bekannten Bewohnern, den Bauhaus-Lehrern, benannt: Haus Gropius, Haus Moholy-Nagy/Feininger, Haus Muche/Schlemmer und Haus Kandinsky/Klee. Außer einem sind alle als Museen zugänglich. Manches wurde im Zweiten Weltkrieg zerstört, manches in der DDR-Zeit umgebaut. Nun werden die Häuser schrittweise rekonstruiert.

km 1,3–4,8 **Von den Meisterhäusern zur Wallwitzburg**

Ihr lauft unter Linden durch die Ebertstraße zurück zum Kreisel und nehmt nun den Weg nach links, in die Verlängerung der Gropiusallee. Bald heißt sie Kornhausstraße und führt zur Ausflugsgaststätte Kornhaus, einer weiteren Bauhaus-Ikone. Auf dem Weg liegen ein paar Restaurants und ein Eiscafé. Nach etwa einem Kilometer biegt die Straße nach links ab. Hier könnt ihr entscheiden, ob ihr gleich zum Spielplatz am Elbpavillon und zur Wallwitzburg

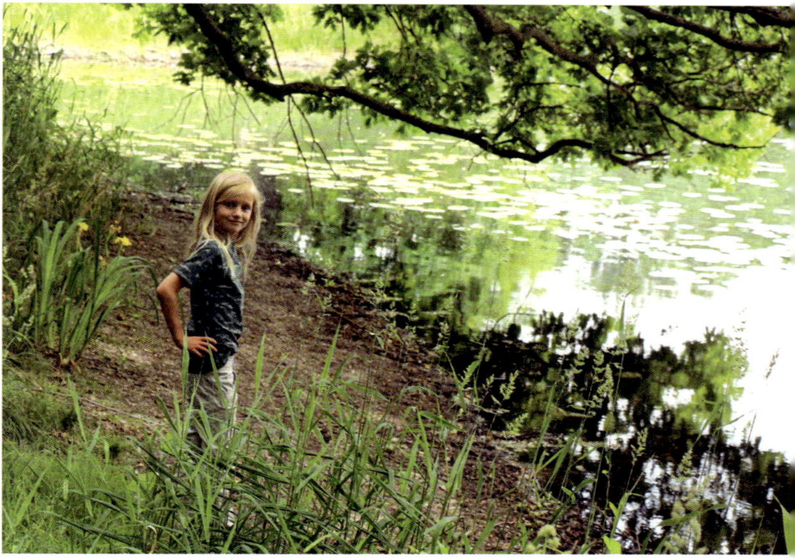

Glück im Grünen – am Ufer des Wallwitzsees

laufen wollt (in diesem Fall geht geradeaus weiter durch die Straße Am Elbpavillon), oder ob ihr euch die Ausflugsgaststätte näher anschauen wollt (folgt weiter der Kornhausstraße). Vor dem Kornhaus werden sich die Kinder über einen **Spielplatz** mit zwei Seilkonstruktionen zum Klettern freuen.

Das **Ausflugslokal Kornhaus** entwarf Carl Fiegel, ein enger Mitarbeiter von Walter Gropius, in den Jahren 1929/30. Es steht auf dem Elbdeich und erinnert an einen weißen Dampfer. Wunderschön ist der Blick auf die Elbe, besonders vom halbrunden Wintergarten aus. Der Name erinnert daran, dass hier an der Elbe im 18. Jahrhundert ein Getreidespeicher stand.

Vom Kornhaus geht es auf dem Deich weiter nach rechts, am Leopoldshafen entlang und später durch den **Park im Beckerbruch.** Diese naturbelassene Auenlandschaft strahlt viel Ruhe aus. Gleich am Anfang liegt unweit vom **Elbpavillon** ein kleiner **Spielplatz** mit Baumhaus, Schaukel und Rutsche. Vom Elbpavillon nehmt ihr den unbefestigten Weg in Richtung Wallwitzburg. Am Agneshügel, der direkt am Wallwitzsee liegt, biegt ihr nach links ab. Leider ist der letzte Wegabschnitt zur Burg nicht barrierefrei, es geht über Treppen hoch. Unter dem Turm befindet sich eine steinerne Bank zum Rasten, im Burgzimmer könnt ihr Getränke oder Eis kaufen.

Die **Wallwitzburg** war in Wirklichkeit nie eine wirkliche Burg. Als künstliche Ruine wurde sie Ende des 18. Jahrhunderts im Geiste der Romantik als Ausflugsziel erbaut. Als frei zugängliche Aussichtsplattform bietet sie einen einmaligen Rundblick über die Elbe, den Beckerbruch und den Landschaftsgarten Georgium.

km 4,8–8 **Von der Wallwitzburg zum Bahnhof Dessau**

Von der Wallwitzburg die Treppen hinunter nehmt ihr den linken Weg, den Beckerbruch Rundweg. Schon nach 100 Metern, kurz vor einer Eisenbahnunterführung, schlagt ihr an einer Wegkreuzung den Lutherweg nach rechts ein, der direkt am **Wallwitzsee** entlang verläuft. Am Anfang ist er gleichzeitig als Fürst-Franz-Weg ausgeschildert, benannt nach einem Fürsten von Anhalt-Dessau, der weite Teile des Georgiums und das Wörlitzer Gartenreich schuf. Am Seeufer könnt ihr auf Bänken rasten.

Ein angenehmer Weg im Schatten der Bäume führt zum **Viereckteich.** Hinter der kleinen Brücke geht ihr rechts, hier ist schon das Vasenhaus zu sehen, eins von vielen kleinen Bauwerken im Park. Bald kreuzt ihr die etwas breitere Georgenallee. Geradeaus kommt ihr in den englischen **Landschaftsgarten Georgium** und zum **Schloss Georgium,** das die Anhaltische Gemäldegalerie Dessau beherbergt. Zurzeit ist das Museum wegen Sanierungsarbeiten geschlossen.

Wenn euch das zu viel wird, biegt gleich links in die Georgenallee ein. Hier liegt auch der **Dessauer Tierpark.** Die Georgenallee führt direkt auf die Bahngleise zu und nach rechts an ihnen entlang (unter der Puschkinallee durch) bis zum Eingang des Hauptbahnhofs.

Abstecher in die Innenstadt

Die Bauhaus-Stadt Dessau bietet natürlich noch mehr Sehenswertes. Wer noch Lust und Kräfte hat, kann durch den Bahnhof in Richtung Zentrum laufen und das 2019 neu eröffnete **Bauhaus Museum** oder den **Stadtpark** (mit nettem **Spielplatz**) erkunden. Vom Bahnhof braucht man dorthin circa zehn Minuten. In der Ratsgasse und am Marktplatz gibt es auch jede Menge Restaurants und Eiscafés.

Wie sah es bei den Bauhaus-Meistern zu Hause aus?

Zwischen hohen Kiefern stehen vier Häuser, die wie weiße Bauklötze aussehen. Die Meisterhäuser – sie sind gleichzeitig Musterhäuser, denn sie sollten Vorbild für modernes Wohnen sein.

Walter Gropius ließ sie vor mehr als 100 Jahren errichten. Er war Architekt, also jemand, der Gebäude plant, und hat viel über die Häuser der Zukunft nachgedacht. Jeder Raum sollte genau dafür gebaut werden, wofür er auch genutzt wird: ein Atelier groß und mit viel Licht, ein Schlafzimmer klein und ruhig, alles ohne unnötige Verzierungen. Man nennt das funktional, weil sich die Gestaltung nach der Funktion richtet. In diesem Sinne unterrichtete er in der Künstlerschule, die den Namen Bauhaus bekam.

Außerdem meinte er, ein Künstler sollte auch Handwerker sein und Dinge nicht nur entwerfen, sondern selbst herstellen können. Die Bauhaus-Künstler beschäftigten sich daher intensiv mit verschiedenen Materialien und ihren Eigenschaften, mit Formen und der Wirkung von Farben. Das merkt man auch in den vier Meisterhäusern, in denen die Bauhaus-Lehrer (also -Meister) mit ihren Familien lebten. Von außen sehen die Häuser eher kalt und schlicht aus, drinnen aber waren sie überraschend farbig und ansprechend: im Doppelhaus der Maler Paul Klee und Wassily Kandinsky gab es 170 verschiedene Farbtöne!

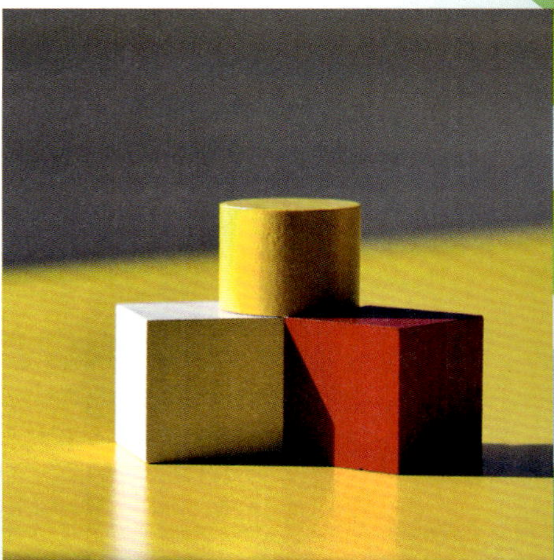

Es gab auch Bauhaus-Möbel und Bauhaus-Spielzeug. Alma Buscher entwarf sogenannte Wurfpuppen, eine kindgerechte Variante im Vergleich zu den zerbrechlichen Porzellanpuppen, mit denen Kinder damals spielten. Und natürlich gab es jede Menge Bauklötze in allen Formen und Farben, damit auch Kinder frei bauen und gestalten konnten.

Borsdorf – Beucha

4 Entlang der Parthe ins Dorf der Steine

Start	Ziel	Länge	Gehzeit	Schwierigkeit
Bhf. Borsdorf	Bhf. Beucha	5 km	1,5 Std.	● mittel

Ein türkisfarbener See in Herzform, umgeben von hohen Felsen und einer Kirche, die spektakulär an der Abbruchkante thront – das erwartet euch in Beucha. Dieser kleine, tiefe See unweit von Leipzig entstand durch Flutung eines Steinbruchs, aus dem der Granitporphyr unter anderem für das Völkerschlachtdenkmal in Leipzig abgebaut wurde. Mehr über diese Geschichte könnt ihr unterwegs auf Infotafeln erfahren. Ein Naturlehrpfad begleitet außerdem das Ufer des Flusses Parthe. Diese nur fünf Kilometer kurze Wanderung bietet viel Abwechslung und lohnt sich bei jeder Jahreszeit.

Kirche am Abgrund oder Kirche mit Aussicht. In Beucha wurde einst Granitporphyr abgebaut

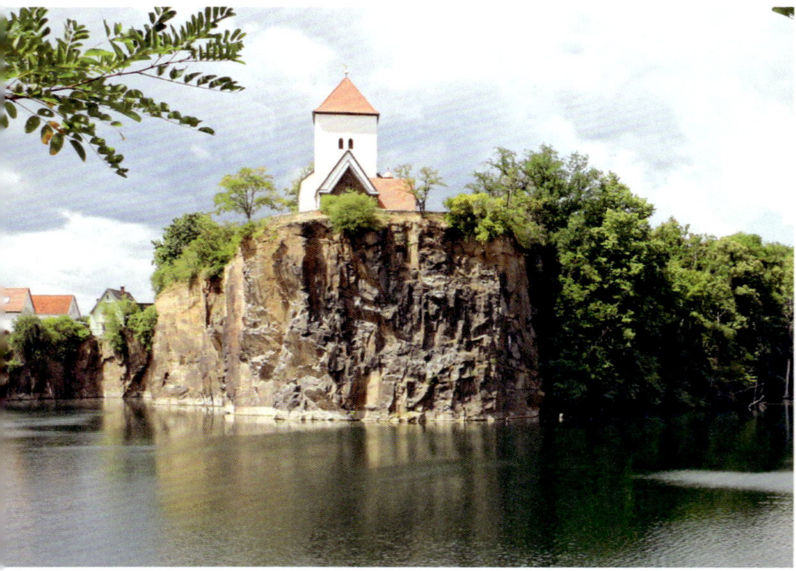

Infos zur Tour

Anfahrt
Bahnhof Borsdorf
von Leipzig: RE 50, RB 110 oder S3, oft, 10–30 Min.
von Halle: S3, alle 30 Min., ca. 60 Min.

Rückfahrt
Bahnhof Beucha
nach Leipzig: RB 110 nach Leipzig Hbf., stündlich, ca. 20 Min.
nach Halle: RB 110 nach Leipzig Hbf., dann weiter mit S5, stündlich, ca. 60 Min.

Streckenverlauf
Bhf. Borsdorf – Schwanenteich – Zweenfurth – entlang der Parthe – Bhf. Beucha

Mit Kinderwagen?
Nein. Wegen der steilen und engen Pfade entlang des Sees und dem Trampelpfad entlang der Parthe eignet sich diese Route leider nicht für Kinderwagen und auch nicht fürs Fahrrad.

Streckencharakteristik
Kurze, aber abwechslungsreiche Wanderung, die zu allen Jahreszeiten ihren besonderen Charme hat. Unterwegs vermitteln verschiedene Infotafeln Interessantes zum Kirchbruch und seiner Geschichte sowie zur Natur der Parthenaue.

Beschilderung
Teils schräger grüner Strich (Zweenfurther Naturlehrpfad), teils gelber Weg rund um Kirchbruch

Spielplätze
Am Schwanenteich in Borsdorf

Baden
Schöne **Badestelle** im Kirchbruch mit Schwingseil. Steiler Zugang!

Einkehren
Gasthof & Biergarten Zur Krone
Dorfstraße 30 · 04824 Brandis · www.zur-krone-beucha.de
Mi/Do/Fr 11.30–14 und 17.30–21 Uhr, Sa/So 11.30–21 Uhr
Unweit der Kirche in Beucha steht dieser Gasthof mit Terrasse, der gute deutsche Küche bietet. Im Angebot gibt es auch Kindergerichte, etwa Kloß mit Soß oder Nudeln mit Tomatensoße, dazu eine Überraschung. Oft ist für geschlossene Gesellschaft reserviert, also lieber vorher telefonisch überprüfen. Im Sommer längere Betriebsferien.

Ristorante Italiano Sardegna 2
Leipziger Str. 46 · 04451 Borsdorf · Mi–Mo 11–15 und 17–23 Uhr
Dieses Restaurant mit Terrasse bietet verschiedene italienische Gerichte, Kinder dürfte jedoch vor allem die Pizza Margherita interessieren. Und natürlich das Eis. Die Bedienung ist sehr freundlich. Für Kleinkinder sind Hochstühle vorhanden.

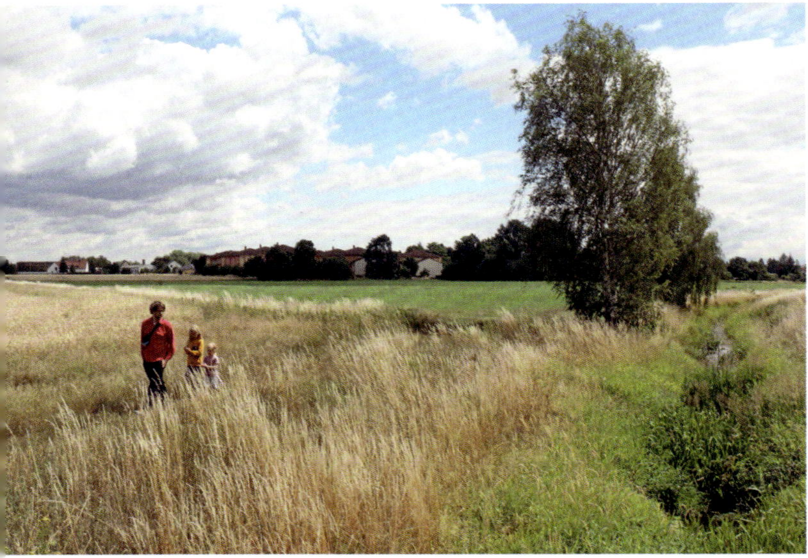

Auf dem Trampelpfad entlang der Parthe, die hier stark zugewuchert ist

km 0–2,2 **Vom Bahnhof Borsdorf nach Zweenfurth**

Am östlichen Rand von Leipzig liegt die Gemeinde Borsdorf, die zum Grünen Ring Leipzig gehört. Sie ist auch als Zufluchtsort der sozialistischen Politiker August Bebel und Wilhelm Liebknecht bekannt, die dort von 1881 bis 1890 wohnten. Deren ehemaliges Haus – heute ein privates Wohnhaus – steht an der Leipziger Straße, nicht weit von der Wanderroute entfernt.

Vor dem Borsdorfer Bahnhof verläuft die Bahnhofstraße, der ihr nach links folgt. An ihrem Ende geht ihr links durch die Unterführung und dahinter gleich rechts ein Stück an den Gleisen entlang, bevor links die Parkstraße abbiegt. Nun wandert ihr durch ein Villen- und Landhausviertel bis zum **Schwanenteichpark.** Ihn haben Ende des 19. Jahrhunderts Leipziger Industrielle angelegt, um den Ort hübscher zu machen. In den 1960er-Jahren kam ein Rodelberg dazu, ihr seht ihn zur Rechten. Im Park selbst sind mehrere Skulpturen zu bewundern, die während eines Bildhauersymposiums im Jahr 2007 entstanden sind. Am Ufer findet ihr auch kleine Tafeln mit Wissenswertem über heimische Tiere wie den Buntspecht, den

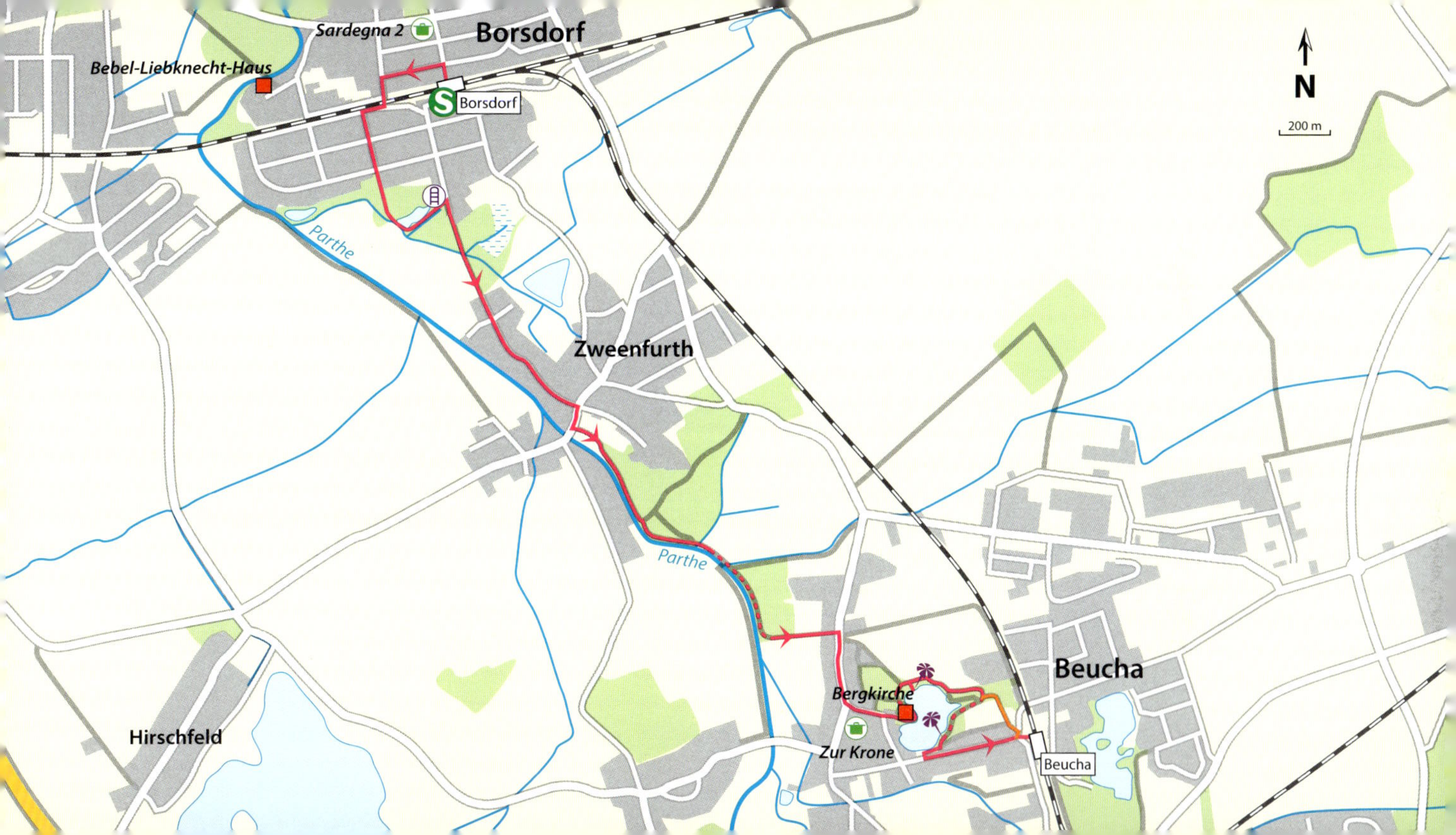

Borsdorf
Sardegna 2
Bebel-Liebknecht-Haus
Borsdorf
N
200 m
Parthe
Zweenfurth
Parthe
Beucha
Bergkirche
Zur Krone
Beucha
Hirschfeld

Wasserläufer oder den Flusswels. Und wenn ihr am Teich und den schönen Weiden und Kastanienbäumen vorbeilauft, erreicht ihr einen kleinen **Spielplatz** mit Rutsche und Schaukeltieren.

Hinter dem Spielplatz biegt der Weg nach rechts ab. Auf einem asphaltierten Wander- und Radweg lauft ihr unter alten, wunderschönen Pappeln durch die Wiesen. Der grün markierte Weg ist Teil des Wanderwegs durch die Parthenaue, wobei die Parthe hier noch nicht zu sehen ist, da sie etwas weiter im Süden verläuft.

Weiter geht es auf der Dorfstraße durch **Zweenfurth.** Langsam nähert ihr euch dem historischen Ortskern mit Fachwerkhäusern, einer alten Dorfschule und der Kirche, die ursprünglich eine romanische Chorturmkirche war, aber mehrmals umgebaut wurde. An der Kreuzung überquert ihr die Hirschfelder Straße und gelangt rechts zu dem schattigen Rastplatz unter der robusten **Friedenslinde.** Dahinter ist die ehemalige Wassermühle und der Mühlenteich zu sehen.

km 2,2–5,5

Von Zweenfurth nach Beucha

Ihr lauft weiter nach rechts kurz auf der Hirschfelder Straße, biegt aber noch vor der Parthebrücke links ab auf den unbefestigten Weg und verlasst Zweenfurth. Der Weg verläuft nun zwischen der rötlich gefärbten **Parthe** und dem Zweenfurther Hain mit Birken, Eschen, Pappeln und Weiden. Es gibt hier einen Lehrpfad, der mit schrägen grünen Strichen markiert ist. Wissenswertes über die Fauna und Flora in der Parthenaue wechselt sich ab mit Tipps für umweltfreundliches Verhalten.

Wo der Wald endet, liegt ein netter, schattiger Rastplatz und die Landschaft öffnet sich vor euch. Aus dem breiten Weg wird ein Trampelpfad, linker Hand fließt die im Sommer sehr zugewachsene Parthe. Weit vor euch könnt ihr schon einige Häuser von Beucha sehen. Der Trampelpfad beschreibt einen Bogen nach links und mündet in eine unbefestigte Straße. Links hängen hier – natürlich erst im August – leckere Brombeeren am Strauch. Nach kurzer Zeit erreicht ihr die Dorfstraße, die nach rechts ins Ortszentrum führt. Circa 300 Meter weiter geht es dann am Gasthof Zur Krone links hinauf auf den Kirchberg. Und dort steht das bekannte Wahrzeichen von Beucha: die **Bergkirche über dem Steinbruchsee,** der die Form eines Herzen hat.

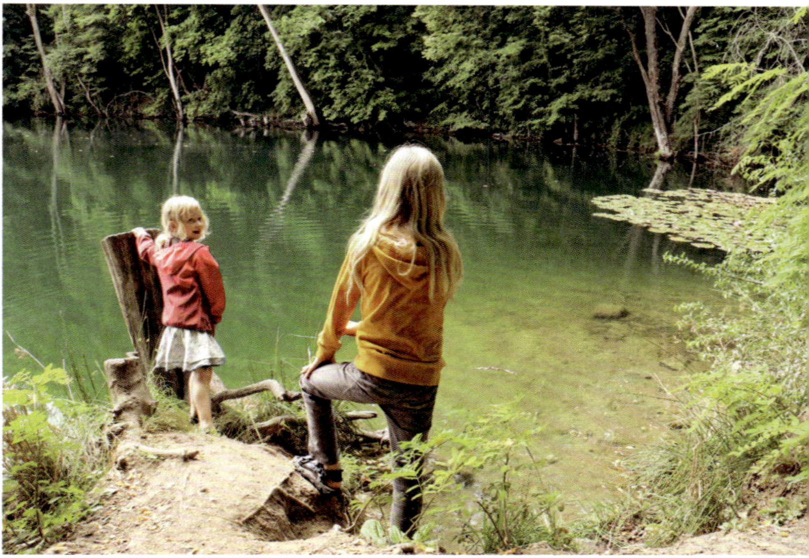

Das Wasser des Steinbruchsees leuchtet fast magisch türkis

Porphyr aus Beucha

Der Ort **Beucha** wurde im Jahr 1378 erstmals erwähnt. Man nennt ihn auch Dorf der Steine, weil sich hier eine wichtige Fundstelle für Granitporphyr befindet. Diese geologische Beschaffenheit verdankt sich den enormen vulkanischen Ausbrüchen vor 290 Millionen Jahren (▸ Seite 43) – genau wie beim Rochlitzer Berg im Südosten Leipzigs (▸ Tour 7, Seite 58). Beide Orte gehören zum Geopark Porphyrland.

Der Abbau des begehrten Gesteins brachte für das Dorf erhebliche Veränderungen mit sich: Eingriffe in die Landschaft, Zuwanderung von Arbeitern – vor allem als der große Auftrag kam, hier die Steine für das **Völkerschlachtdenkmal** zu brechen. Man überlegte damals sogar, die Kirche zu versetzen, die hier schon seit dem 13. Jahrhundert steht und an deren Stelle sich noch früher eine slawische Kultstätte befunden hatte. Der Widerstand war zum Glück groß und man verwarf die Abrisspläne. Der Steinbruch wurde 1950 geflutet und die Kirche am Abgrund bietet heute eine spektakuläre Kulisse fürs Klettern, Schwimmen oder Felsspringen.

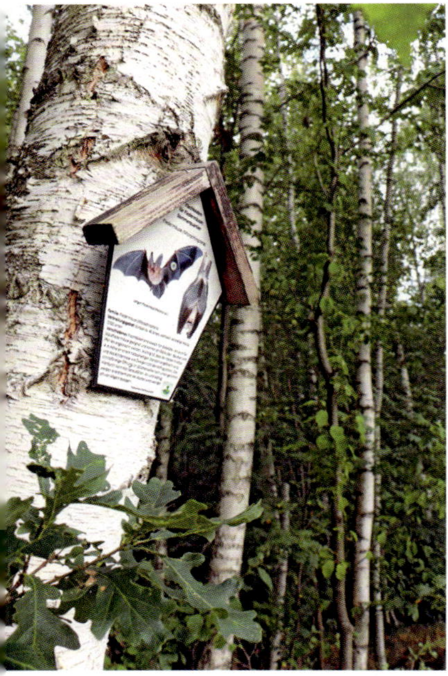

Lehrpfad hinter Zweenfurth

Rund um den See führt ein gelb markierter Weg, zum Seeufer selbst führen viele enge Pfade hinab, die oft sehr steil sind. Die kleinen Wege sind leider nicht kinderwagentauglich und können für Kinder auch zu Fuß anspruchsvoll sein (was sie umso spannender macht).

Hinter der Kirche führt ein kleiner Pfad nach links ins Gehölz. Hier liegen einige Gräber des Kirchhofs. Der Weg biegt dann nach rechts und schlängelt sich zwischen Bäumen und Sträuchern hindurch. Hinter einer verfallenen Maueröffnung biegt er rechts ab und ist von nun an auch gelb markiert. An einer unbewaldeten Stelle gelangt ihr entweder auf einem engen und steilen Weg gleich zum Ufer oder ihr lauft noch kurz geradeaus weiter und nehmt den Weg nach rechts, sobald ihr an ein Maisfeld kommt. Der führt zu einer breiteren offenen Stelle am See, wo es sich gut **baden** lässt (jedoch ist auch hier der Zugang für die Kleinsten nicht ganz einfach). Man kann sich auch an einem vom Baum hängenden Seil in den See schwingen.

Am Maisfeld vorbei führt der gelb markierte Weg weiter rund um den See. Hier ist das Wandern einfacher, falls den Kindern der teilweise steile Weg direkt oberhalb des Seeufers zu herausfordernd erscheint. Und ihr erfahrt noch mehr über die Arbeit im Steinbruch. An der Wegkreuzung bei einer verfallenen Mauer könnt ihr links auf einfachem und direktem Weg entlang der Kleingartenkolonie und über einen Parkplatz den Bahnhof von Beucha erreichen. Oder ihr nehmt den markierten Weg, der kurz über Treppen und weiter steil bergauf auf die Felsen am südöstlichen Ufer führt. Hier könnt ihr noch einmal den herrlichen Ausblick auf den See und die Kirche genießen, einen schönen Aussichtspunkt erreicht ihr direkt an einem Parkplatz. Hinter diesem verläuft die August-Bebel-Straße, die direkt zum Bahnhof führt.

Wie entstand der Porphyr, als in Sachsen noch Vulkane kochten?

Porphyr heißt der Stein, der in dieser Gegend in großen Steinbrüchen abgebaut wird und den man auch „Sächsischen Marmor“ nennt. Er entstand vor mehr als 280 Millionen Jahren. Die Erde war hier über Millionen Jahre stark vulkanisch aktiv. Es gab tiefe Kanäle ins Innere der Erde, Vulkanschlote genannt, die große Mengen von Asche und Lava ausstießen. Die gewaltigen unterirdischen Magmakammern, in denen es brodelte und kochte, entleerten sich. Das Gestein darüber stürzte ein und es entstanden sehr breite Krater. Gleichzeitig kühlten auf der Oberfläche die flüssigen Lavaströme ab und bildeten eine bis zu 800 Meter dicke Schicht: Porphyr.

Porphyr ist eigentlich eine Sammelbezeichnung für unterschiedliches Gestein vulkanischen Ursprungs. Was für Stein genau entsteht, hängt davon ab, woraus sich das flüssige Magma zusammensetzte und wo und wie schnell es auskühlte. So gibt es in Beucha zum Beispiel den grauen Granit-Porphyr (Rhyolith). Da hat es das Magma nicht bis zur Erdoberfläche geschafft und ist in der unterirdischen Kammer zum festen Stein erstarrt. Der Rochlitzer Porphyr dagegen entstand aus Glutwolken, die sich aus heißen Gasen, Gesteinsbrocken, Asche und Lavabomben zusammensetzten. Der heutige Stein ist hellrot und hat weiße Äderchen – deshalb vergleicht man ihn auch mit Marmor.

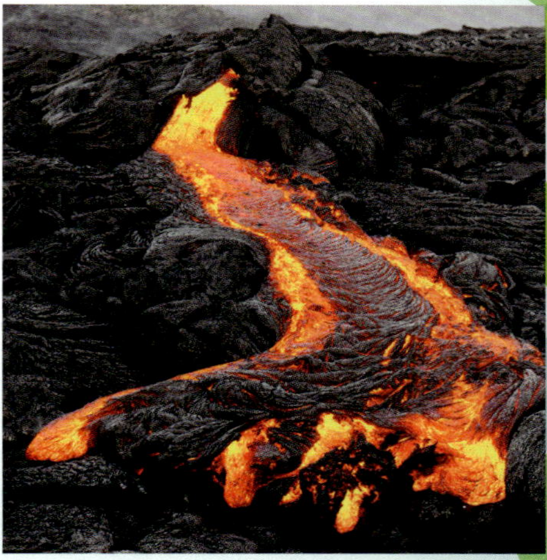

Porphyre können braun, grau, rot oder purpurfarben sein – deswegen auch der Name, der vom altgriechischen Wort für Purpur, Porphyra, kommt. Porphyr ist sehr kompakt und nimmt keine Feuchtigkeit auf, was ihn sehr stabil macht. Deshalb wird er oft als Baumaterial benutzt.

Oberholz & Störmthaler See

5 Aus grauer Städte Mauern … – singend zum Störmthaler See

Start	Ziel	Länge	Gehzeit	Schwierigkeit
Bhf. Oberholz	Bhf. Oberholz	3,5 km (13 km)	1 Std. (4 Std.)	● leicht

Die Entdeckungsreise durch den Wald beginnt gleich am Bahnhof Oberholz. Hier können Kinder zu jeder Jahreszeit auf den Waldwegen herumtoben, aus Stöcken und Tannenzapfen Kunstwerke schaffen und die Natur erkunden. Auf dem Naturlehrpfad lernen sie heimische Tiere kennen und im Botanischen Garten Kräuter und Pflanzen. Entlang des Weges seid ihr eingeladen, ein paar alte Volkslieder zu schmettern. Der Höhepunkt ist der wundervolle Waldspielplatz am Ende des Spaziergangs in Bahnhofsnähe. Wem das nicht genügt, der läuft oder radelt die längere Strecke bis zum Störmthaler See. Genießt den Blick übers Wasser, auf die Kunstinsel und den Bergbau-Technik-Park oder taucht ein ins klare Nass.

Das Oberholz bei Großpösna ist ein traditionelles Ausflugsziel der Leipziger

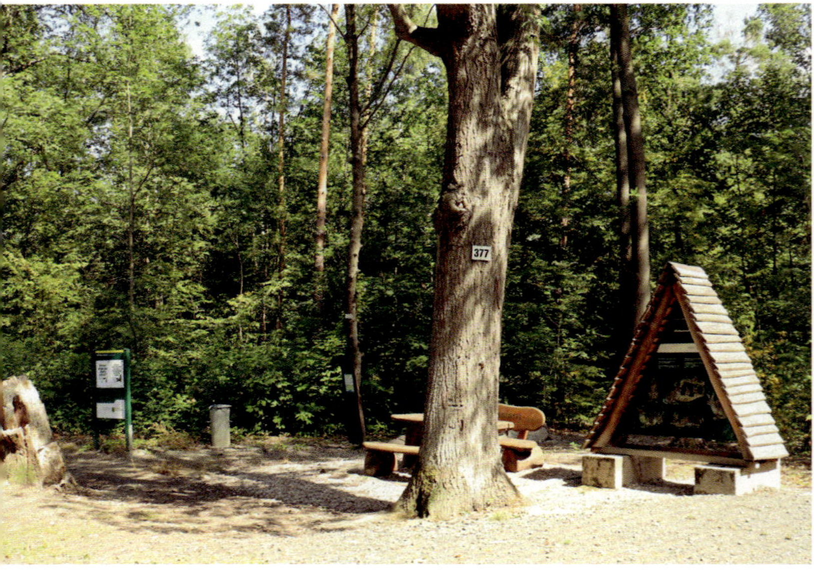

Infos zur Tour

Anfahrt/Rückfahrt

Bahnhof Oberholz
aus Leipzig: RB 113, stündlich, ca. 20 Min., auch Bus-Verbindungen (45 Min.)
aus Halle: S-Bahn nach Leipzig, dann wie oben, 60–90 Min.

Streckenverlauf

Bhf. Oberholz – Wildgehege – Botanischer Garten – Waldaktionszentrum – (Variante über Störmthaler See) – Waldspielplatz – Bhf. Oberholz

Streckencharakteristik

Kurze Wanderung durch den Wald, auf der die Kinder die Natur (und Naturmaterialien zum Bauen und Basteln) entdecken können. Auf der insgesamt 13 Kilometer langen Variante könnt ihr am Störmthaler See den Ausblick über die Neuseenlandschaft genießen. Wegen der Länge empfiehlt sie sich besonders als Radtour.

Mit Kinderwagen?

Ja. Für die längere Variante zum Störmthaler See empfiehlt sich Lauf- oder Fahrrad.

Beschilderung

Am Störmthaler See nur teilweise beschildert

Spielplätze

Schöner Waldspielplatz in der Nähe des Bahnhofs Oberholz

Baden

Am Störmthaler See

Aktivitäten

Botanischer Garten
Störmthaler Weg 2 · 04463 Großpösna · www.botanischer-garten-oberholz.de · Mo–Fr 8–14 Uhr, Mai–Sep. auch Sa/So/Fei 10–16 Uhr
Der Botanische Garten widmet sich vor allem Arznei- und Gewürzpflanzen. Die Öffnungszeiten können abweichen – lieber vorher überprüfen.

Personenschifffahrt im Leipziger Neuseenland, Störmthaler See
www.personenschifffahrt-leipzig.de · Rundfahrt: 14€ / erm. 7€ / Kinder bis 3 Jahre frei / Familie (1 Std.) 26€ / Fahrrad 2€
Der Störmthaler See mit seiner Kunstinsel VINETA lässt sich schön bei einer ein- bis zweistündigen Schifffahrt kennenlernen. Dreimal pro Tag (gegen 11, 13 und 15 Uhr) legt das Schiff ab, z. B. von den Stegen Oberholz und Störmthal. An Bord kleine Speisenauswahl.

Einkehren

Büffeltränke
Rudolf-Breitscheid-Straße 32 · 04463 Großpösna · So 12–17 Uhr
Gemütlicher Biergarten mit typischen Speisen (etwa Thüringer Bratwürste) neben dem Waldspielplatz und Bahnhof. Leider nur sonntags geöffnet.

Speisewagen No. 51
Rödgener Straße · 04463 Großpösna · Sa/So 12–18 Uhr
Tolle Lage mit Ausblick, sehr leckere Pfannkuchen und Eis – eigentlich alles was man für einen perfekten Ausflug braucht.

km 0–1,5 **Vom Bahnhof Oberholz zum „dritten Lied"**

Zur Gleisunterführung geht ihr vorm Bahnhof links und bei nächster Gelegenheit wieder links. Die Straße läuft auf ein Damwildgehege zu, an dem ihr rechts geht. An der nächsten Kreuzung führt der Störmthaler Weg rechts zum **Botanischen Garten.** Hier gibt es neben Pflanzen auch eine Voliere sowie Kaninchen und Ziegen.

Wenn ihr gleich weiter wollt, schlagt den Weg nach links in den Mischwald ein. Das etwa 600 Hektar große Waldgebiet ist der letzte Rest der einst üppigen Natur, der nicht vom Tagebau verschlungen wurde. Viele Baumarten, Pflanzen und Tiere sind hier zu Hause.

Ein breiter Waldweg führt vorbei an Infotafeln über Eulen, Spechte, Sing- und Greifvögel. Und weil es sich singend besser läuft, könnt ihr gemeinsam die Volks(Wander-)lieder einstudieren, die auf Schildern entlang dieses **Pfads der Lieder** empfohlen werden. Beim dritten Lied biegt ihr links ab, es sei denn, ihr wollt weiter zum Störmthaler See, dann geht es weiter geradeaus. Besonders mit dem Fahrrad ist die längere Strecke empfehlenswert (Variante).

km 1,5–3,5 **Vom „dritten Lied" zurück zum Bahnhof**

Nun seid ihr auf dem Sandgrubenweg und erreicht einen großen Rastplatz, das sogenannten Waldaktionszentrum. Dahinter biegt ihr an der zweiten Kreuzung links ab. Bald überquert ihr die Gleise, gleich danach zweigt ein Pfad links ab in den Wald. Auf einer Bildtafel werden der Fasan und das Rebhuhn vorgestellt.

Der Weg führt durch einen Mischwald und an der zweiten Weggabelung biegt ihr wieder links ab. Nach gut 100 Metern erreicht ihr den **Waldspielplatz.** Hier können die Kinder einen tollen Parcours absolvieren: über die Hügel, auf die Baumhäuser, über die Seilnetze und rein in die Holzlok. Und während sie danach noch die Wasserpumpe ausprobieren, können die Erwachsenen im Biergarten nebenan einkehren. Der Bahnhof liegt gleich daneben.

Verlängerung zum Störmthaler See (gut mit Fahrrad)

km 1,5–13 **Weiter zum Störmthaler See**

Statt bei der dritten Liedtafel links abzubiegen, fahrt (oder lauft) ihr geradeaus bis zum Waldrand. Vor euch erscheinen breite Felder und am Horizont (etwas weniger idyllisch) das Kohlekraftwerk Lip-

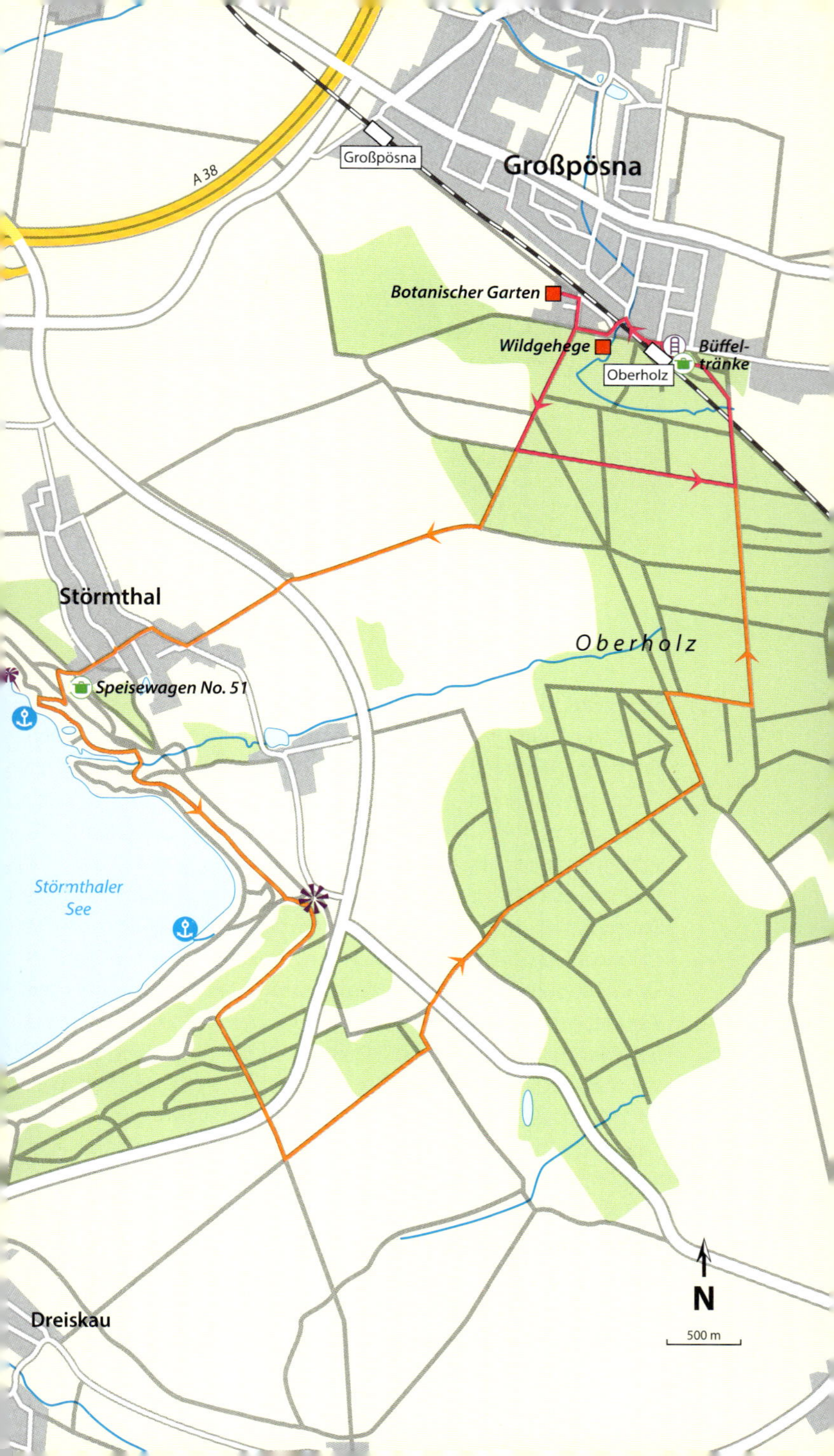

Großpösna
A 38
Großpösna
Botanischer Garten
Wildgehege
Oberholz
Büffel-
tränke
Störmthal
Oberholz
Speisewagen No. 51
Störmthaler
See
N
500 m
Dreiskau

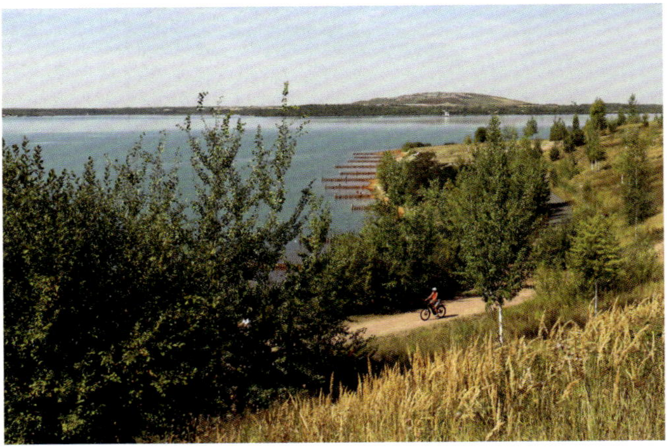

Blick über den Störmthaler See

pendorf – auch als Leipziger Wolkenfabrik bekannt. Ihr nehmt den Weg nach rechts, der durch Heckenrosen und Ebereschen ins Dorf **Störmthal** führt. Ihr biegt rechts auf die Dorfstraße ab und kommt über die Rödgener Straße zu einem Aussichtspunkt mit einem fantastischen Blick über die Neuseenlandschaft.

Bergab schlängelt sich ein Weg zum Ufer mit Stränden und Anlegestellen (eine Schiffsrundfahrt lohnt sich!). Die Radwege sind sehr gut ausgebaut, nach rechts kämt ihr zum Bergbau-Technik-Park und zum Markkleeberger See, ihr fahrt aber diesmal links am **Störmthaler See** entlang. In der nordöstlichen Bucht führt der Weg zu einem Aussichtspunkt hinauf.

Von dort müsst ihr circa 50 Meter zurück, dann geht es links auf dem Pfad zwischen den Bäumen weiter. Durch eine Schneise gelangt ihr zur nächsten Kreuzung und dort links ins Neue Oberholz. Ihr überquert die S 242 und biegt gleich danach links ab. Nun folgt ihr dem Radweg Grüner Ring. Nach einer weiteren Straßenüberquerung verläuft er lange Zeit geradeaus durch das Waldgebiet und biegt dann links ab. An der Schutzhütte nehmt ihr den Weg nach rechts und an dessen Ende den Langen Weg nach links. Jetzt seid ihr wieder auf dem Naturlehrpfad und könnt noch einiges über Feldhasen, Marder oder Füchse erfahren sowie vier weitere Lieder lernen. Dafür bleibt genügend Zeit, denn es sind noch 1,4 Kilometer bis zur Abbiegung zum Waldspielplatz und zum Bahnhof.

Zum Vorlesen

Seit wann macht man Wochenendausflüge in die Natur?

Noch nicht so lange – so viel sei schon mal verraten! Zwar gab es schon immer Menschen, die reisten: Händler überquerten mit ihren Waren lange Strecken. Abenteurer und Missionare brachen in unbekannte Länder auf. Reisen durch Europa gehörten zur Bildung von jungen Adeligen und religiöse Menschen pilgerten zu heiligen Orten. Aber dass Menschen wie heute in den Urlaub fahren oder am Wochenende ins Grüne – das kam erst viel später.

Ein Interesse an der Natur als Ort der Inspiration und Erholung entstand erst Ende des 18. Jahrhunderts in der Epoche der Romantik. Man begeisterte sich damals für Gefühle, Mythen, Märchen und auch für die (wilde) Natur, die einen beeindrucken oder glücklich machen kann. Viele fingen nun an zu wandern, um die Natur zu erleben oder historische Orte zu besuchen. Mit der Entwicklung schneller Verkehrsmittel wie dem Dampfschiff oder der Eisenbahn war Reisen auch viel leichter geworden. Aber immer noch konnten nur wohlhabende Menschen reisen. Arbeiterinnen und Arbeiter hatten dafür gar keine Zeit. Erst ab dem Ende des 19. Jahrhunderts gab es freie Sonntage! Und an denen erholte man sich nun gern in der näheren Umgebung im Grünen.

Es wurde üblich, dass die ganze Familie in Sonntagskleidern aus der Stadt hinausfuhr, um einen Spaziergang durch den Wald zu machen und dann eine Ausflugsgaststätte zu besuchen. Und genau das geschah im großen, schönen Mischwald bei Oberholz. 1893 wurde dort eine Haltestelle an der Eisenbahnstrecke eröffnet. In der Nähe entstand das Hotel Waldschloss mit Gastronomiebetrieb. So wurde Oberholz zu einem beliebten Ausflugsziel – und ist es bis heute geblieben.

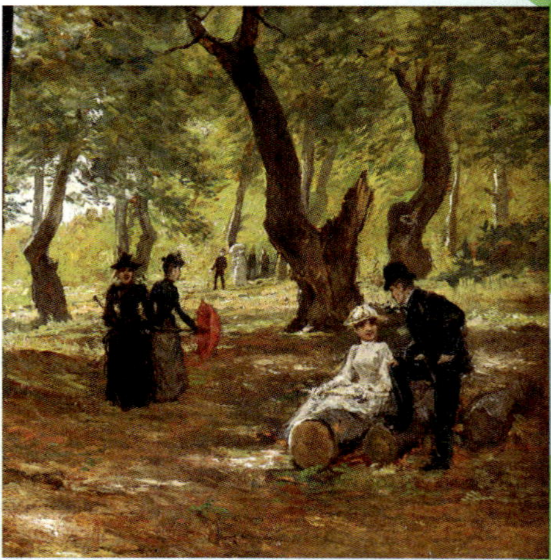

Muldetal bei Grimma

6 Am Wasser, über dem Wasser, auf dem Wasser durchs malerische Muldetal

Start	Ziel	Länge	Gehzeit	Schwierigkeit
Grimma oberer Bahnhof	Grimma oberer Bahnhof	9,5 km	3 Std.	● leicht

Der wasserreiche Fluss Mulde begleitet euch auf dieser Tour. Ihr überquert ihn mit einer Seilfähre, schaut vom Rabenstein aufs Wasser herab und erkundet eine schwimmende Mühle. Auch die Waldwege bieten Kindern viel Abwechslung. Das malerische Muldetal lockt aber nicht nur mit Natur, sondern auch mit einer reichen Kulturlandschaft. Ihr besucht die mittelalterliche Stadt Grimma, die Klosterruine Nimbschen und das Dorf Höfgen, eines der schönsten in Sachsen. Besonders hübsch ist diese Wanderung im Frühling und Herbst, wenn die bewaldeten Hügel und die Flussufer in bunten Farben leuchten. Wichtig ist aber, dass die Fähre im Dienst ist.

Von der Hängebrücke über die Mulde hat man flußabwärts einen schönen Blick auf die Altstadt

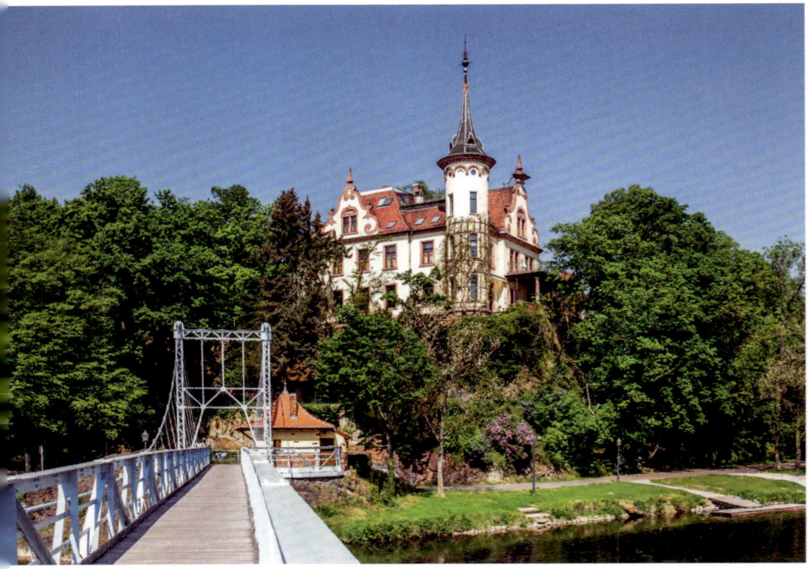

Infos zur Tour

Anfahrt/Rückfahrt

Grimma oberer Bahnhof
aus Leipzig: RB 110, stündlich, ca. 30 Min.
aus Halle: S5 nach Leipzig Hbf., dann RB 110, stündlich, ca. 80 Min.

Fähre

Ostern–Ende Okt. Mi–Fr/So 11–18, Sa/Fei 11–19 Uhr · 2,50 € / 1,50 € Kinder, Kinderwagen / 2,50€ Fahrrad
Tel. (0 34 37) 91 51 58

Streckenverlauf

Grimma oberer Bhf. – Rabenstein – entlang der Mulde – Schiffsmühle – Höfgen – Fähre – Kloster Nimbschen – Grimma oberer Bhf.

Streckencharakteristik

Abwechslungsreiche Wanderung durch Stadt und Dorf, Wald und Feld. Spielplätze, Museen, Baumstämme und die Flussüberfahrt sind Attraktionen für Kinder. Landschaftlich besonders schön im Frühling und Herbst, im Sommer wenig Schatten.

Mit Kinderwagen?

Die Tour ist kinderwagentauglich, allerdings ist die Fähre recht schmal und für Doppelkinderwagen ungeeignet. Beim Einstieg ist etwas Geschick gefragt.

Beschilderung

Teils Weg der Steine (gelbe Markierung), teils Muldental-Wanderweg (rote Markierung)

Spielplätze

In Grimma und in Höfgen

Besichtigen

Wassermühle Museum
Dorfstraße · 04668 Grimma OT Höfgen · www.wassermuehle-hoefgen.de · Apr.–Okt. Do–So/Fei 12–17 Uhr, sonst nach Absprache · kein barrierefreier Zugang
Mindestens seit 1721 existiert diese Getreidemühle. Heute beherbergt sie das Museum zu Mühltechniken und Müller-Leben.

Museum Schiffsmühle Höfgen
Zur Schiffsmühle · 04668 Grimma OT Höfgen · www.schiffsmuehle.de · Apr.–Okt. tgl. 8–19 Uhr
Ein kleines, schwimmendes Museum auf der Mulde.

Einkehren

Gasthaus Zur Wassermühle
Dorfstraße 10 · 04668 Grimma OT Höfgen · wwww.wassermuehle-hoefgen.de · Sa/So/Mo 11–22, Fr 17–22 Uhr
Vorwiegend deutsche Küche, wenig Vegetarisches und in einem höheren Preisniveau. Dafür kinderfreundlich: Es gibt mehrere Kindergerichte auf der Karte und neben der Terrasse befindet sich ein kleiner Spielplatz. Im Sommer ein Monat Betriebspause (siehe Website)!

Eiscafé Peter Eibeck
Töpferstraße 10 · 04668 Grimma · Di–So 13–18 Uhr
Sehr leckeres Eis, daher auch längere Wartezeiten.

km 0–2 Vom Bahnhof Grimma zum Rabenstein

In Grimma angekommen und mit dem Bahnhofsgebäude im Rücken lauft ihr geradeaus über den Vorplatz mit Bushaltestellen und weiter durch die Karl-Marx-Straße. An ihrem Ende erreicht ihr den **Schwanenteich-Park.** Nehmt die Brücke über den Teich und haltet euch dann rechts. Bald kommt linker Hand ein **Spielplatz.** Klettergerüste, eine Schaukel und im Sommer auch die Wasserpumpe bieten eine erste wichtige Pause für die Kinder nach der Zugfahrt. Ihr verlasst dann den Park und folgt über die Straße hinweg dem engen Weg, der Verlobungsgässchen genannt wird, bis ans Ufer der **Mulde.** Mulde bedeutet übrigens ursprünglich „wasserreich", und das werdet ihr im Verlauf der Wanderung bestätigen können. Links von euch liegt nun die Altstadt von Grimma. Wenn ihr nicht in die Stadt wollt, nehmt ihr den Weg am Fluss entlang nach rechts bis zur Hängebrücke.

Grimma

Der Name der Stadt Grimma hat auch etwas mit Wasser zu tun. Er stammt aus dem Altsorbischen und bedeutet von Wasser und nassen Wiesen umgebenes Gelände. Hier an der Mulde entstand im 12. Jahrhundert eine slawische Siedlung, die schon bald das Stadtrecht erhielt. In der Altstadt, die sich am Flussufer erstreckt, haben sich Baudenkmäler aus verschiedenen Epochen erhalten. Am Marktplatz steht das rot-weiße Rathaus mit einem markanten Renaissancegiebel und in seiner Nähe die Klosterkirche St. Augustin (heute eine Kulturhalle) sowie das Schloss Grimma (heute Sitz des Amtsgerichts). 2002 wurde die Innenstadt durch das Elbhochwasser schwer beschädigt, mittlerweile ist vieles renoviert und die Stadt wird nun von einer zwei Kilometer langen Hochwasserschutzmauer geschützt.

Ihr überquert die Mulde auf der Hängebrücke, von der ihr einen schönen Blick auf die Stadt habt. Auf dem anderen Ufer befindet sich links eine große Liegewiese, ein toller Ort zum Picknicken. Die Tour verläuft aber geradeaus durch den Laubwald. Immer wieder gibt es für die Kinder Steine oder Baumstämme zu entdecken, die sich wunderbar zum Klettern und Balancieren eignen. Der Weg ist erst rot markiert, ab der nächsten Kreuzung kommt eine gelbe Markierung dazu, der ihr nun folgt. Der Wegweiser zeigt 3,1 Kilometer

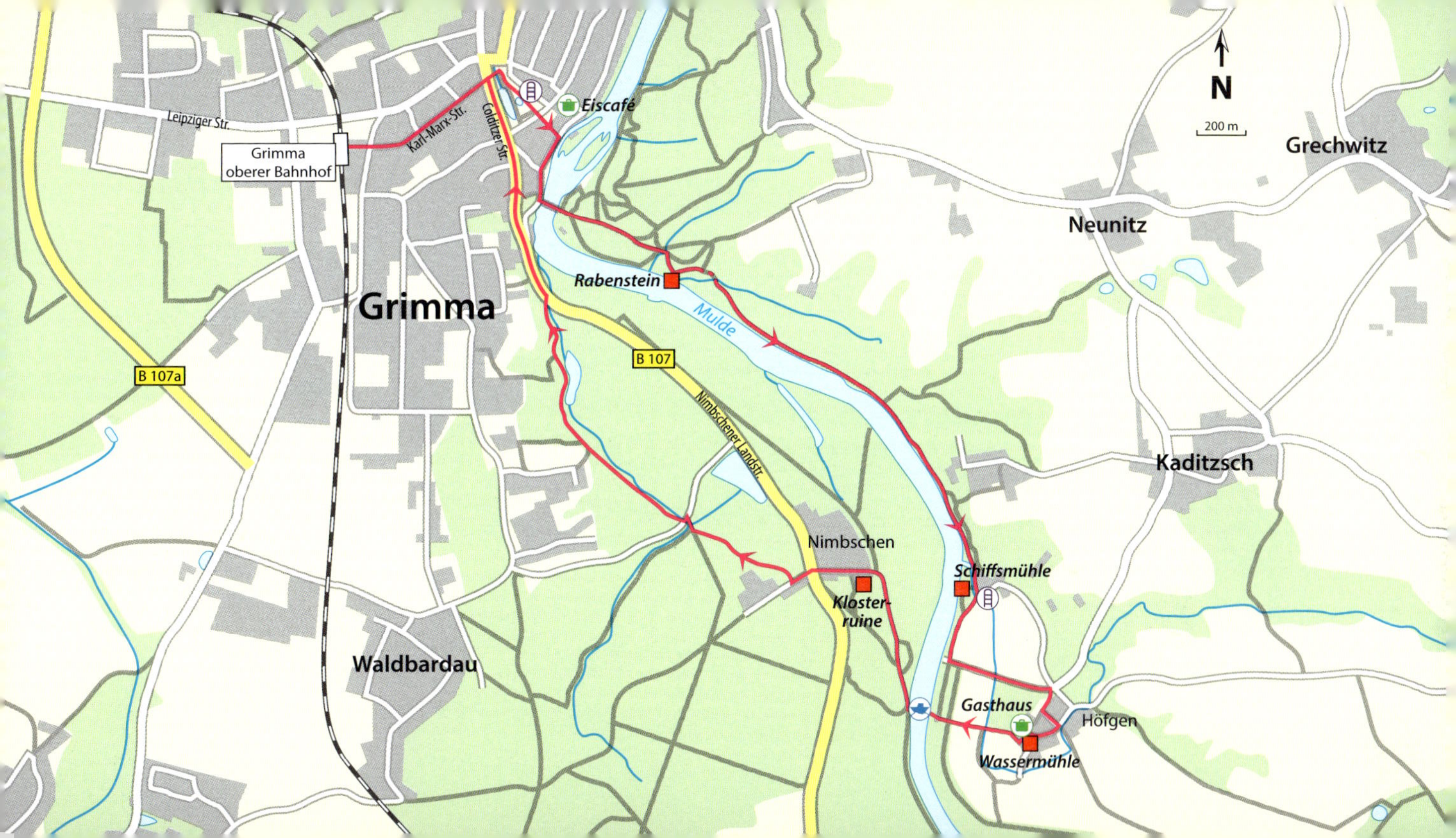
N
200 m
Grechwitz
Neunitz
Kaditzsch
Grimma
Grimma oberer Bahnhof
Leipziger Str.
Karl-Marx-Str.
Colditzer Str.
Eiscafé
Rabenstein
Mulde
B 107
B 107a
Nimbschener Landstr.
Nimbschen
Kloster-ruine
Schiffsmühle
Gasthaus
Höfgen
Wassermühle
Waldbardau

nach Höfgen. Es geht auf einem breiten Waldweg leicht bergauf bis zum **Rabenstein,** einem Felsen, der steil und abrupt ins Wasser abfällt. Von der breiten Aussichtsplattform mit Sitzbänken habt ihr einen schönen Blick auf die Mulde.

km 2–6 Vom Rabenstein zum Kloster Nimbschen

Vom Rabenstein geht es gleich wieder bergab. Eine kurze Strecke führt über Steintreppen oder eine enge Rampe hinunter. Vom Fuß des Hügels geht es gemächlich weiter auf einem asphaltierten Weg am flachen Muldeufer entlang. Steinskulpturen, Sitzsteine oder Taststeine begleiten diesen „Weg der Steine".

Ihr folgt dem Weg bis zur **Schiffsmühle.** Wie der Name schon andeutet, handelt es sich um eine Wassermühle auf einer schwimmenden Plattform. Sie ist heute ein kleines Museum und versorgt den höher gelegenen Jutta-Park mit Wasser. Gleich dahinter liegt das Hotel „Zur Schiffsmühle" mit Biergarten, daneben ein kleiner **Spielplatz** und eine Minigolf-Anlage.

Folgt weiter dem gelb markierten Weg entlang der Mulde bis zur ersten Wegkreuzung. Links geht es nach **Höfgen,** das als eins der schönsten Dörfer Sachsens gilt. Dass der denkmalgeschützte Ort touristisch äußerst attraktiv ist, erkennt man gleich an dem großen Busparkplatz am Ortseingang. Das Zentrum besteht aus wenigen Fachwerkhäusern und einer alten romanischen Kirche auf einem Hügel. Die Wassermühle beherbergt ein weiteres Museum, in dem die historische Mühlentechnik und eine Müllerwohnung aus der Zeit um 1800 zu besichtigen sind.

Neben der Wassermühle führt ein Gässchen in Richtung Fähre. Hier kommt ihr an einem gemütlichen Gasthof mit Terrasse und frei zugänglichem Mini-Spielplatz vorbei. Dann geht es durch breite Wiesen, wo im Frühling viele Narzissen wachsen und Pferde weiden. Das weiß-braune Haus am Ufer ist nicht zu übersehen: von dort aus fährt die **Seilfähre.** Die ist spannend, nicht nur für Kinder, aber etwas herausfordernd für Familien, die mit Kinderwagen unterwegs sind. Denn der Einstieg ist nicht besonders leicht und die Fähre nicht besonders breit. Aber der Fährmann hilft. Dann manövriert er das Boot mit Hilfe einer langen Stange schräg zum Seil, an dem es befestigt ist, sodass die Strömung es zum anderen Ufer hinbewegt. Und währenddessen findet er noch Zeit, Anekdoten zu erzählen.

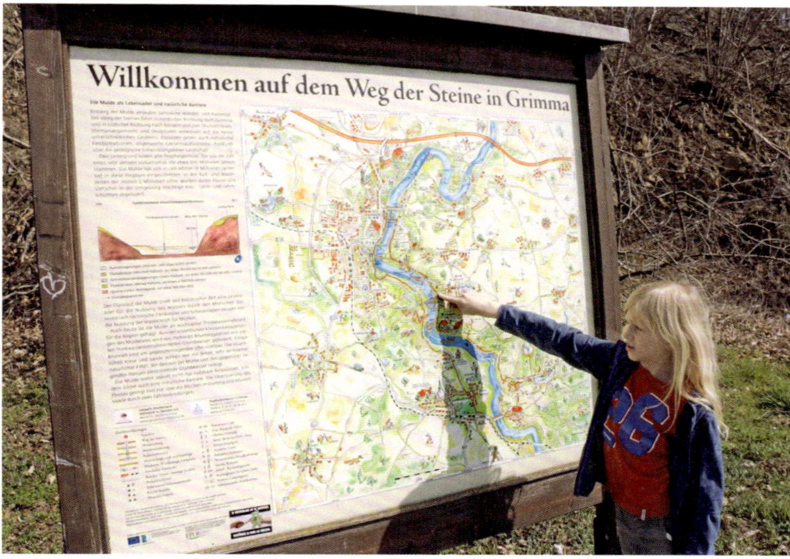

Wir sind genau hier! Gut orientiert geht es durchs Muldetal

Auf dem anderen Ufer geht es weiter: bergauf vorbei am Gong, mit dem man die Fähre ruft, bis zur Kreuzung. Ihr geht rechts und bei der nächsten Gabelung wieder rechts (rot markiert). So gelangt ihr zur Klosterruine Nimbschen.

Klosterruine Nimbschen

Die imposante Ruine des **Klosters Nimbschen** vermittelt immer noch einen guten Eindruck von dessen einstiger Größe. Das zisterziensische Frauenkloster wurde ab 1270 errichtet. „Bete und arbeite" – das waren die Pflichten der Nonnen. Doch in der ersten Hälfte des 16. Jahrhunderts drangen die Ideen der Reformation auch hinter diese Klostermauern. Im Frühjahr 1523 flohen deswegen mehrere Nonnen aus dem Kloster, darunter Katharina von Bora, die spätere Ehefrau Martin Luthers (▸ Seite 57). Wenige Jahre später fand die Geschichte des Klosters als geistig-religiöses Zentrum sein Ende und nur der Wirtschaftsbetrieb wurde fortgeführt.

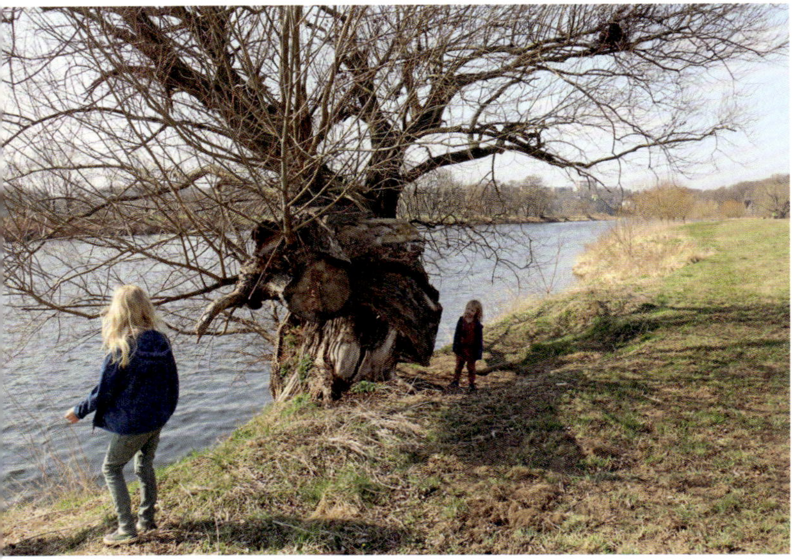

Für Kinder gibt es überall etwas Spannendes zu entdecken wie diese verknorzelte Weide

km 6–9,5 **Vom Kloster Nimbschen zurück nach Grimma**

Das Gelände verlasst ihr über den asphaltierten Weg Richtung Landstraße B 107, die ihr überquert. Die rote Markierung des Muldental-Wanderwegs ist hier etwas versteckt. Nach nur hundert Metern biegt der Weg rechts in den Wald ein, die Markierung wird allerdings erst nach der Abzweigung sichtbar.

Nach rund 500 Metern überquert ihr eine Straße, dann fließt rechts neben euch der Harthgrundbach und durch die Bäume seht ihr immer wieder das Flachland des Muldetals, während es zur Linken den Hang hochgeht. Die Kinder entdecken hier sicher wieder einiges zum Erforschen und Balancieren.

Der Harthgrundbach macht sich breit und bildet einen kleinen Teich. Noch ein paar Meter und ihr erreicht die Colditzer Straße (B 107), auf der ihr nach links weiterlauft. Gleich zweigt rechts ein Weg ab, den ihr nehmen könnt, falls ihr noch mal zum Flussufer hinunter, in die Innenstadt oder zur Eisdiele wollt. Wenn ihr gleich zum Zug müsst, lauft weiter auf der Colditzer Straße und biegt dann links ein in die Karl-Marx-Straße, die euch zum Bahnhof bringt.

Wer waren Katharina von Bora und Martin Luther?

Martin Luther lebte vor über 500 Jahren. Er war als junger Mann Mönch geworden, studierte die Bibel und dachte viel über seine Religion nach. Dann wollte er manche Regeln seiner Kirche verändern, man sagt auch „reformieren". Viele Menschen folgten seinen Gedanken und Taten – andere nicht. So führten Luthers Ideen für eine Veränderung der Kirche zu großen Konflikten und schließlich zur Spaltung in die Evangelische und die Katholische Kirche.

Luther war der Meinung, dass jeder durch das eigene Gebet Zugang zu Gott finden könne. Man brauche dafür keine Priester und auch keine Klöster. Und er war vor allem gegen diesen damaligen Brauch: Man glaubte, dass jemand, der gegen eine religiöse Regel verstoßen hatte, nach seinem Tod im Fegefeuer dafür büßen musste. Wer aber zu Lebzeiten der Kirche Geld bezahlte, konnte seine Zeit im Fegefeuer verkürzen. Das hielt Luther für falsch.

Seine Lehren hörte auch die Nonne Katharina von Bora im Kloster Nimbschen. Sie war als Kind ins Kloster gekommen und hatte dort Lesen, Schreiben und Latein gelernt, später auch landwirtschaftliches Arbeiten. Luthers Ideen sprachen sie an. 1523 floh sie aus dem Kloster zu Luther nach Wittenberg. Dafür drohte damals Todesstrafe. Später heirateten Katharina von Bora und Martin Luther.

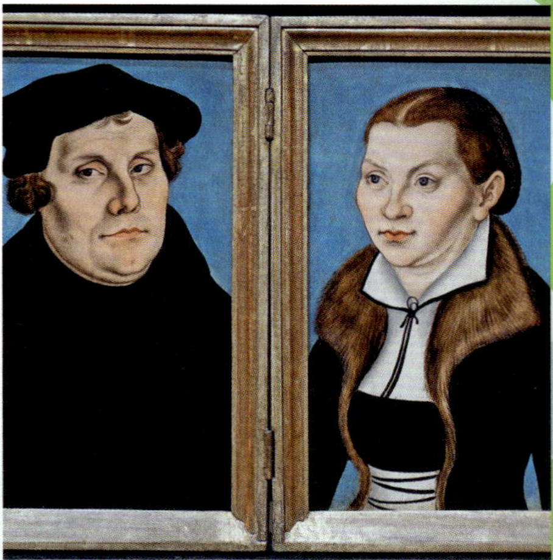

Die Luthers lebten im ehemaligen Augustinerkloster in Wittenberg. Katharina betreute ihre sechs Kinder und andere arme Kinder und Waisen. Sie kümmerte sich um das Haus, die Gärten, das Vieh, die Brauerei und auch um die vielen Studenten und Gäste, die Luthers Lehre anlockte. Sie nahm an den theologischen Diskussionen teil, was für Frauen in diesen Zeiten eine Besonderheit war.

Rochlitzer Berg

7 Im Land des roten Porphyrs – die Besteigung des Rochlitzer Bergs

Start	Ziel	Länge	Gehzeit	Schwierigkeit
Bus Rathausstraße, Rochlitz	Bus Rathausstraße, Rochlitz	10,5 km	4 Std.	● herausfordernd

Eine Landschaft wie gemalt: Der Fluss schlängelt sich zwischen grünen und gelben Hügeln und kleinen Dörfern. Ein Graureiher späht nach Fischen. Im Hintergrund ein Berg mit rotbraunen Felswänden mitten im Buchenwald und einem roten Aussichtsturm auf dem Gipfel. Wir sind im Land des Roten Porphyrs. Die Stadt Rochlitz liegt am Fuß des Rochlitzer Bergs. Sie wird von einem Schloss dominiert, das mehr wie eine mittelalterliche Burg wirkt und mit zwei massiven Türmen die Blicke auf sich zieht. Für Kinderwagenchauffeure ist diese Tour leider nichts, aber alle anderen wird die wildromantische Landschaft begeistern.

Schloss Rochlitz, eine Burg wie aus dem Märchenbuch

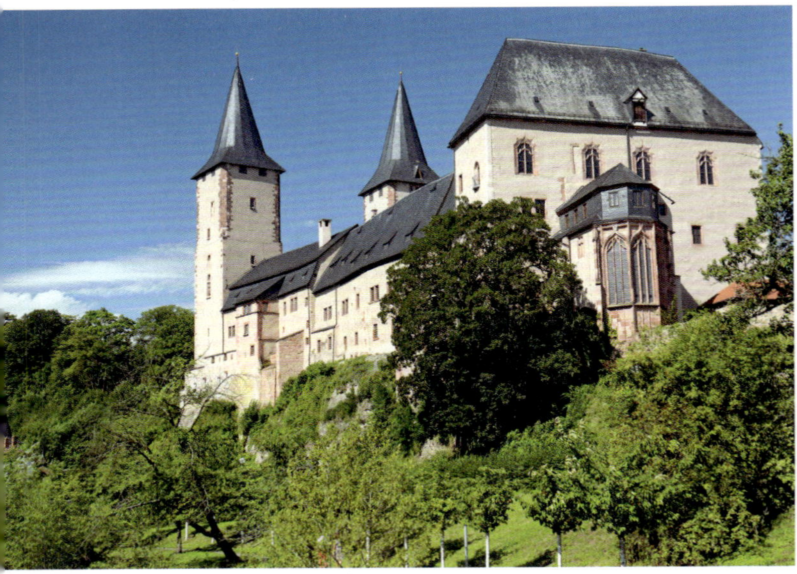

Infos zur Tour

An-/Rückfahrt
Bushaltestelle Rathausstraße in Rochlitz
aus Leipzig: RE 6 nach Geithain, dann Bus 629, alle 2 Std. (Mo–Fr stündlich), ca. 60 Min.
aus Halle: S-Bahn nach Leipzig, dann wie oben, ca. 100 Min.

Streckenverlauf
Rochlitz, Rathausstr. (Bus) – Schloss – Rochlitzer Berg – Sörnzig – Rochlitz, Rathausstr. (Bus)

Streckencharakteristik
Diese anspruchsvolle Wanderung wird jene erfreuen, die sich in der flachen mittelsächsischen Landschaft nach ein paar Höhenmetern sehnen. Ihr erfahrt viel über die (Kultur-)Geschichte der Region sowie über Natur und Geologie.

Mit Kinderwagen?
Nein. Auch nichts für Radfahrer.

Beschilderung
Teils rot markierter Weg zum Rochlitzer Berg, bzw. nach Sörnzig, dann grüne Markierung am Mulde-Ufer

Spielplätze
Am Porphyr-Lehrpfad auf dem Rochlitzer Berg; bei Fischheim

Besichtigungen
Schloss Rochlitz
Sörnziger Weg 1 · 09306 Rochlitz · www.schloss-rochlitz.de · Apr.–Okt. Di–Fr 10–17 Uhr, Sa/So/Fei 10–18 Uhr, Nov.–Jan. Sa/So 10–16, Feb.–März Di–So 10–16 Uhr
Eintritt: 6 €, Kinder 6–16 Jahre 1 € / bis 5 Jahre frei
Das Schloss beherbergt ein Museum und bietet interessante Führungen für Kinder, Jugendliche und Erwachsene an. Dabei wird auch ein Turm bestiegen. Es gibt ein Café auf dem Gelände.

Aussichtsturm auf dem Rochlitzer Berg
Rochlitzer Berg · 09306 Rochlitz · tgl. 10–16.30 Uhr
Eigentlich Friedrich-August-Turm, benannt nach dem Sachsenkönig Friedrich August II., der mehrfach den Bergwald aufsuchte. 1861 eröffnet, wunderschöne Aussicht.

Einkehren
Bergrestaurant Türmerhaus
Rochlitzer Berg · 09306 Rochlitz · www.rochlitzerberg.com · tgl. 11–17, Sa bis 20 Uhr
Direkt beim Aussichtsturm. Leckere deutsche Küche, auch ein paar vegetarische Gerichte. Warme Speisen nur zwischen 11 und 15 Uhr. Extrakarte (zum Ausmalen) für Kinder, Gratis-Eis am Stiel als Nachtisch und ein kleiner Ort zum Toben neben der Terrasse. Hochstühle sind vorhanden.

Café Sonnenschein
Zwickauer Str. 1 · 09306 Rochlitz · Sa/So 12–18 Uhr
Einfaches Gartenrestaurant mit kleiner, aber feiner Speisekarte und sehr familienfreundlich. Außer einem Sandkasten stehen Kindern auch Dreiräder und Roller im Garten zur Verfügung.

Rochlitz

Die Wanderung startet in Rochlitz, einer malerischen Stadt in Mittelsachsen an der Zwickauer Mulde. Ihr Wahrzeichen ist das **Schloss,** das auf einem Ausläufer des Rochlitzer Bergs thront. Schon im 10. Jahrhundert stand dort eine Königsburg, die bald Stadt- und Marktrecht bekam. Anfang des 19. Jahrhunderts wurde die Stadt durch einen Brand stark beschädigt und wieder aufgebaut. Aus dieser Zeit stammen die Bürgerhäuser am Markt, die ihr euch zusammen mit dem klassizistischen Rathaus gleich nach eurer Ankunft mit dem Bus anschauen könnt. Wer aufmerksam hinschaut, erkennt schon die Bedeutung des Porphyrs für die Region: Die meisten Häuser haben Fenster- und Türfassungen aus dem „sächsischen Marmor".

km 0–1 Durch Rochlitz

Ihr lauft am Rathaus vorbei, diagonal über den Markt und dann links durch die Muldengasse. An ihrem Ende befindet sich das älteste Haus der Stadt, das Badehaus. Davor biegt ihr rechts ein in den gepflasterten Weg namens Mühlgraben. Gleich seht ihr vor euch das große Gebäude der **Schlossmühle** am Ufer der Mulde und im Hintergrund das Schloss mit seinen zwei markanten Türmen. Bleibt auf dieser Flussseite und lauft an der historischen Mühle vorbei. Schon 1288 stand hier eine sehr viel kleinere Mühle. Heute dient sie nur noch als Wasserkraftwerk.

Ihr kommt zum Mühlplatz, überquert ihn schräg und nehmt den Weg bergauf in Richtung Schloss, so wie es der Wegweiser anzeigt. Rechts von euch steht die älteste Kirche der Stadt, die spätgotische **St. Petri Kirche.**

Das **Schloss Rochlitz** hat eine lange und bedeutende Geschichte, die mindestens bis ins Jahr 1009 zurückgeht (▸ Seite 65). Wer den Eintritt zahlt, kann sich auf einen interessanten Schlossrundgang mit verschiedenen Stationen begeben. Dabei besteigt ihr auch die **Lichte Jupe,** den südlichen Turm näher am Fluss, und gönnt euch den zauberhaften Blick auf die Zwickauer Mulde.

km 1–4,5 Von Rochlitz zum Rochlitzer Berg

Ihr durchquert den Schlosshof und passiert das Tor unter der Lichte Jupe. Nachdem ihr das Schlossgelände verlassen habt und über die Brücke kommt, biegt ihr links auf den schmalen Pfad ab. Er ist rot

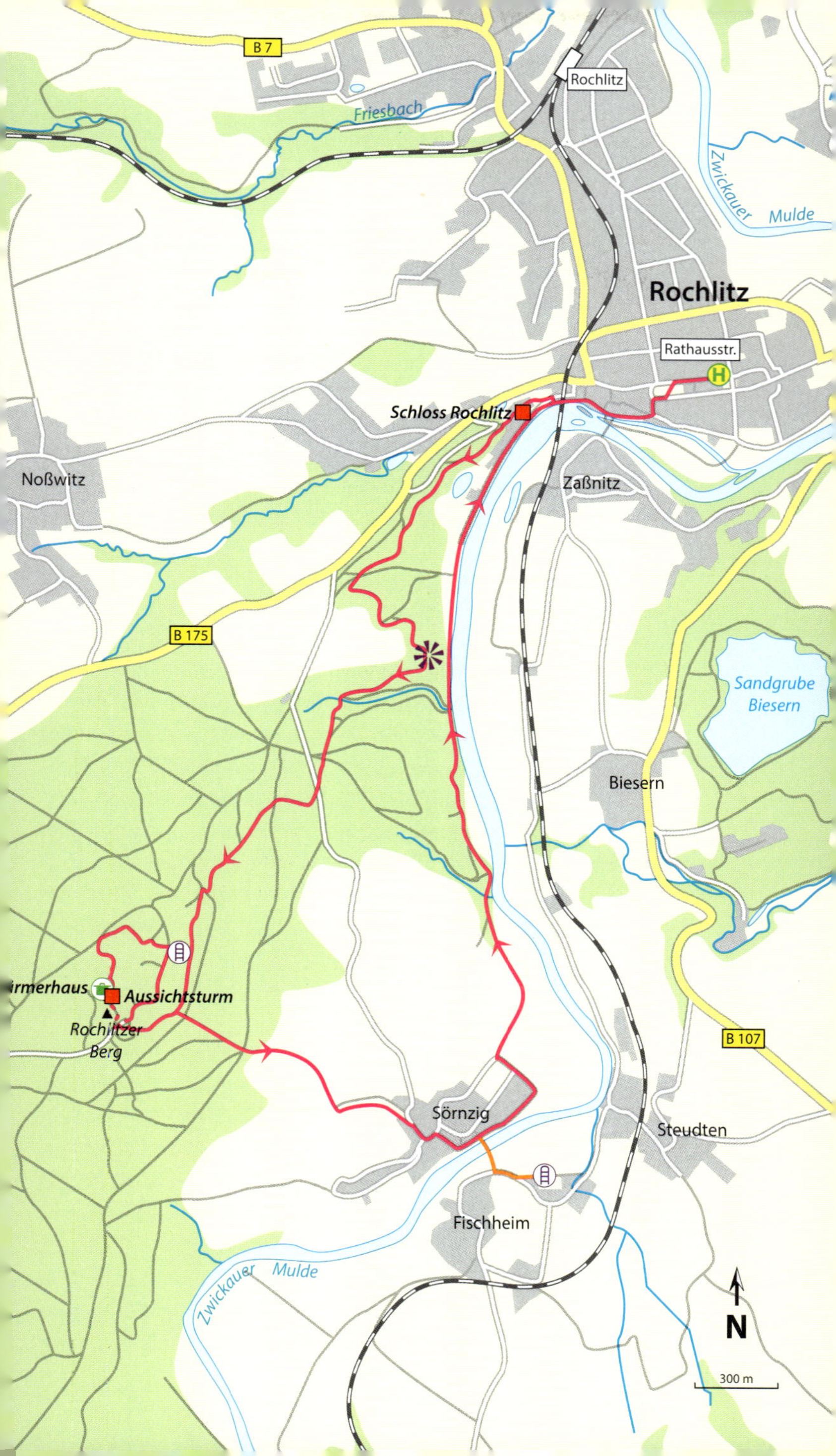

B 7
Rochlitz
Friesbach
Zwickauer Mulde
Rochlitz
Rathausstr.
H
Schloss Rochlitz
Noßwitz
Zaßnitz
B 175
Sandgrube Biesern
Biesern
irmerhaus
Aussichtsturm
Rochlitzer Berg
B 107
Sörnzig
Steudten
Fischheim
Zwickauer Mulde
N
300 m

markiert: Drei Kilometer sind es bis zum Rochlitzer Berg. Die meiste Zeit befindet ihr euch zugleich auf der **Via Porphyria,** dem Pilgerweg, der die Kirchen im Land des Roten Porphyrs verbindet. Der enge Weg beginnt mit Treppenstufen und verläuft dann am Hang über dem Muldeufer: Der Ausblick ist faszinierend. Bald erreicht ihr einen Laubwald, der Weg wird breiter und der Hang sanfter.

Ihr folgt der roten Markierung zum Rochlitzer Berg. Am **Aussichtspunkt Bastei** könnt ihr noch mal einen wunderschönen Blick durch die Bäume zurück zum Rochlitzer Schloss werfen. Ihr folgt dem Weg weiter geradeaus und kommt über eine Brücke, die eine tiefe Schlucht und den Mordgrundbach überspannt. Es geht stets leicht bergauf. Falls es den Kindern mal zu anstrengend ist, könnt ihr ihnen von Rudolf Zimmermann erzählen, nach dem dieser Weg auch benannt ist. Als Kind wohnte er oben auf dem Berg, weil sein Vater für die Verwaltung des dortigen Turms verantwortlich war. Später wurde er Ornithologe und Tierfotograf. Seine Leidenschaft für die Natur entdeckte er unter anderem, weil er diesen Waldweg jeden Wochentag zur Schule in Rochlitz hin und zurück lief.

Zwischen Laubbäumen lauft ihr noch weitere 1,5 Kilometer. Dann stoßt ihr auf eine asphaltierte Straße und die **Bushaltestelle** Rochlitzer Berg: Notlösung für ganz müde Kinder. Alle zwei Stunden fährt hier ein Kleinbus nach Rochlitz bzw. Wechselburg.

Rund um den Berggipfel verläuft der Porphyr-Lehrpfad. Über die Treppen links von der Buswendeschleife auf der anderen Straßenseite kommt man hoch zu zur Kuppe mit dem **Aussichtsturm** und dem **Bergrestaurant Türmerhaus** und kann dort die Runde starten.

Rochlitzer Berg

Mit rund 350 Metern ist der **Rochlitzer Berg** die höchste Erhebung zwischen dem Leipziger Tiefland und dem Erzgebirgsvorland. Entstanden ist er nach einer Vulkanexplosion. Damals – vor 290 Millionen Jahren – bildete sich das hellrot-braune Gestein, das als Porphyr bezeichnet wird (▸ Seite 43). Seit tausenden von Jahren wurde es schon verwendet und in jüngerer Zeit in tiefen Steinbrüchen abgebaut. Aus Porphyr ist hier nicht nur der Aussichtsturm oder das Rochlitzer Schloss, das rote Gestein schmückt auch viele weitere Bauten in Rochlitz, Wechselburg oder auch Leipzig. Die steilen, rötlichen Wände des **Steinbruchs** sind vom 28 Meter hohen Turm

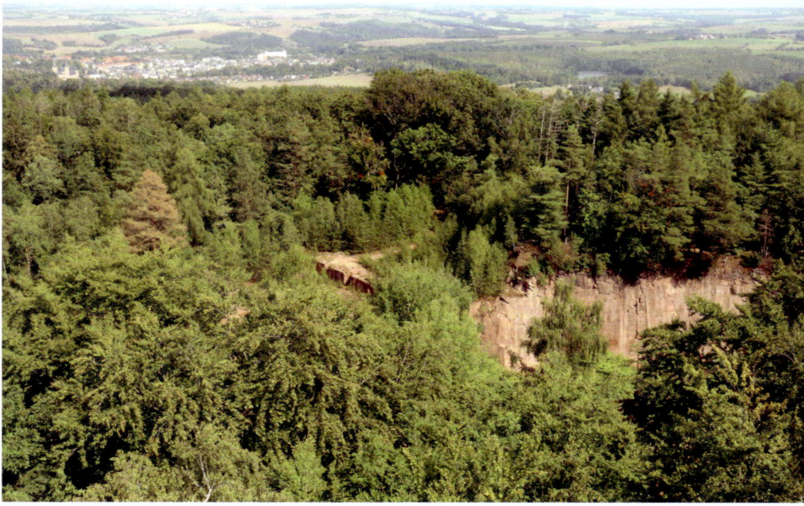

Vom Aussichtsturm erkennt man gut die steilen Wände des ehemaligen Porphyr-Steinbruchs

aus gut zu sehen – und nicht nur das: Ihr genießt einen Rundumblick über die hügelige Landschaft an der Zwickauer Mulde und bei schönem Wetter könnt ihr bis zum Erzgebirge, nach Chemnitz oder zum Leipziger Völkerschlachtdenkmal sehen.

Auf dem Porphyr-Lehrpfad zum Steinbruch **km 4,5–5,3**

Von der Kuppe aus könnt ihr einen Teil des Lehrpfads erkunden. Dafür lauft ihr (der Markierung nach) die Straße herunter. Bald erreicht ihr rechts im Wald eine Aussichtsplattform, von der aus ihr den Steinbruch (mit Jahresmarken des Abbaus) und die zurückgelassenen Kräne und Steinsägen betrachten könnt. Noch spannender für Kinder ist aber der tolle **Abenteuerspielplatz** rund 300 Meter weiter mit vielen Klettermöglichkeiten und (fast) himmelhohen Schaukeln.

Vom Rochlitzer Berg über Sörnzig nach Rochlitz **km 5,3–10,5**

Ihr erreicht wieder die Bushaltestelle und geht etwa 200 Meter auf dem rot markierten Zimmermann-Weg zurück. Dann zweigt rechts

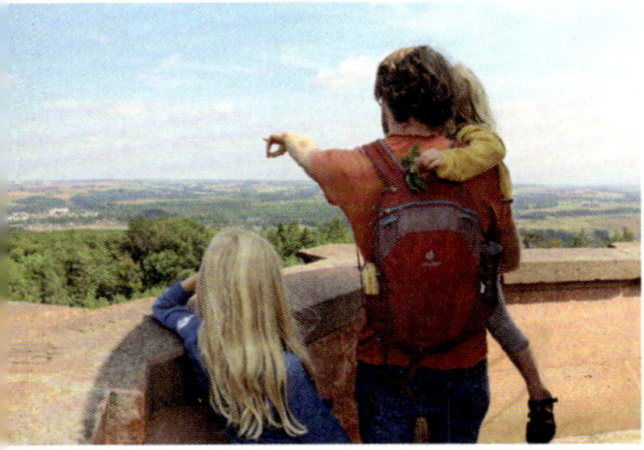

Bei gutem Wetter sieht man bis nach Leipzig

der Wanderweg nach Sörnzig ab, der steil bergab durch den Buchenwald führt, bevor sich vor euch die hügelige Landschaft um die Mulde öffnet. Der Weg schlängelt sich zwischen grünen Weiden und gelben Rapsfeldern hindurch. Mal lädt eine Sitzbank ein, den Ausblick in Ruhe zu genießen, mal ein Rastplatz mit Minispielplatz und einem Naturquiz über Heilkräuter. Der Weg ist Teil des insgesamt 9,5 Kilometer langen Walderlebnispfades Wechselburg (aber so weit werdet ihr jetzt nicht mehr laufen).

Ganz entspannt kommt ihr hinunter in den Ort **Sörnzig,** der schon 1208 erwähnt wurde und dessen sorbischer Name „Ort der Mühlsteinhauer" bedeutet – denn aus Porphyr wurden lange Zeit auch Mühlsteine gefertigt. Von hier stammten auch die frühesten Steinbruchbesitzer des Rochlitzer Bergs. Über die Sörnziger Straße erreicht ihr eine Hängebrücke über die Zwickauer Mulde. Von dort aus bietet sich ein weiterer wunderschöner Blick hoch zum Berg und ins Muldetal.

Falls ihr noch zu einem netten **Spielplatz** mit Tischtennisplatten wollt, geht über die Brücke – aber nicht erschrecken, sie kann ganz schön ins Schwingen geraten. Am anderen Ufer nehmt ihr den Weg nach links und könnt den Spielplatz gleich sehen. Schön ausgetobt kehrt ihr aufs westliche Ufer zurück.

Es geht weiter kurz am Ufer entlang und dann um den Ort herum. Wenn ihr zum grün markierten, asphaltierten Wanderweg kommt, lauft in Richtung Rochlitz. Zuerst geht es zwischen Wiesen und Feldern und entlang einer Kirschbaumreihe, später taucht ihr in den Wald ab. Ihr bleibt aber am Fuße des Bergs, unweit der Mulde. Ab und zu spitzelt schon die Stadt Rochlitz zwischen den Ästen durch. Nach einem Kilometer im schattigen Laubwald nähert ihr euch der Stadt über eine Wiese und die Schlossaue. Vielleicht entdeckt ihr sogar einen Graureiher an der Mulde. Der Feldweg wird bald zu einem asphaltierten, der unterhalb des Schlosses bis zur Schlossmühle führt. Den Weg zum Markt und zur Bushaltestelle kennt ihr schon.

War Schule vor hunderten von Jahren auch manchmal langweilig?

Laut einer alten Chronik stand die Burg in Rochlitz schon im Jahr 1009. Die meiste Zeit (von 1143 bis 1918) war sie in Besitz der bedeutenden und sehr alten deutschen Adelsfamilie der Wettiner. Die Dynastie regierte im Gebiet des heutigen Sachsens, in Teilen Thüringens und in der Lausitz mehr als 800 Jahre lang. Die Burg Rochlitz wurde ihre Nebenresidenz und erlebte besonders im 14. und 15. Jahrhundert einen Aufstieg. Damals wurde sie auch zu einem Schloss umgebaut.

Aus diesen zwei Jahrhunderten hat sich etwas Besonderes erhalten. Jahrhundertelang lag es unter zwölf Farbschichten verborgen. Kinder haben es gemacht, Wettinische Prinzen, die zeitweise im Schloss lebten und hier unterrichtet wurden.

Die Prinzen hatten private Lehrer. Schulen gab es damals nur in Klöstern oder großen Kirchen und dort wurden Priester und Mönche ausgebildet. Die Prinzen, die einmal berühmte Herrscher werden sollten, mussten einiges lernen: Lesen, Fremdsprachen, gutes Benehmen, christliche Religion, Geschichte sowie Reiten, Jagen und Kämpfen. Auf dem Schloss gab es ein Studierzimmer. Dort paukten zum Beispiel (der spätere) Friedrich der Weise und seine Brüder – aber statt aufmerksam dem Geschichtsunterricht zu folgen, kritzelte und kratzte er Bilder an die Wand. Und er war nicht der einzige. Auf der Gipswand, die heute wieder freigelegt ist, wurde ein ganzes Heer bewaffneter Ritter mit und ohne Pferd verewigt, Kanonen, eine Kirche, Tiere und sogar ein nackter König!

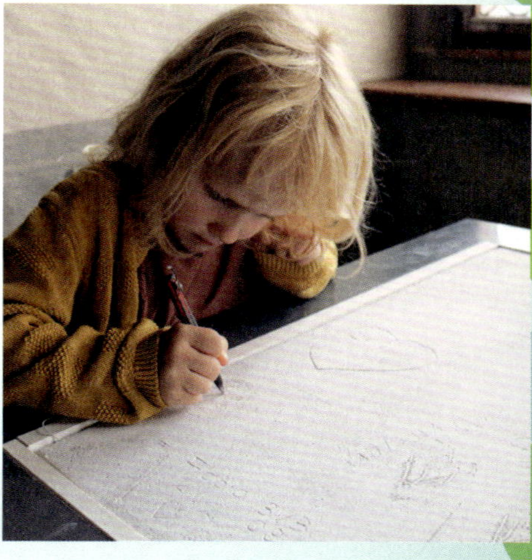

Falls ihr das nächste Mal beim Unterricht aus Langeweile auf den Tisch kritzelt, dann wisst ihr Bescheid: Diese Tätigkeit hat eine lange, fürstliche Tradition.

8 Picknick mit Konzert – Vogelbeobachtung an den Haselbacher Teichen

Start	Ziel	Länge	Gehzeit	Schwierigkeit
Bhf. Regis-Breitingen	Bhf. Regis-Breitingen	6 km	2 Std.	● leicht

Genau auf der Grenze zwischen Sachsen und Thüringen liegen die Haselbacher Teiche. Hier lauern Graureiher und Kormorane auf Beute, Blässhühner und Haubentaucher tummeln sich auf dem Wasser, mit etwas Glück entdeckt ihr die seltene Zwergdommel. Überall zwitschert und summt es. Aber auch große Tiere trefft ihr: Pferde, Kühe und Wasserbüffel, die hier weiden. Die kurze, einfache Wanderung durch das Naturschutzgebiet ist besonders schön im Frühling, wenn alles rundherum blüht, oder im Herbst, wenn sich die Bäume bunt färben. Am besten packt ihr Picknickdecke, Proviant und Fernglas ein und verbringt einen wunderschönen Tag beim Aussichtsturm – Vogelkonzert inbegriffen.

Was bist'n du für'n Vogel? Ein Fernglas für die Beobachtung mitzunehmen lohnt sich

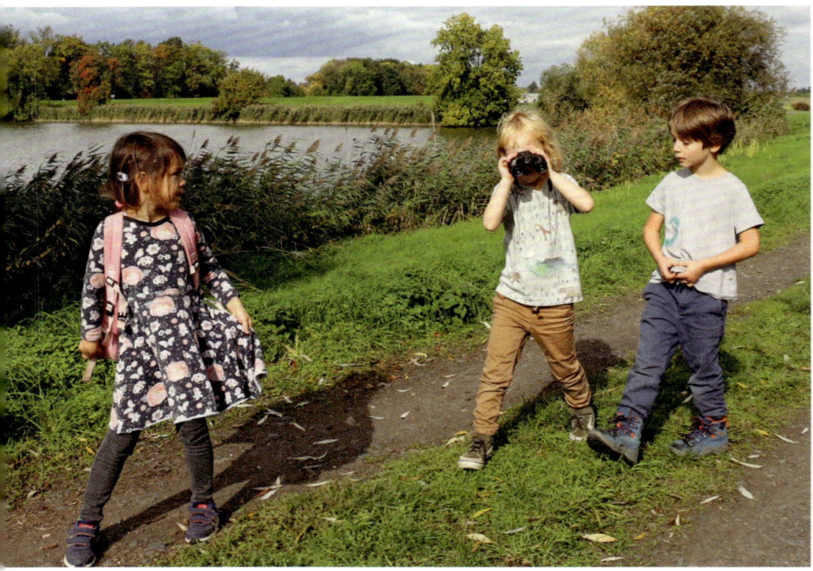

Infos zur Tour

An-/Rückfahrt
Bahnhof Regis-Breitingen
von Leipzig: S5 nach Regis-Breitingen, stündlich, ca. 30 Min.
von Halle: S5 nach Regis-Breitingen, stündlich, ca. 60 Min.

Streckenverlauf
Bhf. Regis-Breitingen – Pfaffenteich – Großer Brandsee – Der See – Aussichtsturm – Bhf. Regis-Breitingen

Streckencharakteristik
Schön entlang von Seen, Bäumen und Streuobstwiesen führt der meist unbefestigte, aber gut begehbare Weg. Es ist eine ideale Gegend, um Tiere, insbesondere Vögel, zu beobachten.

Tipp
Unbedingt ein Fernglas mitnehmen!

Mit Kinderwagen?
Ja, auch für Fahrrad/Laufrad geeignet

Beschilderung
Keine

Einkehren
Gaststätte Zur Erholung
Forststraße 9 · 04565 Regis-Breitingen · www.regis-breitingen.de/erholung · Mo–Fr/So 11–13.30 und ab 17 Uhr, Sa ab 17 Uhr, Biergarten im Sommer durchgehend geöffnet
Die einzige Gaststätte auf dem Weg, die allerdings erst am späten Nachmittag öffnet. Im Sommer netter Biergarten. Im Angebot vor allem fleischorientierte, deutsche Küche, auch Kindergerichte.

Vom Bahnhof Regis-Breitingen zum Aussichtsturm km 0–3

Am Bahnhof Regis-Breitingen angekommen müsst ihr auf die andere Seite der Gleise. Wer die nicht-barrierefreie Unterführung nicht nutzen kann, nimmt den Umweg nördlich, wo die Forststraße die Schienen unterquert.

Vom Bahnhof folgt ihr der Straße des Friedens nach links und geht die nächste Straße (Bachstraße) rechts. Links vor euch ragt schon die gelb gestrichene Dorfkirche auf. Am Ende der Straße geht es wieder rechts. Ihr verlasst den Ort und die Straße wird zu einem unbefestigten Feldweg. Ein besonderes Trafohäuschen erinnert an fernöstliche Pagoden und trägt ein Storchennest. Kurz dahinter nehmt ihr an einer Gabelung den linken Weg und seid jetzt nur noch von Wiesen, Feldern und Weiden umgeben. Bald erscheint zu eurer Rechten schon der erste Teich, der **Pfaffenteich.** Wie alle anderen Teiche hier in der Gegend auch ist er von Schilf und Bäumen umstanden.

Haselbach war einst ein Rittergut und einer seiner Besitzer, Burggraf Hugo von Leisnig, ließ die Haselbacher Teiche im 16. Jahrhundert für die Fischzucht anlegen. Nach dem Dreißigjährigen Krieg waren sie verwahrlost und verschlammt. Die Bauern reinigten sie und schütteten aus dem Schlamm die Inseln des Sees und des Nobitzer Teichs auf. Im 20. Jahrhundert setzten dann der Braunkohleabbau und die fortschreitende Industrialisierung der Natur stark zu. Um das zu ändern, wurden die Teiche im Jahr 2012 unter Naturschutz gestellt. Seitdem finden hier wieder seltene Tiere und Vögel ein Zuhause.

Vom Pfaffenteich geht es weiter geradeaus auf dem breiten, unbefestigten Weg. Am Wegesrand wachsen Kirschbäume, im Frühsommer ist hier ein richtiges Schlaraffenland zum Kirschen naschen. Hinter dem **Kleinen Brandsee** steigt euer Weg auf zum Deich, auf dem ihr eure Wanderung fortsetzt. Nun habt ihr einen tollen Ausblick über die weite, flache Landschaft, aus der neben Windrädern die Kirchtürme mehrerer Dörfer emporragen, und auf das Wehr an der Pleiße, die links von euch fließt.

Dass hier Unmengen von Wasservögeln leben und brüten, ist nicht zu überhören

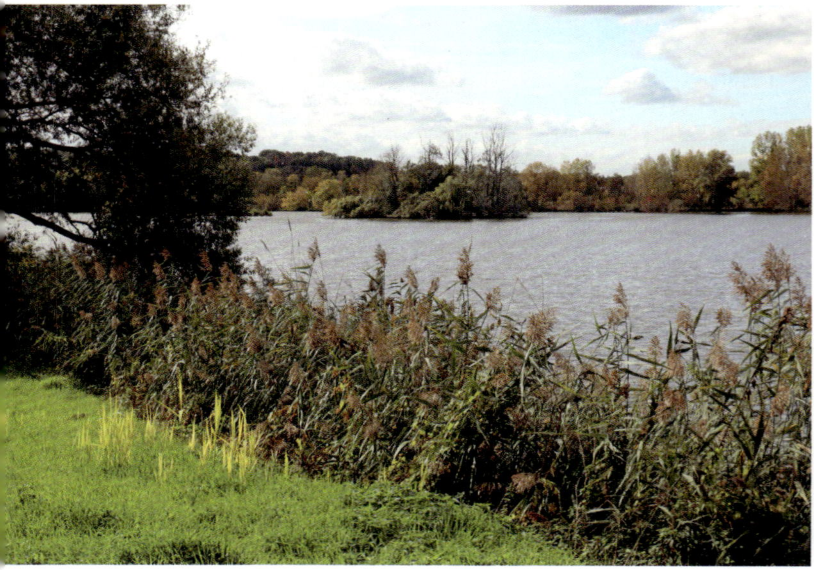

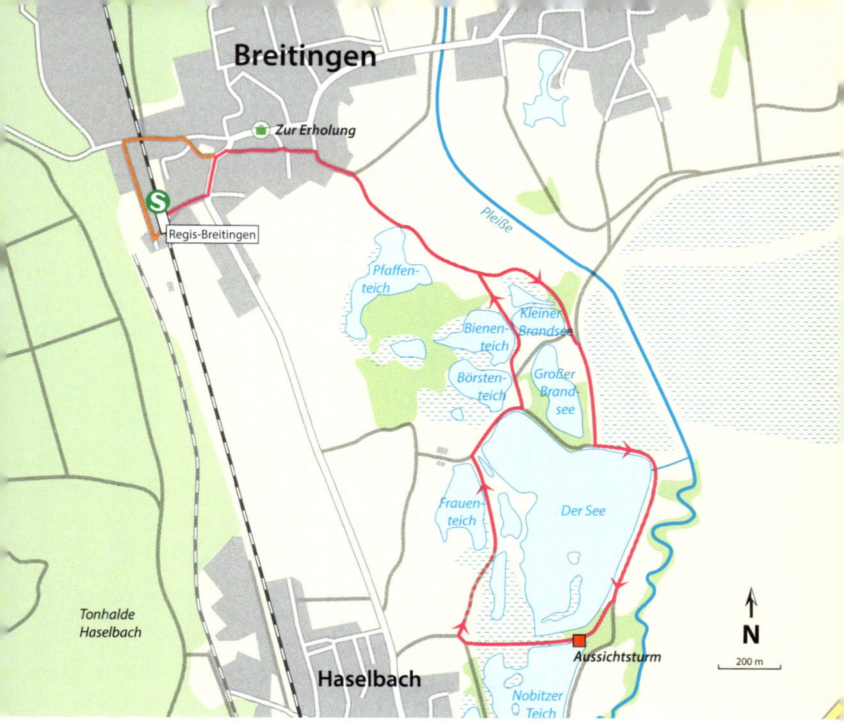

Der Deichweg führt am **Großen Brandsee** entlang weiter an den **See** (der größte der Haselbacher Teiche heißt tatsächlich „Der See"). Rund um eine bewachsene Insel sind viele verschiedene Wasservögel unterwegs. Dies ist der einzige Ort in Thüringen, an dem Kormorane ganzjährig leben und brüten. Ein schönes Vogelstimmenkonzert schallt meist übers Wasser. Am südlichen Zipfel des Sees zweigt ein Weg vom Deich hinunter nach rechts ab zwischen die Bäume und es ist nur noch ein Katzensprung bis zum hölzernen **Aussichtsturm** zwischen dem See und dem **Nobitzer Teich.**

Dieser zweistöckige Bau ist ein toller Ort, um Vögel zu beobachten, und zwar besonders für Kinder, denn es gibt Gucklöcher in Kleinkindhöhe! Nur Vorsicht, wenn die Kinder am Teich spielen wollen, denn in der Nähe des Aussichtsturms ist das Ufer befestigt und das Wasser damit sofort tief.

Vom Aussichtsturm zurück zum Bahnhof — km 3–6

Vom Aussichtsturm folgt ihr dem Pfad zwischen den beiden Teichen und haltet dabei Ausschau nach Tieren: außer Vögeln leben hier

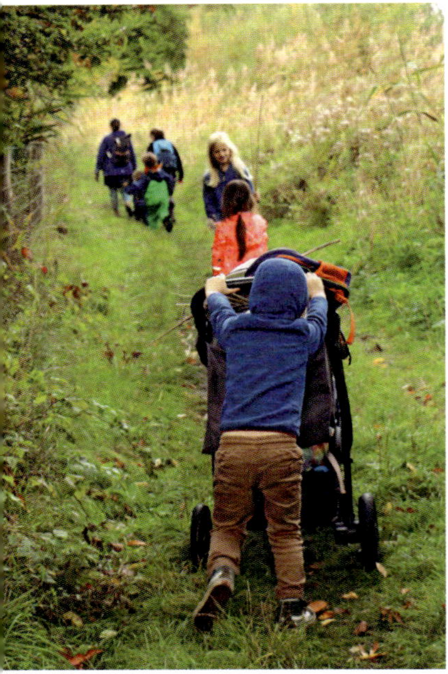

Auf Gras schieben – eine Herausforderung

auch Eichhörnchen, wir haben sogar eine am Baum schlafende Fledermaus entdeckt. Umgeben von hohem Schilf, Gebüsch, Ahornbäumen und Eichen lauft ihr immer geradeaus bis zu einem Zaun und einer weißen Bude. Dort biegt ihr rechts ab. Das Kinderwagen-Schieben wird in diesem Abschnitt etwas anstrengend, denn der Weg ist mit Gras bewachsen, dafür gibt es hier wieder Kirschbäume.

Ein Zettel am Baum informiert darüber, dass Büffel euren Weg kreuzen können. Falls die Tiere auftauchen, haben sie „Vorfahrt". Die Strecke ist aber mit einem elektrischen Zaun gesichert, damit die Büffel ihre Weide möglichst nicht verlassen. Beim Übergang zwischen den Weiden sind im Boden zwei Viehgitter eingelassen. Mit dem Kinderwagen könnt ihr aber auf zwei Holzbrettern gut drüberfahren.

Ihr wandert weiter an mehreren Teichen vorbei, die allerdings hinter Bäumen und Gebüsch versteckt sind und sich nur ab und zu sehen lassen. Bei der nächsten T-Kreuzung (wo auch eine Info-Tafel steht) biegt ihr rechts in einen breiten Waldweg ein, der mit Kinderwagen viel leichter befahrbar ist. Unter hohen Eichen lauft ihr nun am Nordufer des Sees entlang und könnt noch mal den schönen Ausblick über die Wasseroberfläche genießen. Übrigens verläuft genau hier die Landesgrenze zwischen Sachsen und Thüringen. Dann führt ein Weg nach links weg vom See. Zur Freude der Kinder stoßt ihr hier auf Pferdekoppeln und ein Stück weiter weiden manchmal Kühe. Ihr haltet euch links und lauft zwischen **Bienenteich** und dem **Kleinen Brandsee** hindurch. Gleich erreicht ihr wieder den Weg mit der Kirschenbaumallee und biegt links ab, Richtung Regis-Breitingen. Jetzt nehmt ihr den gleichen Weg zum Bahnhof zurück. Diesmal seid ihr auf der richtigen Gleisseite.

Zum Vorlesen

Warum mochten die Menschen keine Kormorane?

Von der Insel auf dem See ist ein merkwürdiges Geräusch zu hören, es erinnert an ein Grunzen. Aber kein Schwein versteckt sich dort, sondern ein Vogel, dessen Name ursprünglich Meeres-Rabe oder Wasser-Rabe bedeutet. Denn er ist rabenschwarz und lebt immer nah am Wasser: der Kormoran.

Er ist etwa so groß wie eine Gans. Seine schwarzen Federn schimmern in der Sonne metallisch blau. Nur am Schnabel und Bauch ist er weiß. Kormorane leben in größeren Gruppen zusammen, in Kolonien. Die Kormoran-Paare bauen sich Nester hoch in den Bäumen oder in den Nischen der hohen Klippen am Meer.

Oft sitzt der Kormoran mit weit ausgebreiteten Flügeln da. Er muss sie trocknen. Denn – und das ist ungewöhnlich für Wasservögel – seine Federn sind nicht wasserabweisend.

Oder man sieht ihn direkt über der Wasseroberfläche fliegen und nach Fischen schauen. Wenn er welche sichtet, taucht er blitzschnell ab und schnappt sie mit seinem hakenförmigen Schnabel. Er ist ein wunderbarer Taucher: meist folgt er den Fischen ein, zwei Meter tief, kann aber bis zu sechzehn Meter in die Tiefe tauchen; seine Füße werden dann zu Paddeln.

Der Kormoran ist also ein Fischjäger. Und das brachte ihn in Gefahr. Denn die Menschen haben ihn fast ausgerottet, weil sie die Fische für sich wollten. Vor rund 100 Jahren waren die Kormorane praktisch aus Deutschland verschwunden. Später siedelte man die Vögel hier wieder an und stellte sie unter strengen Schutz. Es hat geholfen: Der Wasser-Rabe kehrte zurück. Auch an den Haselbacher Teichen lebt inzwischen ganzjährig eine kleine Kolonie.

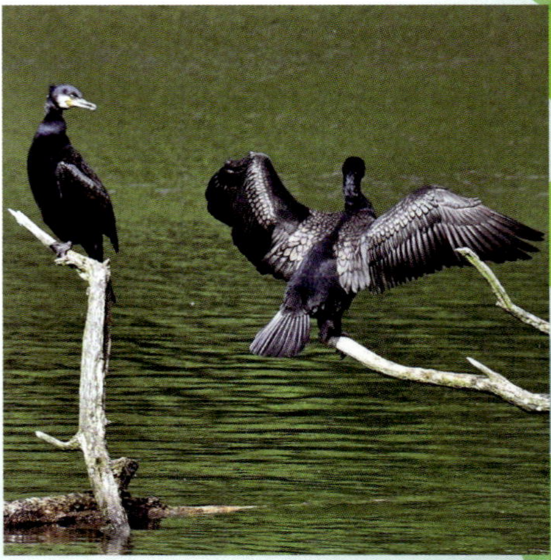

9 Auf friedlichen Pfaden zum Markkleeberger See

Start	Ziel	Länge	Gehzeit	Schwierigkeit
Tram Leipzig, Friederikenstr.	Tram Markkleeberg-Ost, Schillerplatz	5 km (verlängerbar)	1,5 Std.	● leicht

Eine abwechslungsreiche Wanderung, die zu allen Jahreszeiten ihren Charme hat, führt vom Leipziger Stadtteil Dölitz nach Markkleeberg. Auf dem Weg zwitschern euch die Vögel an der Mühlpleiße was vor, ihr könnt mit euren Kindern das KinderReich erkunden oder auch die lokale Geschichte. Insbesondere die Völkerschlacht im Jahre 1813 hinterließ in der Region Spuren, davon erfahrt ihr im Torhaus des ehemaligen Ritterguts Dölitz. Außerdem liegen am Weg die einzige erhaltene Wassermühle Leipzigs (heute Umweltzentrum) und das Deutsche Fotomuseum. Ziel der Wanderung und schönes Highlight zum Schluss ist der wunderschöne Markkleeberger See.

Der historische Herfurth-Park mit Musentempel war Bestandteil des AGRA-Messegländes

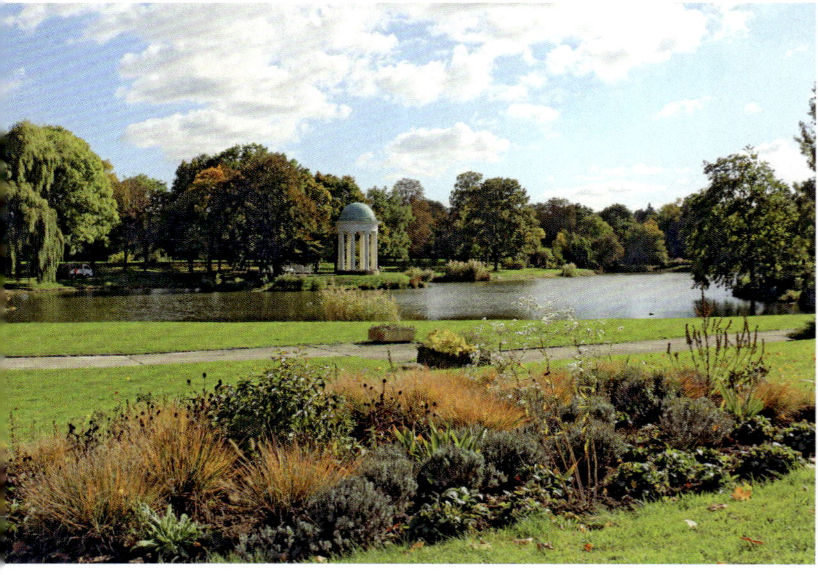

Infos zur Tour

Anfahrt
Tram Leipzig, Friederikenstraße
von Leipzig: Tram 11 von Leipzig Hbf., alle 15–20 Min., ca. 20 Min.
von Halle: S-Bahn nach Leipzig-Connewitz, dann Tram 11, ca. 45 Min.

Rückfahrt
Tram Markkleeberg-Ost, Schillerplatz
nach Leipzig: Tram 11 nach Leipzig Hbf., oft, ca. 25 Min.
nach Halle: Bus 106 bis S-Bhf. Markkleeberg, dann S5, alle 30 Min, ca. 50 Min.

Streckenverlauf
Tram Friederikenstr. – Dölitzer Wassermühle – AGRA-Park – Schloss Markkleeberg – Markleeberger See – nördliches Ufer – Tram, Schillerplatz

Variante
Verlängerung bis zum Steinerlebnisplatz, bzw. Bergbau-Technik-Park

Streckencharakteristik
Schön zu jeder Jahreszeit. Wanderung durch Parks und entlang von Gewässern am Stadtrand, viele Spielplätze. Ruhe auf dem Vogellehrpfad – am Markkleeberger See oft sehr lebendig.

Mit Kinderwagen?
Ja, aber auf dem Vogellehrpfad ist Outdoor-Qualität erforderlich.
Lauf- oder Fahrrad: ja, mit Ausnahme des Vogellehrpfads (schieben!)

Beschilderung
Teils rote Markierung, teils blaue (7-Seen-Wanderweg), am Seeufer beschildert

Spielplätze
KinderReich und Spielplatz am Parkteich im AGRA-Park; am Markkleeberger See (evtl. Steinerlebnisspielplatz)

Besichtigungen
Dölitzer Wassermühle
Vollhardtstraße 16 · 04279 Leipzig · www.doelitzer-wassermuehle.de
Die schön restaurierten Gebäude am Mühlenhof sind täglich geöffnet.

Torhaus Dölitz Zinnfigurenmuseum
Helenenstraße 24 · 04279 Leipzig · www.torhaus-doelitz.eu · Mi/Sa/So/Fei 10–17 Uhr, in den Ferien auch Do/Fr
Dioramen und kunstvolle Zinnfiguren vermitteln regionale und Weltgeschichte.

Torhaus Schloss Markkleeberg
Kirchstraße 40a · 04416 Markkleeberg · www.torhaus-markkleeberg.de · März–Okt. So 14–17 Uhr
Kleine Ausstellung zu Markkleebergs Rolle in der Völkerschlacht bei Leipzig. Schöner Park mit Rhododendren.

Einkehren
Nessebar
Rathausstraße 8 · 04416 Markkleeberg · www.bar-restaurant-nessebar.de · tgl. 11–22 Uhr
Freundliches bulgarisches Restaurant, empfehlenswert sind der balkanische Grillteller und der Schopska-Salat.

Eisbar La Bamba
Bornaische Str. 100 · 04416 Markkleeberg · tgl. 13–18 Uhr
Leckeres Eis unweit vom Markleeberger See, auf dem Weg zur Tram.

Dölitz

Der Leipziger Ortsteil Dölitz ist Startpunkt dieser Wanderung. Schon im 13. Jahrhundert wurde das Gut Dolizc erwähnt. Um 1550 entstand hier ein Renaissance-Schloss. Während der Völkerschlacht bei Leipzig 1813 gab es in der Umgebung des Gutes heftige Kämpfe – daran werdet ihr auf der Wanderung wiederholt erinnert. Das 20. Jahrhundert war von der Braunkohleförderung geprägt und ab 1952 fand im nahe gelegenen Park alle zwei Jahre die Landwirtschaftsausstellung AGRA der DDR statt.

km 0–1 **Von der Haltestelle Friederikenstraße zum Vogellehrpfad**

Zuerst führt euer Weg zur einzigen noch erhaltenen Wassermühle Leipzigs. Aus der Leipziger Innenstadt kommend biegt ihr gleich bei der Haltestelle rechts in die Helenenstraße ein und haltet euch auch an der nächsten Gabelung rechts. Über den Goethesteig hinweg geht es zwischen malerischen Häusern und Gärten auf das Fachwerkhaus des Mühlenkomplexes zu. Die **Dölitzer Wassermühle** ist heute ein Umweltzentrum. Der Mühlenhof ist täglich geöffnet, sodass ihr die renovierten Gebäude anschauen könnt.

Hier flogen einst die Kanonenkugeln

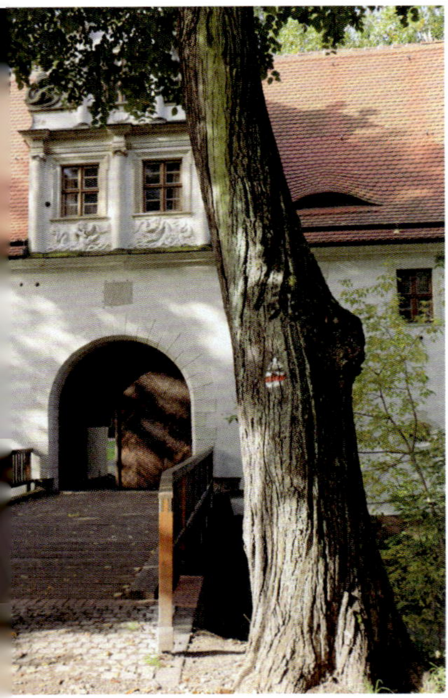

Wenn ihr von der Mühle zurückkommt, geht nach rechts zur Helenenstraße und biegt von dort wieder rechts in die schöne Allee mit Eichen und Linden ein, die zum **Torhaus Dölitz** führt, letzter Rest der einstigen Schlossanlage. Heute erinnert dort eine Zinnfigurenausstellung an den Befreiungskrieg gegen Napoeleon, während das Torhaus noch Spuren von Kanonenkugeln aufweist.

Durch das schmale Tor betretet ihr ein grünes Gelände und nehmt den linken Weg zwischen den zwei Gebäuden. Ihr folgt nun der roten Markierung und gelangt direkt zur Mühlpleiße, wo der **Vogellehrpfad** beginnt. Hier ist es schön ruhig. Ein schmaler (und für Kin-

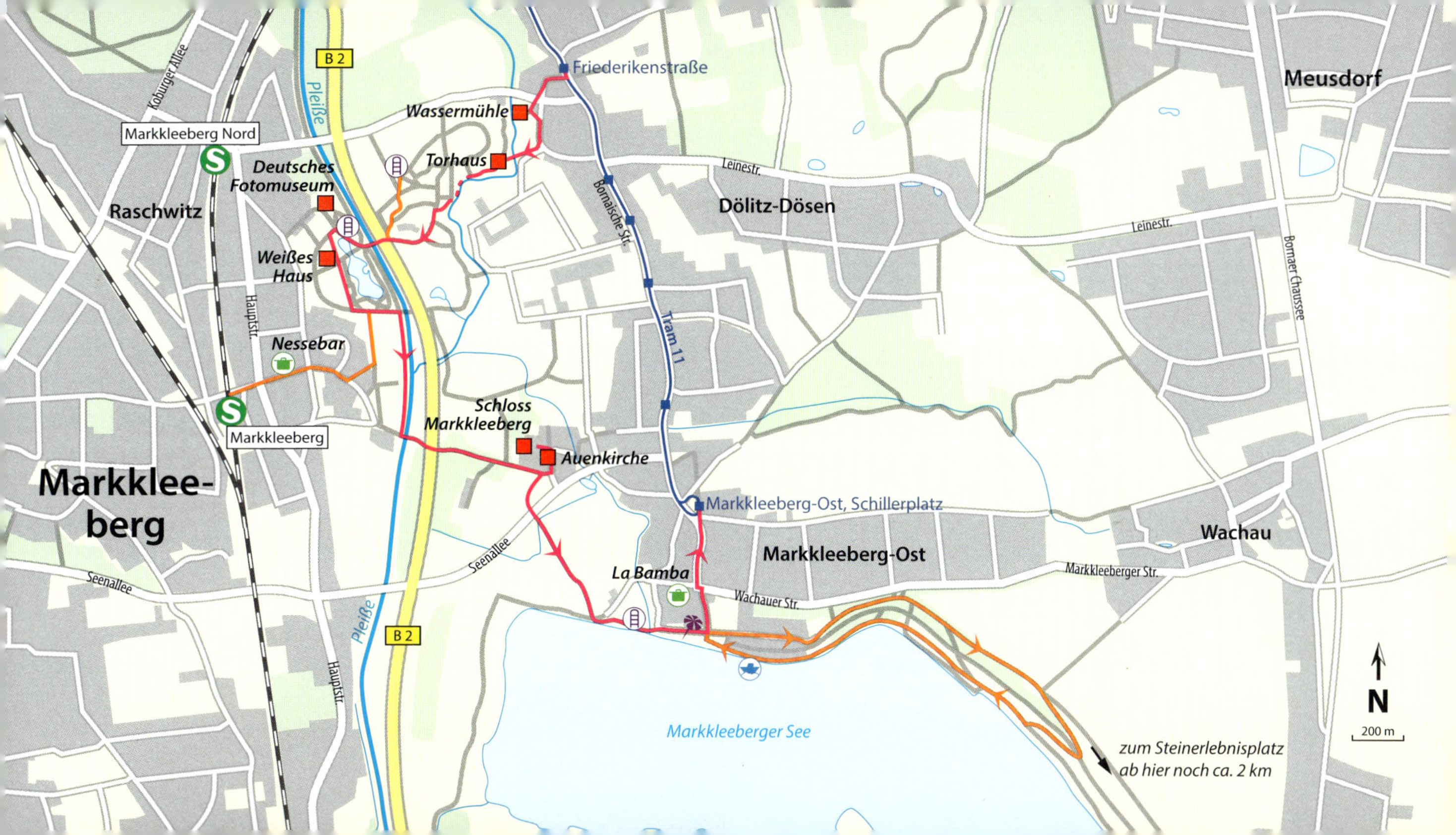
Meusdorf
Friederikenstraße
Wassermühle
Torhaus
Deutsches Fotomuseum
Markkleeberg Nord
Raschwitz
Weißes Haus
Nessebar
Markkleeberg
Markkleeberg
Koburger Allee
Hauptstr.
Pleiße
B 2
Leinestr.
Dölitz-Dösen
Bornaische Str.
Tram 11
Bornaer Chaussee
Schloss Markkleeberg
Auenkirche
Markkleeberg-Ost, Schillerplatz
Wachau
Markkleeberg-Ost
La Bamba
Seenallee
Wachauer Str.
Markkleeberger Str.
Markkleeberger See
zum Steinerlebnisplatz ab hier noch ca. 2 km
N
200 m

derwagen etwas holpriger) Pfad führt an dem im 13. Jahrhundert angelegten Mühlgraben entlang durch die malerische Auwaldlandschaft und man hört den Singvögeln zu. Eigentlich möchte man diesen beschaulichen Weg gar nicht verlassen, aber bei den Infotafel über die Nistkästen nehmt ihr den Pfad nach rechts.

km 1–3 **Vom Vogellehrpfad zum Schloss Markkleeberg**

Ihr stoßt auf einen asphaltierten Weg und geht links. Rechts vor euch ist schon das große Gebäude der **Parkgaststätte** im Stil des sozialistischen Klassizismus zu sehen, es stammt von 1956. Gegenüber liegt die Sommerblumenwiese des **AGRA-Parks.**

Ihr lauft im Bogen an der Gaststätte vorbei. Bevor es unter der Bundesstraße durchgeht, entscheidet ihr, ob ihr noch einen kurzen Abstecher zum naturnahen **Spielplatz KinderReich** machen wollt: In dem Fall biegt ihr vor der Straßenbrücke rechts ab.

Abstecher zum KinderReich

Nach etwa 200 Metern gabelt sich der Weg. Gleich dahinter beginnt das Gelände, auf dem Kinder sich ordentlich austoben können: auf Baustämmen und Steinen balancieren, mit Matsch und Wasser aus einer Pumpe eine Wasserlandschaft bauen oder – ein Stück weiter – bei einer runden Holzhütte spielen. Es ist natürlich auch ein toller Picknickort. Wenn ihr die Wanderung fortsetzen wollt, geht denselben Weg zurück.

Um in den westlichen Teil des **AGRA-Parks** zu gelangen, lauft ihr unter der Bundesstraße 2 durch und überquert die Pleiße. An der folgenden Kreuzung biegt ihr (bei der Flatter-Ulme) rechts ab. Zur Linken erfreut der Parkteich mit einer Fontäne, dahinter sieht man eine neoklassizistische Villa namens Weißes Haus. Rechts kommt gleich hinterm Gebüsch wieder ein **Spielplatz** – Highlight hier ist das Kletterflugzeug. Falls ihr Fans der fotografischen Kunst seid, solltet ihr das **Fotomuseum** hinter dem Spielplatz nicht verpassen.

Weiter geht es Richtung Weißes Haus um den Teich herum und zwischen Beeten und Bäumen hindurch. Ihr stoßt auf einen breiten Weg, der rund um den Park führt, und geht links. Wer die Tour verkürzen will, kann gleich nach rechts den Schildern zur Ökoschule folgen. Sonst geht ihr weiter Richtung Schloss Markkleeberg.

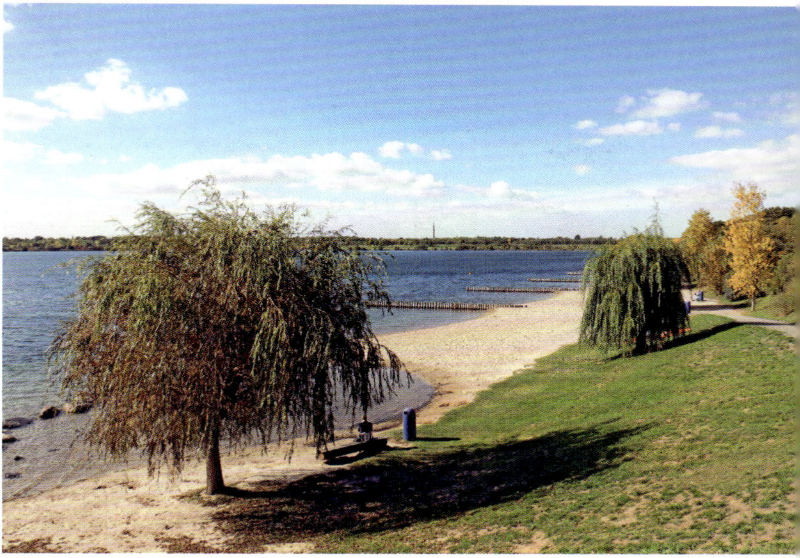

An diesem schönen Strand konnte Napoleon noch nicht spazieren gehen

Abkürzung zum S-Bahnhof Markkleeberg

Ihr lauft vorbei am Ökohaus (das außerschulische Angebote für Kinder und Jugendliche im Bereich Naturschutz bereithält) und dem zerfallenen Agra-Bad (rechts) und biegt bei der ersten Möglichkeit nach rechts ab. Ihr stoßt auf die Straße am Festanger und seht rechts schon das Rathausgebäude, in diese Richtung geht ihr und erreicht über die Rathausstraße den S-Bahnhof.

Der Weg führt entlang der Pleiße bis zur nächsten Brücke, der **Möchereibrücke,** die ihr überquert. Ab hier ist der Weg blau markiert und nennt sich 7-Seen-Wanderweg. Bald erscheint zur Rechten ein großer Sportplatz. Links ragen hinter den Häusern das **Schloss Markkleeberg** und die **Auenkirche** hervor. Ein kurzer Abstecher dorthin lohnt vor allem, wenn ihr euch für Geschichte und die Völkerschlacht interessiert. Wie in Dölitz wurde auch hier erbittert gegen Napoleons Truppen gekämpft, was eine kleine Ausstellung im **Torhaus** des ehemaligen Ritterguts beleuchtet.

km 3–5 Vom Schloss Markkleeberg zur Straßenbahn

Vom Schloss geht es Richtung Markkleeberger See. Ihr überquert die Seenallee. Der schmale Weg führt schön durchs Grüne, zur Linken einige Gärten. Schon bald taucht der See vor euch auf.

Auch der **Markkleeberger See** wurde in einem riesigen Tagebauloch künstlich angelegt. Seit 2006 steht er Wassersportfans zur Verfügung. An seinem langen Ufer kann jeder etwas für sich finden: ein – oft volles – Strandbad mit flachem Wasser für die Kleinsten oder eine ruhigere Badenische beim Birkenwäldchen weiter weg; ein Fischbrötchen auf die Hand oder ein nobles Restaurant auf der Seepromenade; eine Rundfahrt mit einem Ausflugsdampfer oder mit einem ausgeliehenen SUP-Board. Das Angebot ist groß.

Ihr wendet euch am Seeufer nach links, wo gleich wieder ein **Spielplatz** kommt. Kinder, die gerne auf Seilen klettern, werden hier glücklich. Weiter geht es in Richtung Seepromenade – vorbei am umzäunten Strandbad mit Liegewiese und Kleinkinderbereich. Der Eingang ist am anderen Ende, wo auch die Seepromenade beginnt. Entscheidet selbst, ob ihr noch am See bleiben möchtet oder schon zurückkehren wollt.

Zur Straßenbahn kommt ihr, indem ihr hier vom Ufer weg an dem großen Parkplatz vorbeilauft. Immer geradeaus auf der Bornaischen Straße erreicht ihr nach knapp 500 Metern die Haltestelle am Schillerplatz.

Verlängerung: Weiter zum Steinerlebnisplatz

+ 7 km Ans südliche Ende des Sees

An der Südspitze des Sees liegt der **Steinerlebnisplatz:** ein toller Spielplatz mit allerlei Steinen und kleinen Wasserkanälen. Von der Seepromenade ist er gut 3,5 Kilometer entfernt. Mit dem Fahrrad ist die Strecke gut machbar. Hin könnt ihr den Radweg oberhalb des Sees nehmen (auch zu Fuß), zurück kommt ihr dann direkt am Ufer durch die bunte Landschaft mit orangen Sanddornbeeren, silbernen Weiden und vielen verschiedenen Grüntönen.

Wer sich für Industriekultur und Braunkohleabbau interessiert, kann noch einen Kilometer dranhängen bis zum **Bergbau-Technik-Park.** Eines der riesigen Tagebaugroßgeräte, der Bandabsetzer 1115, ist südlich vom See schon von Weiten sichtbar.

Wer kämpfte in der Völkerschlacht bei Leipzig? Und warum?

Bei Leipzig kämpften im Oktober 1813 mehr als 500000 Soldaten aus ganz Europa vier Tage lang gegeneinander. Mehr als 60 Dörfer wurden zerstört, die Bewohner flüchteten. Diese sogenannte Völkerschlacht war die bis dahin größte Schlacht der Geschichte. Aber warum kam es zu diesem schrecklichen Ereignis?

1789 hatte es in Frankreich eine bedeutende Revolution gegeben. Die Bürger hatten sich für Gleichheit und Freiheit eingesetzt und ihren König gestürzt. Zehn Jahre später griff der General Napoleon Bonaparte nach der Macht. Er sicherte den Franzosen aber ihre erkämpften Bürgerrechte, die Gleichheit vor Gericht und die Religionsfreiheit zu und modernisierte die Verwaltung.

Nun sollte das moderne Frankreich auch an der Spitze Europas stehen. Napoleon eroberte nach und nach die Nachbargebiete und setzte dort seine Verwandten als Könige ein. Sein Einfluss reichte bald von Spanien bis an die Grenze zu Russland.

Wo heute Deutschland liegt, gab es damals hunderte kleine und große Länder und Fürstentümer. Sechzehn kleinere Fürstentümer (darunter auch Sachsen) schlossen sich 1806 zum sogenannten Rheinbund zusammen und stellten sich auf Napoleons Seite. Damit entstand eine neue politische Ordnung.

Napoleon war weiterhin auf Eroberungsfeldzügen. Er galt als unbesiegbar, bis seine Armee in Russland scheiterte. Dann verbündeten sich Preußen, Russland, Österreich und Schweden gegen Napoleon und es kam zu jener riesigen Schlacht bei Leipzig, die Napoleon verlor. Er musste sich hinter den Rhein zurückziehen. Der Rheinbund löste sich auf und die französische Herrschaft auf deutschem Gebiet war damit beendet.

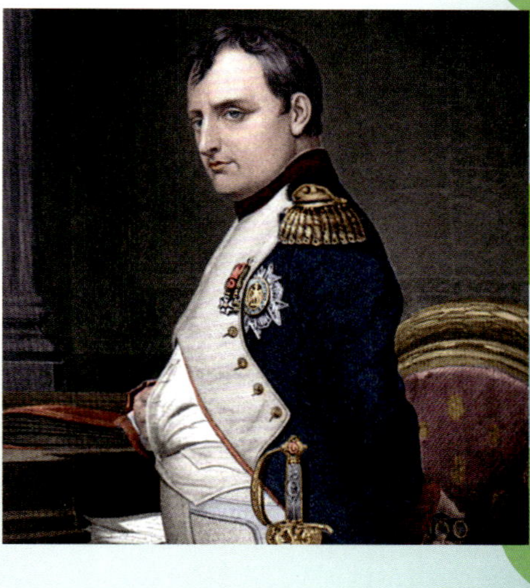

Cospudener See

10 Zwischen Fockeberg und Nordstrand: Leipzigs grüner Süden

Start	Ziel	Länge	Gehzeit	Schwierigkeit
Tram K.-Liebkn./ K.-Eisner-Straße	Bus Cospudener See/Erlebnisachse	8,5 km (14,5 km)	2,5 Std. 4,5 Std.	● leicht

Auf dieser Tour entdeckt ihr die grüne Seite Leipzigs. Vom Fockeberg aus betrachtet liegt die Stadt und ihr einzigartiger Auwald wie auf dem Präsentierteller vor euch. In den Auwald taucht ihr dann ein. Im Frühling wuchert hier der Bärlauch, im Sommer wimmelt es von Fahrrädern – alle wollen zum beliebten Cospudener See. Ihr bummelt aber entspannt durch den Wildpark mit einheimischen Tieren und später am Waldsee Lauer entlang, bis ihr den sandigen Nordstrand des Sees erreicht. Und falls ihr die Leipziger Innenstadt noch nicht kennt, dann beginnt eure Wanderung ganz einfach dort und streift vor dem Naturgenuss durch die historische Altstadt.

Mediterraner Touch: Der Nordstrand des Cospudener Sees wird auch Costa Cospuda genannt

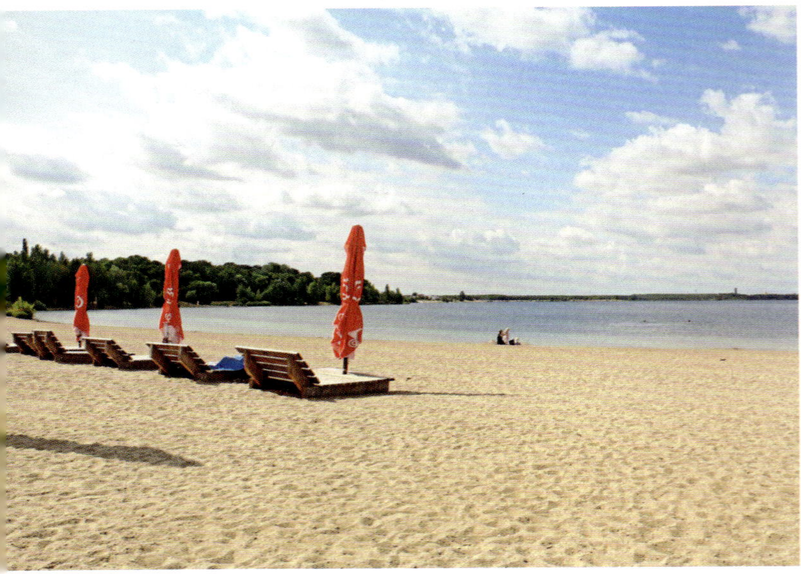

Infos zur Tour

Anfahrt

Tram Karl-Liebknecht-/Kurt-Eisner-Str.
aus Leipzig: Tram 10, 11, oft, ca. 15 Min.
aus Halle: S-Bahn nach Leipzig Hbf., dann wie oben, oft, ca. 50 Min.

Rückfahrt

Bus Cospudener See/Erlebnisachse
nach Leipzig: Bus nach S-Bhf. Connewitz, dann S-Bahn, alle 30 Min., ca. 40 Min.
nach Halle: Bus nach S-Bhf. Connewitz, dann S5 nach Halle Hbf., alle 30 Min., ca. 70 Min.

Streckenverlauf

(Leipzig Hbf. – Innenstadt – Clara-Zetkin-Park) – Fockeberg – Wildpark – Auenwald – Waldsee Lauer – Cospudener See

Streckencharakteristik

Diese Wanderung ist eine angenehme Kombination von Entdeckungstour durch die Stadt (wer möchte) und Natur. Der Weg verläuft viel im Grünen, durch den Wildpark und die Flora und Fauna des Auwalds. Spielplätze, Eisdiele und Bademöglichkeiten stehen auch auf dem Programm. Besonders an heißen Tagen ist mit viel Radverkehr zu rechnen.

Mit Kinderwagen?

Ja, auch für Fahrrad/Laufrad geeignet

Beschilderung

Im Auenwald Beschilderung zum Wildpark und später zum Cospudener See

Spielplätze

Hinter der Galopprennbahn Scheibenholz; hinter dem Fockeberg; Märchenspielplatz im Wildpark

Baden

Cospudener See, Nordufer

Aktivitäten

Wildpark Leipzig
Koburger Str. 12a · 04277 Leipzig · www.wildparkverein-leipzig.de · tgl. geöffnet
Historischer Ausflugsort. Heimische Tiere wie Rot-, Dam- und Muffelwild, Luchse, Waschbären und Fischotter. Führungen oder Kinder-Ralleys im Angebot. Spielplätze und Einkehrmöglichkeiten auf dem Gelände.

Einkehren

Tapas Bar Caracan
Neue Linie 20 · 04277 Leipzig · www.caracan.de · Mo–Fr ab 15 Uhr (ab Ostern), Sa/So ab 11 Uhr
Leckere spanische Küche mitten im Auwald. Vegetarisch, vegan, mit Fleisch, Tortilla oder Paella: hier schmeckt alles. Es lohnt sich, dafür auch etwas zu warten – inzwischen könnt ihr Tischtennis spielen (Schläger zum Ausleihen) oder eine Burg auf dem Sandhügel bauen.

Brot & Kees
Kees'scher Park 1 · 04416 Markkleeberg · www.brotundkees.de · Mo geschlossen
Gemütliches Café ca. 500 Meter von der Bushaltestelle entfernt, am Rande des Kees'schen Parks. Kuchen, kleinere Speisen (Suppen, Panini) oder Eis.

Variante: Leipzig kennenlernen

+ 6 km **Durch Leipzigs Innenstadt bis zum Fockeberg**

Ihr verlasst den Bahnhof und folgt der Goethestraße, die vom Bahnhof in Richtung Innenstadt verläuft, um die Oper und das einzigartige, postmoderne Uni-Gebäude anzuschauen. Nach rechts geht es dann zur **Nikolaikirche,** die bei der friedlichen Revolution 1989 eine besondere Rolle spielte. Dort versammelten sich die Menschen jeden Montag zu friedlichen Kundgebungen. Es wurden immer mehr, bis ihre Stimmen nicht mehr zum Schweigen gebracht werden konnten. An die vielen mutigen Menschen und daran, wie die Kirchengemeinde damals über sich hinauswuchs, erinnert die Säule neben der Kirche. Sie ähnelt denen, die das Kirchenschiff stützen.

Folgt dem Schuhmachergässchen, vorbei am historischen Kaffeehaus Riquet, und dem Salzgässchen. Die Plattenbauten rechts lassen die Zerstörung der Altstadt im Zweiten Weltkrieg erahnen. Vielleicht bemerkt ihr weiter hinten den gläsernen Kubus: Es handelt sich um das sehenswerte **Museum der bildenden Künste.** Da seid ihr aber schon am **Markt** angekommen, im Zentrum der alten Handelsstadt Leipzig. Im **Alten Rathaus** von 1556 befindet sich das Stadtgeschichtliche Museum. Die Häuserblocks in der Innenstadt durchziehen viele Passagen. Eine der prachtvollsten ist die **Mädlerpassage** auf der Südseite des Marktes. Dort zechte schon Johann Wolfgang von Goethe als Student in Auerbachs Keller.

Durch lichtes Grün im Leipziger Auwald

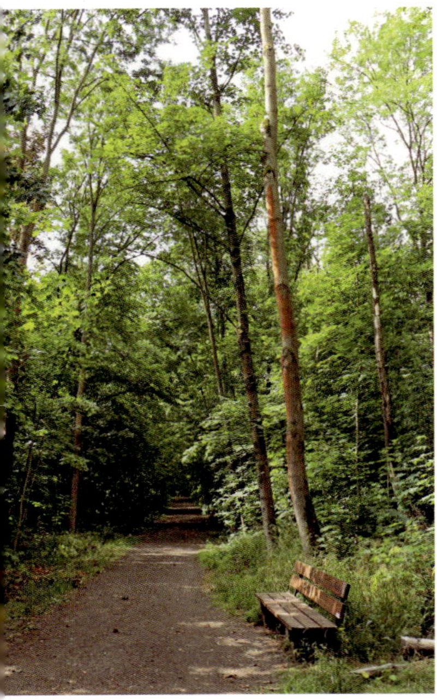

Unweit vom Markt steht eine der ältesten Kirchen der Stadt, die **Thomaskirche,** bekannt für ihren Knabenchor, der schon 1212 gegründet wurde. Im Jahr 1723 trat **Johann Sebastian Bach** hier seinen Dienst als Thomaskantor an. Er ist im Chorraum der Kirche begraben. In der Nähe findet sich das Bach-Denkmal, das Bach-Museum

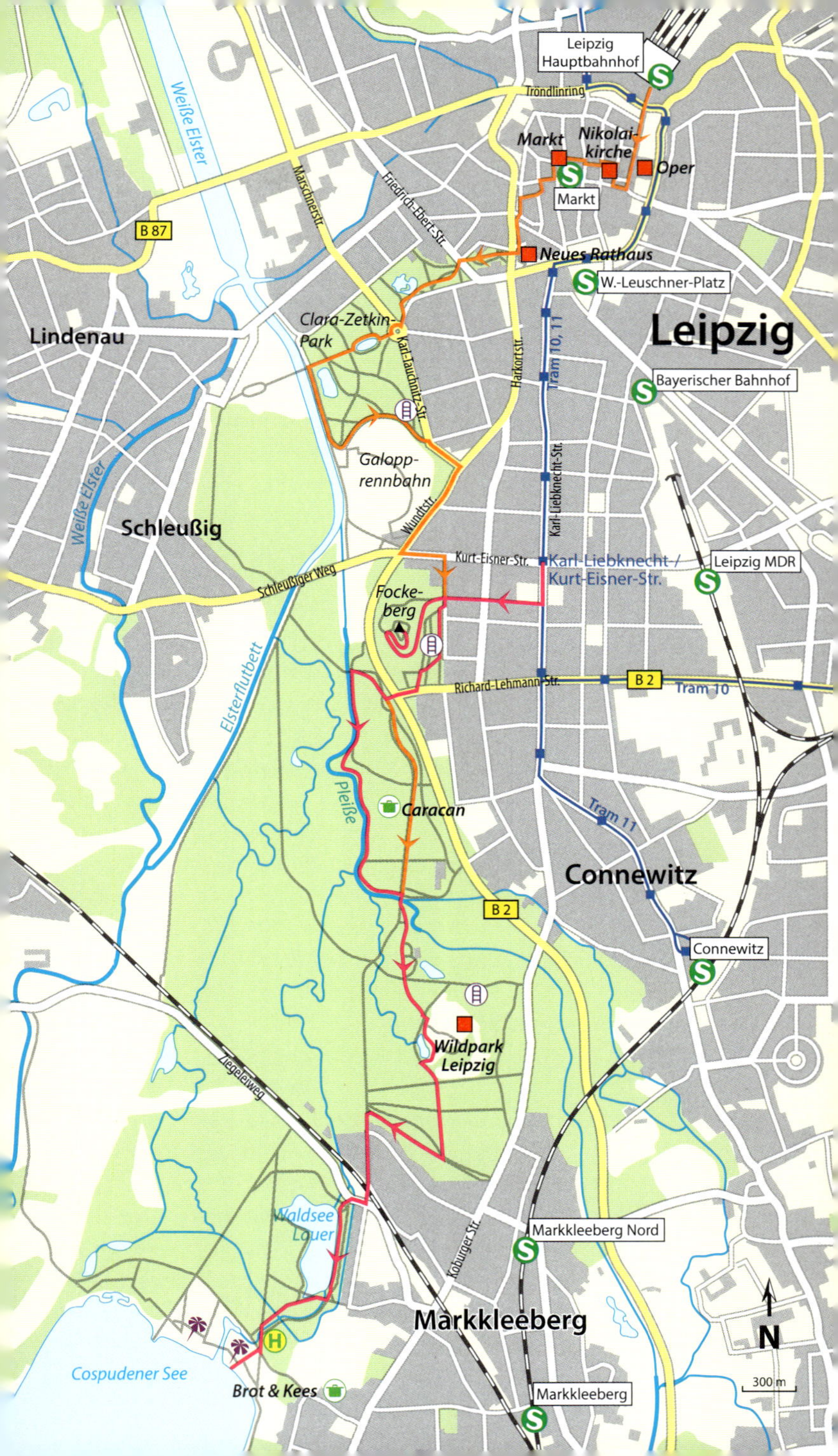
Leipzig Hauptbahnhof
Tröndlinring
Markt
Nikolaikirche
Oper
Markt
Neues Rathaus
W.-Leuschner-Platz
Leipzig
Bayerischer Bahnhof
Weiße Elster
Marschnerstr.
Friedrich-Ebert-Str.
B 87
Lindenau
Clara-Zetkin-Park
Karl-Tauchnitz-Str.
Harkortstr.
Tram 10, 11
Galopprennbahn
Wundtstr.
Schleußig
Weiße Elster
Kurt-Eisner-Str.
Karl-Liebknecht-Str.
Karl-Liebknecht-/Kurt-Eisner-Str.
Leipzig MDR
Schleußiger Weg
Fockeberg
Elsterflutbett
Richard-Lehmann-Str.
B 2
Tram 10
Pleiße
Caracan
Tram 11
Connewitz
B 2
Connewitz
Wildpark Leipzig
Ziegeleiweg
Waldsee Lauer
Koburger Str.
Markkleeberg Nord
Markkleeberg
N
Cospudener See
300 m
Brot & Kees
Markkleeberg

und das Bach-Archiv. Wer sich für Bach und die Musikgeschichte Leipzigs interessiert, sollte der **Leipziger Notenspur** folgen. Dabei handelt es sich um eine digital geführte Wanderung durch die Stadt, deren Verlauf durch Metall-Spuren auf den Gehwegen und Straßen markiert ist. An 23 Stationen auf 5,3 Kilometern erfahrt ihr Hintergründe und Geschichten zu musikalischen Orten. Immer werden dabei auch kindgerechte Erzählungen und kurze Hörszenen angeboten. Neuerdings gibt es auch die **Jüdischen Notenspuren.**

Von der Thomaskirche lauft ihr am Grünstreifen entlang zum Neuen Rathaus und dann gegenüber durch richtiges Grün: über **Apels Garten,** durch den **Johanna-Park** mit einer schönen Teichanlage samt zwei hölzernen Brücken und weiter durch den **Clara-Zetkin-Park,** benannt nach der sozialistischen Politikerin und Frauenrechtlerin. Der Park wurde 1897 mit (längst verschwundenen) Ausstellungshallen, Pavillons, Cafés, Teichen und Gärten für die Sächsisch-Thüringische Industrie- und Gewerbeausstellung angelegt.

Ihr nehmt den asphaltierten Weg entlang des Teichbeckens mit Fontäne bis zur **Sachsenbrücke,** wo oft Straßenmusikanten spielen. Noch vor der Brücke geht ihr links und im Baumschatten am Elsterbecken entlang. Die Galopprennbahn Scheibenholz umgeht ihr links, so kommt ihr an einem tollen **Spielplatz** mit Kletterröhren, einer Wasseranlage, Seilbahn und Burg vorbei. Ihr lauft weiter bis zur großen Kreuzung von Wundtstraße und Schleußiger Weg. Überquert die Straße und folgt kurz der Kurt-Eisner-Straße nach Osten, bevor ihr bei der ersten Möglichkeit rechts in die Fockestraße abbiegt. Der **Fockeberg** liegt jetzt zu eurer Rechten. Nach circa 200 Metern biegt ein asphaltierter Weg dorthin ab.

---

km 0–4,8 **Vom Fockeberg zum Wildpark**

Wer die Wanderung erst am Fockeberg beginnen möchte, nimmt zum Beispiel die Straßenbahn zur Haltestelle Karl-Liebknecht-/Kurt-Eisner-Straße. Von der Haltestelle geht ihr kurz in Fahrtrichtung weiter, bis hinter dem Park rechts die Hardenbergstraße abgeht, an deren Ende schon der grüne Hügel zu sehen ist.

Alle Einheimischen nennen den Hügel **Fockeberg,** dabei heißt er offiziell Trümmerkippe Bauernwiesen. Schutt der im Krieg zerstörten Häuser wurde hier bis auf eine Höhe von 153 Metern aufgetürmt, erst in den 1980er-Jahren wurde die Halde bepflanzt. Nach oben führt ein asphaltierter Weg und viele kleinere, steile Pfade

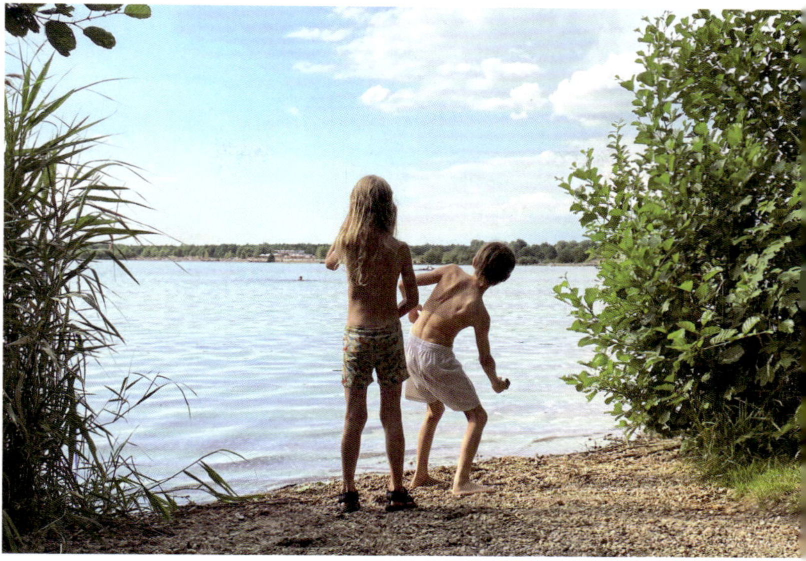

Am Ende der Tour warten schöne Badestellen am Cospudener See

(die die Kinder meist bevorzugen). Von dort könnt ihr die Innen- und Südvorstadt überblicken sowie den Auwald.

Zurück am Fuß des Berges nehmt ihr den Pfad entlang der Fockestraße. Ihr kommt zu einem **Spielplatz** mit einem hölzernen Trojanischen Pferd zum Klettern. Von dort führt ein Pfad nach rechts bis zur Richard-Lehmann-Straße. Ihr folgt ihr nach rechts unter der Brücke hindurch und stoßt auf einen kleinen Parkplatz. Dahinter verläuft eine kleine, asphaltierte Straße, die **Neue Linie.**

Der Weg nach links ist kürzer und mit viel Fahrradverkehr, er führt an einer spanischen Tapas-Bar vorbei. Nach rechts geht ihr bis zur Brücke, biegt aber davor links ab und folgt dem Fluss durch den Auwald. Vielleicht seht ihr einen blauschillernden Eisvogel. Bei der nächsten Brücke stoßt ihr wieder auf die Neue Linie. Hier überquert ihr die Pleiße und haltet euch hinter der Brücke schräg links Richtung **Wildpark.** Schon taucht rechts das Wildschweingehege auf, nach rund 400 Metern erreicht ihr den Eingang.

Die Geschichte des Wildparks beginnt 1904, als der Rat der Stadt vier Stück Damwild geschenkt bekam. Inzwischen leben im Park rund 25 Tierarten, die heimisch oder heimisch geworden sind, darunter Hirsche, Rehe, Mufflons, Waschbären oder Luchse. Der Eintritt ist frei, bis auf einzelne Angebote: Durch ein großes Gehege mit Rot- und Damwild führt ein Erlebnispfad (2 €, leider nur ohne Kinderwagen begehbar). Tiere dürfen mit gekauftem Futter gefüttert werden (0,50 €). Dieser Teil des Parks ist umzäunt und abends und nachts geschlossen, es gibt ein Restaurant und einen kleinen Spielplatz. Innerhalb des offenen Wildparks gibt es eine weitere Gaststätte, eine Haustierfarm (kostenpflichtig) und den großen, tollen **Märchenspielplatz** mit Rutschen und einer Seilbahn.

km 4,8–8,5 **Vom Wildpark zum Cospudener See**

Den Wildpark verlasst ihr durch das Nebentor hinter dem Froschteich. Ihr lauft geradeaus durch den Wald, bis ihr zur Kreuzung beim Holzpilz ankommt. Dort biegt ihr rechts ab und stoßt nach 500 Metern wieder auf die Neue Linie. Ihr biegt links Richtung Markkleeberg ab. Wo ein **Denkmal** verkündet: „Hier wurden im Jahre 1720 die letzten Wölfe gesichtet" endet der Auwald und beginnt der Ort. Nach circa 200 Metern zweigt der Fuß- und Radweg rechts ab und führt unter den Bahngleisen hindurch.

Hinter der Unterführung überquert ihr an der Ampel die Straße und setzt euren Weg auf der anderen Seite ein paar Schritte nach rechts versetzt fort (die meisten Radfahrer fahren geradeaus). Der Weg gabelt sich gleich. Der linke Weg ist breiter, viel schöner ist es aber, auf dem schmalen Weg direkt am **Waldsee Lauer** entlangzulaufen. Die einstige Kiesgrube ist heute malerisch von Schilf und Bäumen umstanden.

Am Ende des Sees überquert ihr rechts den Kanal, der den Lauer mit dem Cospudener See verbindet, und lauft danach links am Kanal entlang weiter, bis links eine Brücke kommt. Am anderen Ufer liegt ein Kletterspielplatz, allerdings ganz ohne Schatten. Aber es sind auch nur noch 300 Meter zum **Cospudener See.** Wo ihr die Straße überquert, befindet sich die Bushaltestelle für die Rückfahrt.

Hier am Nordufer gibt es den größten Sandstrand Sachsens, woanders müsst ihr mit Kieselsteinen am Ufer und im Wasser rechnen. Jetzt gilt es nur noch, euer Plätzchen am Ufer finden. Der Spitzname **Costa Cospuda** deutet darauf hin, dass man sich hier ein wenig wie am Meer fühlen kann. Dabei steht man eigentlich an einem riesigen Baggerloch. Wie bei fast allen Leipziger Seen handelt es sich um einen gefluteten Braunkohletagebau. (▸ Seite 95).

Handel, Musik und Literatur bei den Linden

Lipzk – „bei den Linden“ – nannten die Sorben jenen Ort, an dem sie im 7. Jahrhundert siedelten und wo mit der Zeit die Stadt Leipzig entstand. Vor allem lag der Ort aber an der Kreuzung der zwei wichtigsten mittelalterlichen Handelsstraßen: der via regia, die in Ost-West-Richtung durch Europa verlief, und der via imperii, die von Nord- nach Südeuropa führte. So war der Handel von Anfang an bestimmend für die Siedlung bei den Linden. Im Jahr 1165 bekam Leipzig das Stadtrecht und auch das Recht, einen eigenen Markt zu organisieren. Zweimal im Jahr reisten nun Händler von überallher an, um ihre Waren zu verkaufen. Nur wenige Jahre später konnte Leipzig schon die erste Messe veranstalten.

Die Stadt besaß auch schon seit 1409 eine Universität und entwickelte sich im 17. Jahrhundert zu einem Zentrum für den Buchdruck. Heute ist sie unter anderem für ihre Buchmesse weltbekannt. Aber nicht nur Literatur, sondern auch Musik spielte eine wichtige Rolle. Persönlichkeiten wie Johann Sebastian Bach, Felix Mendelssohn Bartholdy oder Clara Wieck lebten und wirkten hier.

Mit dem Aufschwung der Industrie Mitte des 19. Jahrhunderts begann man in Leipzig Metall zu verarbeiten, Maschinen zu bauen und Textilien zu produzieren. Hunderttausende fanden hier Arbeit und zogen in die immer größer werdende Stadt. Später wurde rund um Leipzig Kohle abgebaut.

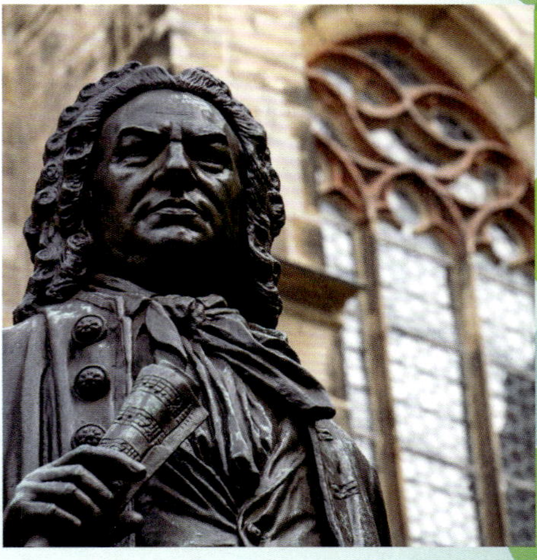

Heute lockt Leipzig wieder vor allem mit Kultur. Die umweltschädlichen Tagebaue werden schrittweise zu Wasserlandschaften umgestaltet (▸ Seite 95) und auch die alten Fabriken werden umgenutzt: In der ehemaligen Baumwollspinnerei gibt es heute Galerien und Ateliers.

Knauthainer Park/Cospudener See

11 Von ganz nah und von ganz oben: Naturforschung am Stadtrand

Start	Ziel	Länge	Gehzeit	Schwierigkeit
Bhf. Knauthain	Bhf. Knauthain	8,5 km	2,5 Std.	● leicht

Direkt am Leipziger Stadtrand liegt der Knauthainer Park, ein wunderbarer und anregender Ort für kleine Naturforscherinnen und Naturforscher, die verschiedene Mikrobiotope wie Totholz oder Steinhaufen unter die Lupe nehmen wollen. Größere Tiere wie Schafe, Bisons und Sikawild weiden derweil am Ufer des Cospudener Sees. Vom Aussichtsturm Bistumshöhe schließlich könnt ihr die Gesamtheit der Landschaft aus der Vogelperspektive überblicken. Die Spuren des Braunkohleabbaus sind noch bis heute zu sehen. Natürlich sind auch die rote verrückte Achterbahn und die ägyptische Pyramide des Freizeitparks Belantis für viele Kinder verlockend.

Welchen Tieren werden wir hier begegnen? Der Park lädt zu naturkundlichen Entdeckungen ein

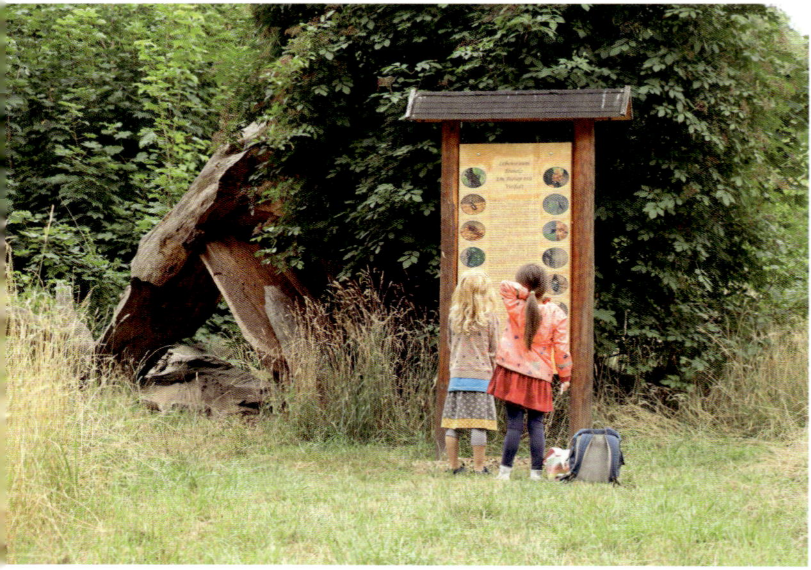

Infos zur Tour

An-/Rückfahrt
Bahnhof Knauthain
aus Leipzig: RE 12/RB 22, stündlich, ca. 15 Min., oder Tram 3 bis Haltestelle Knautkleeberg, oft, ca. 40 Min
aus Halle: S-Bahn nach Leipzig Hbf., dann wie oben, oft, 50–80 Min.

Rückfahrt Variante
Vom Freizeitpark Belantis
Bus 105 nach Bhf. Markkleeberg, dann S-Bahn nach Leipzig Hbf./Halle Hbf., 40 Min./80 Min., 1–2 Mal pro Stunde

Streckenverlauf
Bhf. Knauthain – Knauthainer Park – Cospudener See – Uferweg – Bistumshöhe mit Aussichtsturm – Bhf. Knauthain (Variante: Freizeitpark Belantis)

Streckencharakteristik
Stadtnahe, abwechslungsreiche Wanderung. Ruhige und schattige Wege durch den Knauthainer Park, am See unbefestigter, schattiger Weg am Ufer oder asphaltierter Radweg mit wenig Schatten und viel Radverkehr. Rund um die Bistumshöhe kann es nach Regen etwas anspruchsvoller sein.

Mit Kinderwagen?
Ja, auch für Fahrrad/Laufrad geeignet

Beschilderung
Teils Elster-Radweg

Spielplätze
Der riesige tote Baum vor dem Knauthainer Schloss ist ein tolles Kletterobjekt

Baden
Cospudener See

Besichtigungen
Freizeitpark Belantis
Zur Weißen Mark 1 · 04249 Leipzig · www.belantis.de ·
Juli/Aug. tgl. 10–17 Uhr, Sommerferien bis 18 Uhr, Juni/Sep./Okt. Mi/Sa/So/Fei und in den Schulferien 10–17 Uhr · Tageskarte 24,90–42,90 €, Kinder bis 4 Jahre kostenfrei
Der größte Freizeitpark in Mitteldeutschland hat acht Themenwelten und verschiedenen Shows im Angebot.

Einkehren
Shambala Imbiss und Crêperie
Bistumshöhe · 04442 Zwenkau · www.shambala-bistumshoehe.de ·
Mo–Fr ab 12, Sa/So ab 11 Uhr bis Einbruch der Dunkelheit
Kiosk mit leckeren sowohl süßen als auch herzhaften Crêpes. Ihr könnt sogar eine eigene Variation bestellen. Oder euch einfach ein Eis gönnen.

Radlertreff
Am Stausee 4a · 04249 Leipzig · www.freizeitinleipzig.de/radlertreff-am-elsterstausee ·
Sa/So 11.30–17 Uhr
Kleiner Imbiss mit Holzbänken im Freien, ein schlichter Ort zum Einkehren. Imbisstypische Speisen.

km 0–2,5 Vom Bahnhof Knauthain zum Cospudener See

Diese Wanderung verläuft in **Knautkleeberg-Knauthain,** dem südwestlichen Zipfel von Leipzig. Der Name erinnert an die Landesherren aus dem 12./13. Jahrhundert, die Ritter Knuth oder Knaut.

Ob mit der Regionalbahn zum Bahnhof Knauthain oder mit der Straßenbahn bis zur Haltestelle Knautkleeberg: Sobald ihr angekommen seid, lauft ihr entlang der Dieskaustraße auf dem Geh- und Radweg Richtung Süden. Bei der ersten Möglichkeit biegt ihr links in die Schönbergstraße ab, die dann eine Rechtskurve Richtung Hoffnungskirche beschreibt. Bald kommen zwei Weiher. Geht zwischen ihnen hindurch und folgt der roten Markierung: Nach links auf die Straße Am Mühlgraben, dann rechts, die nächste wieder links. Hinter den Wohnhäusern ragt links das imposante Ziegelgebäude der alten **Knauthainer Mühle** empor. Ihr überquert den Elstermühlgraben, der einst die Mühle mit Wasser versorgte. Dann öffnet sich die Landschaft und vor euch seht ihr das Wehr an der Elster.

„Krabbeltiere" auf dem toten Baumstamm

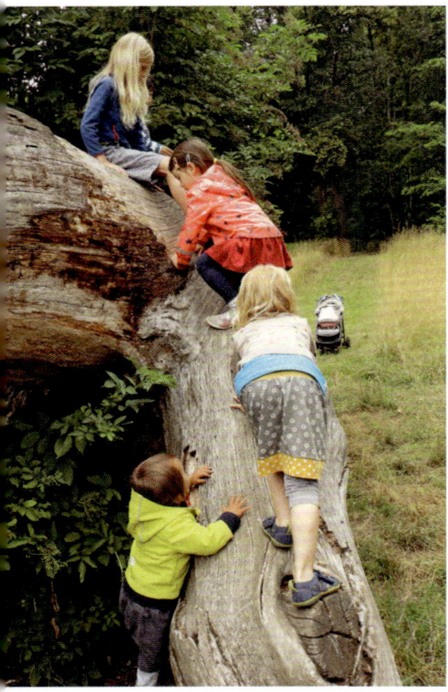

Ihr biegt aber schon vorher hinter der alten Reithalle schräg links in den **Knauthainer Park** ab und folgt dem Fluss. Hier im Park wird es spannend: Zuerst kommt ihr an einem großen Insektenhotel und einem Steinhaufen vorbei. Eine Infotafel verrät euch, welche Tiere in solch einem Kleinbiotop leben. Später könnt ihr noch gemütlich an der Elster rasten und euch über Bäume oder Singvögel informieren. Aus Kinderperspektive das Allerbeste ist jedoch ein riesiges Stück Totholz mitten auf der Wiese vor dem Schloss Knauthain, das sich beklettern und erforschen lässt. Der Weg führt daran vorbei in Richtung des **Schlosses**, das um 1700 anstelle einer früheren Wasserburg errichtet wurde und sich heute in Privatbesitz befindet. Es spiegelt sich malerisch im Schlossteich, aus dem im Frühsommer ein Froschkonzert ertönt.

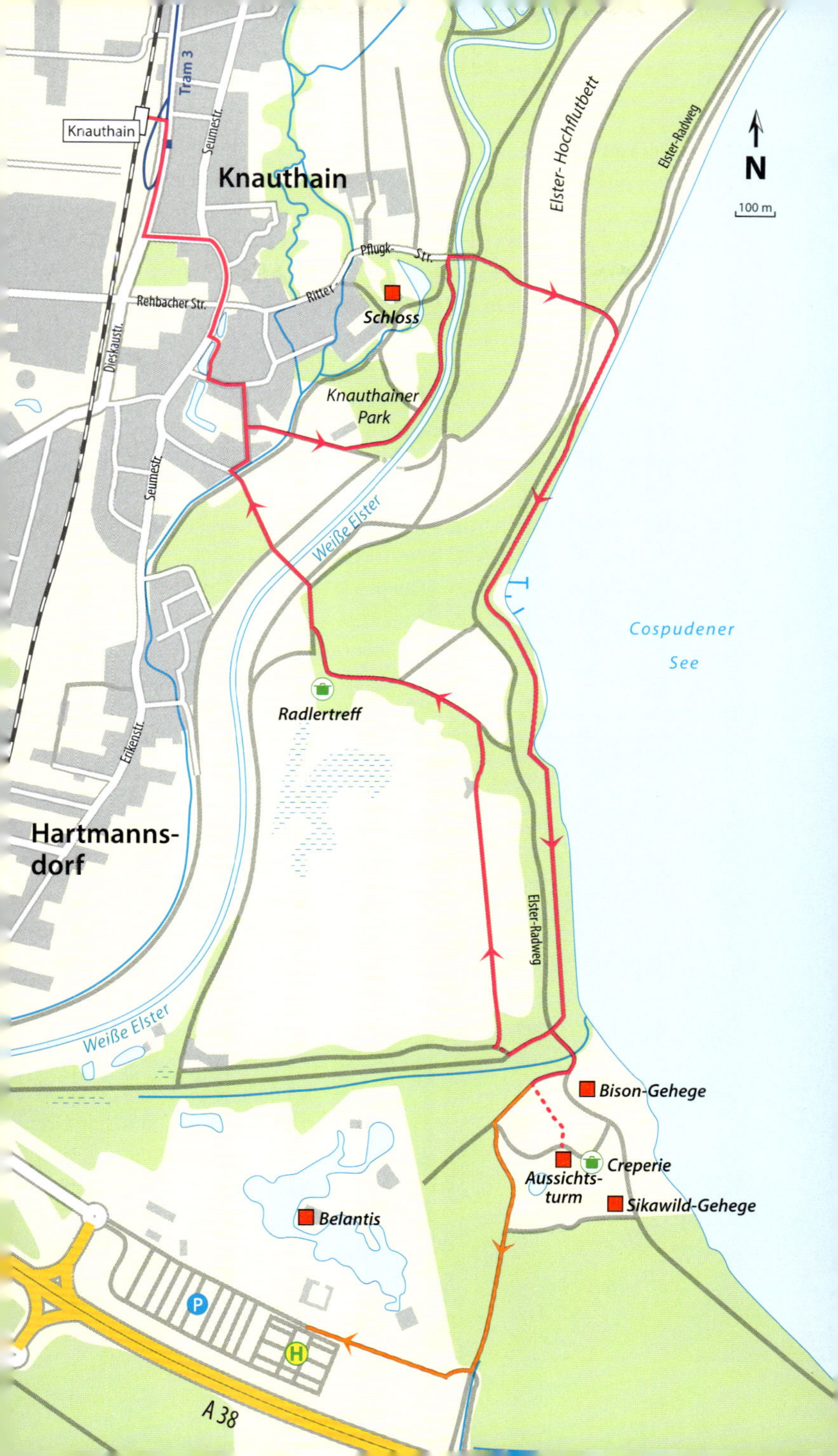

Knauthain
Tram 3
Seumestr.
Knauthain
Pflugk-Str.
Ritter
Rehbacher Str.
Schloss
Dieskaustr.
Knauthainer Park
Elster-Hochflutbett
Elster-Radweg
N
100 m
Seumestr.
Weiße Elster
Cospudener See
Radlertreff
Erikenstr.
Hartmannsdorf
Elster-Radweg
Weiße Elster
Bison-Gehege
Aussichtsturm
Creperie
Sikawild-Gehege
Belantis
P
H
A 38

Vom Teich nehmt den rot markierten Weg nach rechts und geht immer geradeaus bis zur Ritter-Pflugk-Straße (mit Tempolimit 30). Hier wendet ihr euch nach rechts, überquert die Weiße Elster und folgt dem asphaltierten Weg hinter der Schranke weiter geradeaus. In Kürze erreicht ihr das breite Elsterhochflutbett. Hinter dem Deich stoßt ihr schon auf den Elster-Radweg (Knotenpunkt 25) und den **Cospudener See**, der hier meist Cossi genannt wird.

km 2,5–5 Am Cossi entlang bis zum Aussichtsturm

An dem Radweg am Knotenpunkt 25 angekommen, entscheidet ihr, ob ihr auf dem gut ausgebauten, asphaltierten Radweg oder lieber am Seeufer entlang laufen wollt. Ersteres eignet sich natürlich für alle mit Fahrrad und für Familien mit einem Buggy-Kinderwagen – diese biegen also bitte rechts ab, wo das Schild nach Zeitz und Belantis weist. Die den schmaleren Weg zwischen Bäumen, Sträuchern und Wiesen bevorzugen, laufen noch ein Stück näher zum Seeufer und biegen erst dort rechts ab. Den richtigen Weg könnt ihr nicht verlieren, also genießt die Ausblicke übers Wasser, zur Leipziger Skyline – und zwangsläufig auch zum rauchenden Kohlekraftwerk Lippendorf, das die Idylle etwas stört. Immerhin erinnert es an den Ursprung des Cospudener Sees, denn auch er ist ein gefluteter Braunkohletagebau.

Mehrstöckiges Insekten-Luxushotel

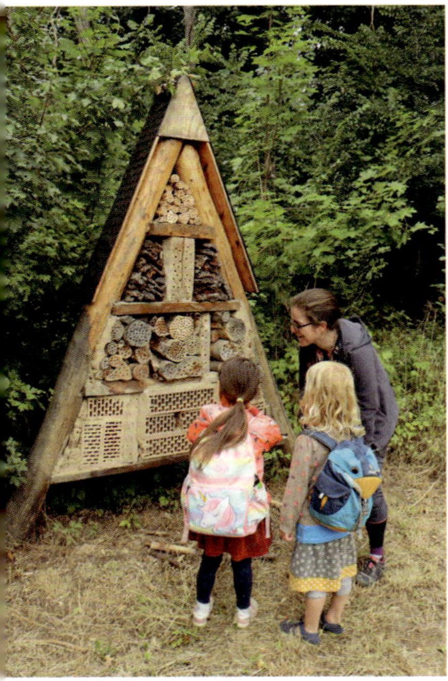

Nach der Erdölkrise in den 60er-Jahren entschied man sich in der DDR, auf Braunkohle zu setzen und den Abbau zu verstärken. So entstand neben dem Zwenkauer Abbau der Tagebau Cospuden (wobei der gleichnamige Ort dem Tagebau weichen musste). Nach der Wende haben Bürgerinitiativen einen Stopp des Braunkohleabbaus erreicht und im Zuge der **Expo 2000** (▸ Seite 95, Seite 24) wurde die Umgestaltung der zerstörten Landschaft in ein Erholungsgebiet beschleunigt. So

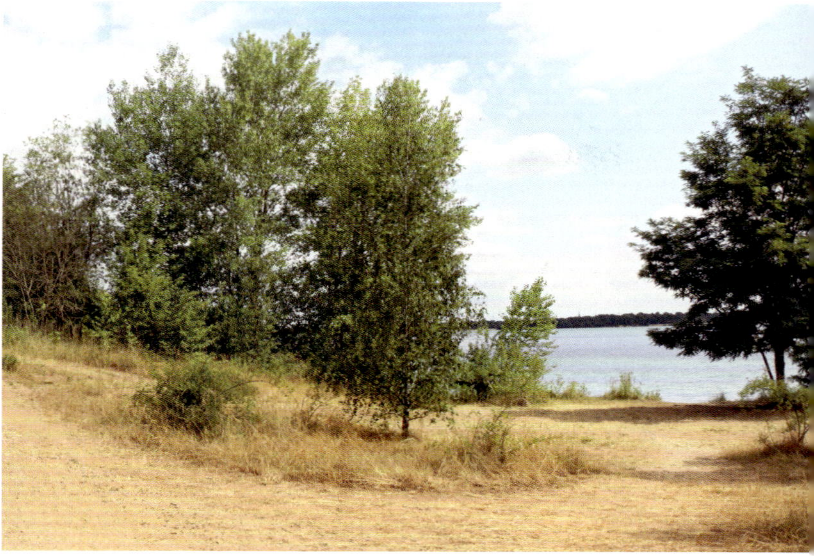

Auch das Südufer des Cospudener Sees ist malerisch und ein guter Ort zum Baden

wurde aus dem öden Baggerloch ein See mit vielfältigen Wasserspaßangeboten.

Zwischen Birken, Ahorn, Holunder- und Mirabellensträuchern führt ein mal breiter, mal schmaler Weg hindurch. Immer wieder laden kleine Wiesen am Ufer zum Verweilen ein. Manchmal weiden Schafe am Wegesrand. Nach etwa zwei Kilometern kommt ihr zur Radweg-Kreuzung (Knotenpunkt 32). Die Schilder zeigen die Richtung zum **Aussichtsturm an der Bistumshöhe.** Der Turm aus Holz und Metall erinnert an einen Schornstein und ist auch gleich zu sehen.

Hinter der Kurve kommt allerdings zuerst ein **Bisongehege.** Ein Stück weiter weidet **Sikawild,** aber unser Weg biegt bei den Bisons nach rechts. Jetzt muss die Anhöhe namens Bistumshöhe bewältigt werden. Nehmt dafür entweder den schmalen Weg links bergauf oder kurz später den breiteren Schotterweg, der sanfter ansteigt. Oben angekommen warten noch 180 Stufen des Aussichtsturms auf euch, bis ihr den Panoramablick genießen könnt: Von ganz oben schaut ihr über den Cossi bis zu den Leipziger Wahrzeichen wie Völkerschlachtdenkmal, Neues Rathaus oder Panorama Tower. Im Süden könnt ihr die verrückte Achterbahn und die Pyramide im Freizeitpark Belantis erkennen sowie den dahinterliegenden Zwenkauer See. Nach dieser sportlichen Leistung kommen die Crêpes aus dem Imbiss gerade recht.

Variante zum Freizeitpark Belantis:

Lauft zurück zum asphaltierten Radweg und folgt ihm zwischen den Bäumen in Richtung Pyramide, so dass ihr den See hinter euch lasst. Ihr müsst nur das Gelände des Freizeitparks umrunden, bis ihr nach etwa 1000 Metern den Eingang erreicht. Dahinter beginnt der etwas kostenintensivere Spaß. Bei Rückfahrt von hier mit den Bus verkürzt sich die Wegstecke um rund 2 Kilometer.

km 5–8,5 **Vom Aussichtsturm zurück nach Knauthain**

Lauft zurück zu dem Knotenpunkt 32 und biegt dort links Richtung Zeitz und Zwenkauer See ab. In der Nähe markiert ein **Findling** den Grenzpunkt zwischen den drei Städten Leipzig, Markkleeberg und Zwenkau. Nach nur etwa 150 Metern biegt ihr rechts in einen unauffälligen, schmalen Weg zwischen den Bäumen ein. Keine Markierung weist darauf hin, also passt gut auf. Es geht ein paar Meter aufwärts und nach Regen kann es hier recht rutschig werden, ihr stoßt aber gleich wieder auf einen befestigten Weg und haltet euch rechts.

Der Asphalt endet gleich wieder und der Weg führt nun immer geradeaus wie durch einen grünen Tunnel aus Bäumen und Sträuchern, dahinter breiten sich weite Felder aus. Zur richtigen Jahreszeit gibt es hier jede Menge Mirabellen zum Naschen.

Nachdem ihr das Gelände vom Wassersport-Verein umrundet habt (immer am Zaun entlang), führt der breite Weg vorbei an majestätischen Eichen und Pappeln. Gleich kommt ein Campingplatz für Wohnmobile, dahinter biegt ihr links ab und überquert auf einer Brücke die Weiße Elster. Der Turm der **Knauthainer Mühle** ist zwischen Baumkronen und Dächern schon wieder zu sehen. Ihr folgt dem Weg weiter geradeaus und biegt erst hinter der Brücke über den Elstermühlgraben rechts in eine für Autos gesperrte Straße ein. Sie bringt euch bis zu der Straße Am Mühlgraben, auf der ihr zu Beginn der Wanderung gelaufen seid. Die rote Markierung weist euch den Weg zurück zur Dieskaustraße, wo sich der Bahnhof und die Straßenbahn-Haltestelle befinden.

Wie hat sich die Umgebung von Leipzig in den letzten Jahren verändert?

Leipziger Neuseenland nennt man die einzigartige Wasserlandschaft, die in und um Leipzig entstanden ist. Dazu gehören 23 Seen und mehrere Flüsse und Kanäle, die alle nach dem Ende des Braunkohletagebaus künstlich angelegt wurden.

Auf dem Aussichtsturm an der Bistumshöhe könnt ihr ja mal versuchen euch vorzustellen, wie es noch vor 40 Jahren rundherum ausgesehen hat. Weit und breit Krater in einer wüstenartigen Mondlandschaft und darauf gigantische Maschinen mit Schaufeln, die die Braunkohle aus der Erde baggerten. Solche Maschinen sind zum Beispiel im Bergbau-Technik-Park am Störmthaler See oder in Ferropolis (bei Gräfenhainichen) zu sehen.

Kohle baute man bereits vor mehr als 200 Jahren ab. Besonders wichtig wurde die Kohleförderung Mitte des 19. Jahrhunderts, als sich die Eisenbahntechnik und die Industrie entwickelten. Mit dem Verfeuern von Kohle betrieb man die Dampfloks und die neuen Maschinen. Damals wurde auch Braunkohle noch unter der Erde abgebaut (Tiefbau). Den großflächigen Abbau im offenen Tagebau, also an der Erdoberfläche, haben erst im 20. Jahrhundert die großen Industriemaschinen ermöglicht. Sie gruben bis zu 100 Meter tiefe Krater. Das Grundwasser wurde dafür künstlich abgesenkt, so dass der Tagebau trocken blieb.

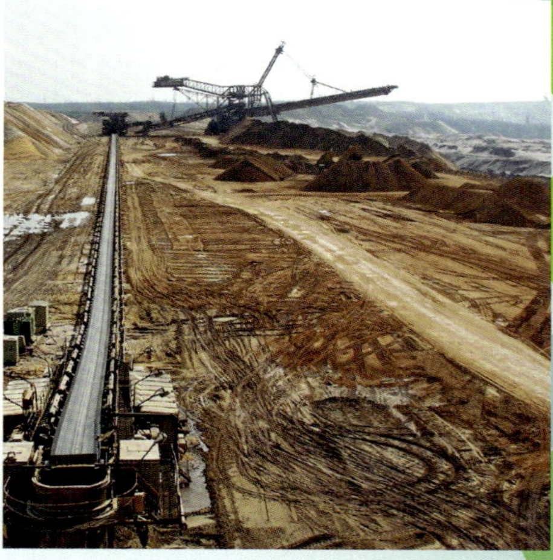

Eigentlich sollte der Tagebau Cospuden noch größer werden. Doch mit der politische Wende 1990 kamen neue Pläne und Visionen. Der Kohleabbau wurde seitdem schrittweise zurückgefahren. Die zerstörte Landschaft musste neu gestaltet werden. Das Einfachste war, die Krater mit Wasser zu fluten und sie in einen Erholungsort umzuwandeln.

Pegau – Profen

12 Auf Markgraf Wiprechts Spuren entspannt durchs Grün

Start	Ziel	Länge	Gehzeit	Schwierigkeit
Bhf. Pegau	Bhf. Profen	11,5 km	4 Std.	● mittel

Den Ort Pegau, in dem diese Tour beginnt, kennt man vor allem wegen der Pegauer Annalen. Diese mittelalterliche Chronik wurde im 12. und 13. Jahrhundert im längst verschwundenen Benediktinerkloster verfasst. Viel wird darin berichtet über den Markgrafen Wiprecht, der unter anderem das Kloster und die Burg in Groitzsch gegründet hat, wohin auch euer Weg führt. Danach taucht ihr ein in das wunderschöne Naturschutzgebiet Pfarrholz, wo die Kinder nicht nur die heimische Flora und Fauna kennenlernen, sondern sich auch auf einem Waldspielplatz und vor allem in der Natur austoben können. Ziel ist das hübsche Dorf Profen mit spätgotischer Kirche und denkmalgeschützten Fachwerkhäusern.

Traumhafte Kirschbaumallee bei Altengroitzsch

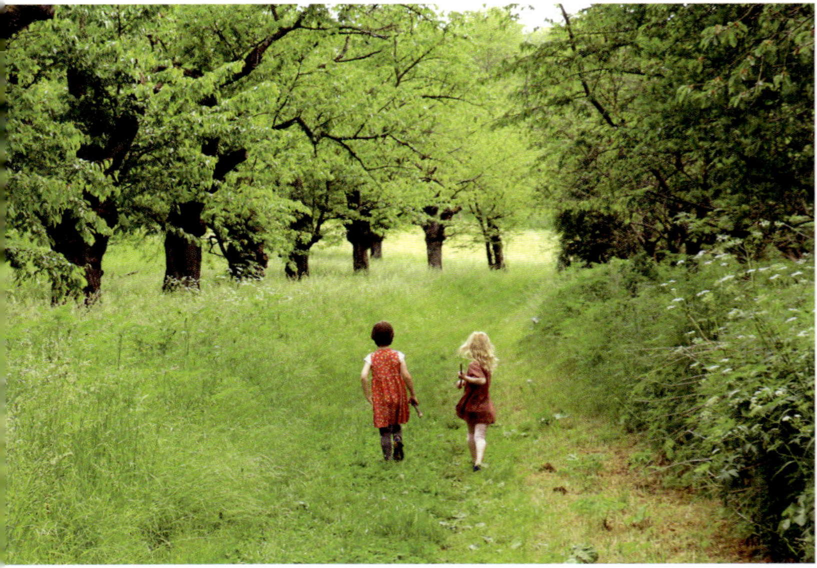

Infos zur Tour

Anfahrt

Bahnhof Pegau
aus Leipzig: RE 12 oder RB 22, stündlich, ca. 30 Min.
aus Halle: wie oben, plus S-Bahn nach Leipzig Hbf., ca. 70 Min.

Rückfahrt

Bahnhof Profen
nach Leipzig: RE 12 oder RB 22, stündlich, ca. 30 Min.
nach Halle: wie oben, plus S-Bahn von Leipzig Hbf., ca. 70 Min.

Streckenverlauf

Bhf. Pegau – Groitzsch – Abenteuerspielplatz – Naturlehrpfad – Elsterradweg – Wildgehege Gatzen – Bhf. Profen

Streckencharakteristik

Sehr viel im Grünen, angenehm und schattig, bis auf den letzten Streckenabschnitt. Der verläuft auf einem asphaltierten Radweg in offener Landschaft, was an sehr heißen Sommertagen nicht zu empfehlen ist.

Mit Kinderwagen?

Ja, auch für Fahrrad/Laufrad geeignet, aber etwas anspruchsvoller. Der Naturlehrpfad führt immer wieder über Wiesen, wo die Wege im Sommer etwas zugewachsen sein können. Dort ist es schwieriger zu schieben/fahren.

Beschilderung

Elster-Radweg, Naturlehrpfad

Spielplätze

Großer Waldspielplatz kurz hinter Groitzsch

Besichtigungen

Wiprechtsburg
Graf-Wiprecht-Straße · 04539 Groitzsch · frei zugänglich
Die Ruine der Wiprechtsburg befindet sich auf einem Hügel nordwestlich des Ortes Groitzsch. Rundherum wurden Sitzbänke gebaut, der Ort dient im Sommer als Freilichtbühne.

Einkehren

Restaurant Weißes Ross
Markt 10 · 04539 Groitzsch · www.hotel-weisses-ross.com · Di/Mi Ruhetag, sonst ab 17 Uhr, Sa/So auch 11–14, Fei 11–21 Uhr
Nette und verlockende Terrasse direkt auf dem Markt. Das Essen ist sehr gut, etwas höheres Preisniveau. Sehr freundliche Bedienung.

Juli & Beere Eiscafé
Kramergasse 15 · 04523 Pegau · www.juliundbeere.de · Mi–So 12–21 Uhr
Ob Burger oder Eisbecher, hier findet jede Art von Hunger eine Antwort. Vier Kindergerichte auf der Karte (abgesehen von den Eisbechern).

Gasthof Zur Eiche
Markt 14 · 06729 Elsteraue (Profen) · www.zur-eiche-profen.de · Mi–Fr 11–14 und 17–22, Sa 11–22, So/Fei 11–15 Uhr
Sehr gemütliche Gaststätte mit Biergarten im Grünen, spezialisiert auf Küche aus Ostmitteleuropa. Empfehlung: Gulasch mit Semmelknödeln oder die herzhaften böhmische Kartoffelpuffer.

km 0–3,5 Vom Bahnhof Pegau nach Groitzsch

Pegau ist eine sächsischen Kleinstadt an der Weißen Elster. Mit der Gründung eines benediktinischen Klosters im Jahr 1091 begann die Geschichte des Ortes. Das Kloster ist längst verschwunden, aber die **Pegauer Annalen,** die hier verfasst wurden, haben sich erhalten. Es handelt sich dabei um eine bedeutende mittelalterliche Chronik aus den Jahren 1149 bis 1227 (▸ Seite 103).

Die Bahnhofstraße führt vom Bahnhof direkt Richtung Ortszentrum. An ihrem Ende geht ihr links und über den Zebrastreifen gleich wieder rechts in den Fußweg hinein, der in die Schlossstraße mündet. Zwischen kleinen, bunten Häusern hindurch erreicht ihr die spätgotische **St.-Laurentius-Kirche.** Dahinter biegt die Straße Kirchplatz nach rechts ab und ist nun auch als Radweg nach Profen beschildert. Ihr geht auf das Volkshaus zu, dahinter mündet die Straße in einen engeren Geh- und Radweg, der über eine Brücke führt. Ihr folgt dem Weg nach links. Er verläuft nun angenehm im Grünen bevor er nach rund 500 Metern auf die Leipziger Straße stößt. Auf ihr überquert ihr nun rechter Hand die Weiße Elster und biegt gleich danach wieder rechts ab, weiter dem markierten Radweg folgend.

St. Laurentius in Pegau

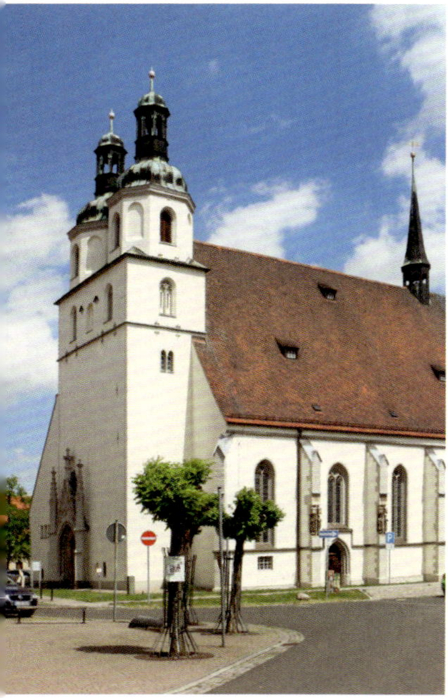

Ihr kommt an einem kleinen Spielplatz vorbei, später an Pferdekoppeln. Der Weg verläuft als unbefestigter Pfad im Baumschatten am Fluss. Nach Regen kann es hier allerdings matschig werden und mit Kinderwagen etwas beschwerlich. Bei einer kleinen Brücke erreicht ihr eine Kreuzung. Bleibt auf dieser Flussseite, aber nehmt den Weg schräg links. Ihr passiert eine Kleingartenkolonie und stoßt auf den asphaltierten Groitzscher Fußweg. Trotz des Namens fahren hier manchmal auch Autos. Ihr geht rechts, aber nicht mal 100 Meter, bis ihr leicht links in den Fuß- und Radweg einbiegen könnt. Gepflastert und unter Bäumen

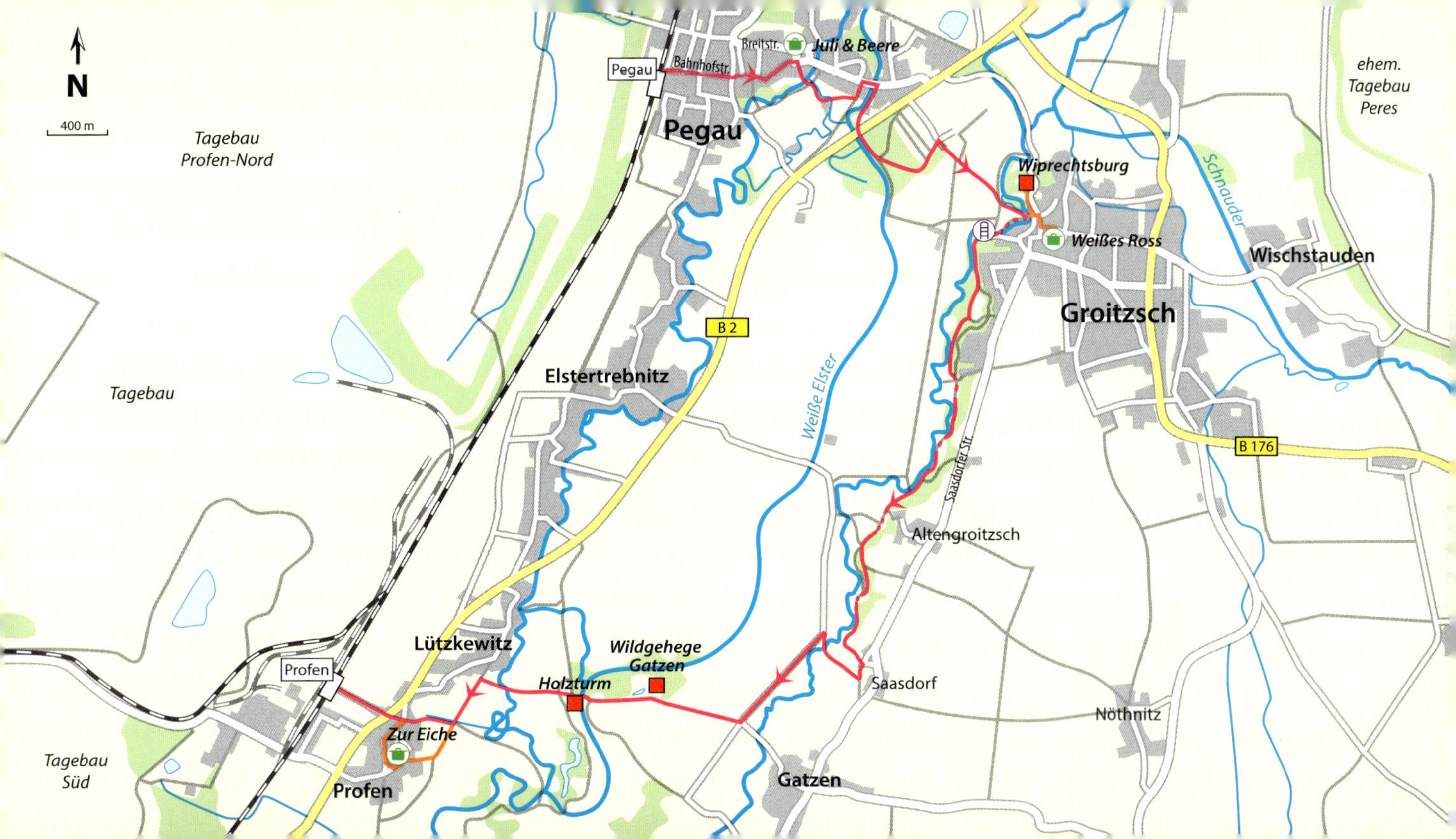

N
400 m
Tagebau
Profen-Nord
Pegau
Bahnhofstr.
Breitstr.
Juli & Beere
Pegau
ehem.
Tagebau
Peres
Wiprechtsburg
Schnauder
Weißes Ross
Wischstauden
Groitzsch
B 2
Elstertrebnitz
Weiße Elster
Tagebau
B 176
Saasdorfer Str.
Altengroitzsch
Lützkewitz
Wildgehege
Gatzen
Profen
Holzturm
Saasdorf
Nöthnitz
Zur Eiche
Tagebau
Süd
Profen
Gatzen

führt er immer geradeaus bis nach Groitzsch. Ringsherum erstreckt sich die flache Wiesenlandschaft der Elsteraue.

Kurz vor dem Ort taucht links das Flüsschen **Schwennigke** mit der Anglerinsel auf. Noch bevor ihr die Brücke erreicht habt, biegt der Naturlehrpfad nach rechts ab – dort geht es später weiter. Nun könnt ihr euch zuerst noch die Ruine der **Wiprechtsburg** (hinter der Brücke links) und den Ort **Groitzsch** (geradeaus über die Treppen oder die Rampe und dann rechts) anschauen. Am Markt gibt es einige Restaurants und zur Freude der Kinder auch eine kleine Wasserfontäne.

Die Wiprechtsburg

Zwar war diese Gegend schon um 4000 v. Chr. besiedelt, aber zuerst erwähnt wurde Groitzsch 1070 in den Pegauer Annalen. Im 11. Jahrhundert zog Graf Wiprecht (von Groitzsch) hierher. Er ließ die Wiprechtsburg bauen und trieb die Kolonisation Sachsens voran. Im 11. und 12. Jahrhundert zählte die Burganlage zu den größten in der Region, wurde aber am Ende des 13. Jahrhunderts zerstört und 1307 zum letzten Mal erwähnt. Heute wird der Burgberg im Sommer für Freiluftkonzerte und -aufführungen genutzt.

km 3,5–9 **Von Groitzsch zum Wildgehege Gatzen**

Zurück an der Schwennigke-Brücke folgt ihr nun dem **Naturlehrpfad.** Es ist ein schmaler Weg zwischen Bach und Wiese mit kleinen Infotafeln über heimische Fische, Pflanzen und Vögel. An manchen Tafeln gibt es ein Erlebnispfad-Quiz: über QR-Codes ruft ihr Fragen auf, die sich andere Kinder ausgedacht haben.

Ihr überquert nochmals die Schwennigke und könnt dabei rechts von euch zwischen den Bäumen schon den großen **Waldspielplatz** sehen. Hier finden die Kinder Klettermöglichkeiten, es gibt eine Seilbahn und auch Bänke.

Weiter geht es auf dem gelb markierten Naturlehrpfad. Er begleitet euch durch das Naturschutzgebiet **Pfarrholz** an der Schwennigke, ein artenreiches Auenwaldgebiet, dessen Flora ihr auf dem Weg kennenlernen könnt. Falls ihr zum richtigen Zeitpunkt im Frühjahr wandert, wird euch der typische Bärlauch-Duft umwehen.

Der Weg folgt dem Fluss. Mal geht es schattig auf einem unbefestigten Weg durch Laubwald, mal auf einem Feldweg über Wiesen. Beides bietet Kindern viel Raum zum Toben und Spielen. Ein umgefallener Baum liegt über dem Fluss und unter ihm hat sich eine

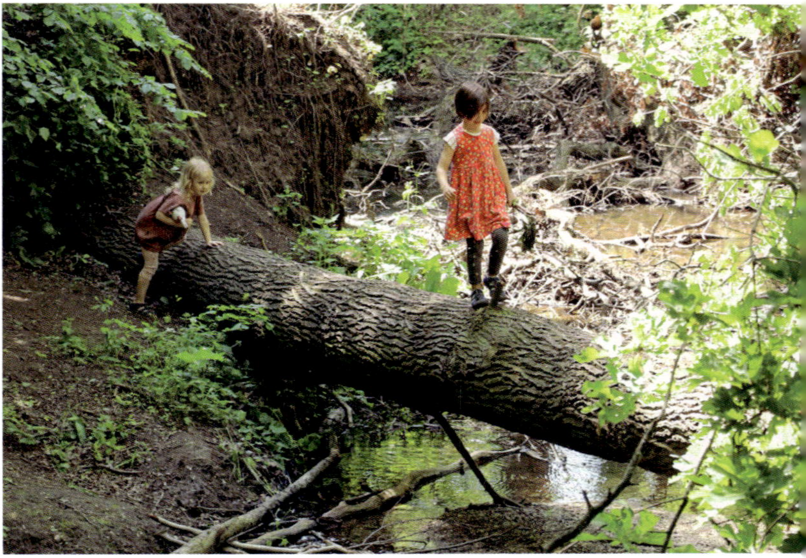

Die Natur baut doch immer noch die schönsten Spielplätze

kleine Sandinsel gebildet – ein Spielparadies! Gar nicht leicht, hier wieder wegzukommen.

Auf dem Naturlehrpfad erreicht ihr eine Stelle namens „Große Hölle", wo es ein Quiz über Pilze, Schlangen und Amphibien gibt sowie einen Rastplatz mit Blick über die Wiesen- und Auenlandschaft. Ihr folgt der gelben Markierung, ausgeschildert ist Löbnitz-Bennewitz. Weiter geradeaus erreicht ihr eine Wiese mit Gebüschen, die, so sahen es unsere Kinder, eigentlich Elefanten sind. Der Weg steigt leicht an und fällt dann wieder ab, geht über in eine Kirschbaumallee.

Jetzt ist es nicht mehr weit nach **Saasdorf.** Am Hang sind erste Bauten zu sehen und vielleicht auch die eine oder andere Ziege. Bei der Kreuzung biegt ihr rechts auf die unbefestigte Straße ab und dann, nach dem kleinen Teich mit dem bunten Bienenhaus, geht es noch mal nach rechts. Der gepflasterte Weg bringt euch über die Schwennigke zum **Elsterradweg,** der zwischen den Feldern hindurchführt. Mit einem grünen Strich und einem Radfahrer drüber ist er gut markiert.

Ihr schwenkt links auf den breiten, asphaltierten Radweg ein und folgt ihm – nach rund 800 Metern nach rechts – Richtung Zeitz und Profen bis zum **Wildgehege Gatzen.** Damwild, Sika- und Muffelwild fühlt sich hier zu Hause und ihr könnt die zutraulichen Tiere mit Kastanien, Eicheln oder Äpfeln füttern.

km 9–11,5 **Vom Wildgehege Gatzen nach Profen**

Vom Wildgehege geht es weiter auf dem asphaltierten Elster-Radweg. Gleich überquert ihr die **Weiße Elster.** Links hinter der Brücke steht ein kleiner Holzturm, der als Rastplatz und Aussichtspunkt dient. Hier beginnt auch der ökologische Lehrpfad über die Elsteraue, der insgesamt 9,3 Kilometer lang ist. Ihr folgt ihm aber nur auf seinem ersten Kilometer. Der Weg verläuft zunächst geradeaus über die Wiesen. Umrahmt von kleineren Bäumen und Hecken läuft man im Sommer wie durch einen grünen Tunnel. Am Ende des Weges zeigt die Markierung nach links. Ihr biegt hier auf eine Straße ab, rechts von euch die Häuser von **Profen.**

Bald überquert ihr ein Bächlein im Graben. Auf der Infotafel daneben heißt es: Guten Morgen... alle wach? Von dort aus führt ein Grasweg nach rechts am Bach entlang zur Straße Eisberg. Wo diese die Pegauer Straße kreuzt, folgt ihr dem Radweg geradeaus und stoßt auf die vielbefahrene Leipziger Straße. Auch sie wird überquert und leicht nach links versetzt geht ihr auf der Bahnhofstraße geradeaus weiter bis zum Bahnhof. Wichtige Information für alle Marmeladen-Liebhaber: In dieser Straße, rechter Hand, befindet sich die Manufaktur Froschkönig, wo die süße Pampe hergestellt und verkauft wird.

Abstecher nach Profen

Falls ihr noch Kraft habt, lohnt sich ein Abstecher in das Dorf. Dazu geht ihr bei der „Alle-Wach"-Infotafel geradeaus und kommt über den Deich ins Dorf. Kurz vor dem Markt befindet sich die Gaststätte Zur Eiche, danach geht es nach rechts und leicht bergauf zur Profener Kirche. Dahinter führt ein Radweg über den Schulplatz und an Garagen vorbei und mündet in die Leipziger Straße. Nach rechts kommt ihr zur Bahnhofstraße.

Was steht in den Pegauer Annalen?

Das Wort Annalen kommt vom lateinischen Wort für das Jahr: annus. Annalen sind gewissermaßen Jahrbücher, sie beschreiben, was in einem Jahr Wichtiges passierte. Solche Bücher wurden im Mittelalter in Klöstern geschrieben. Denn damals, vor vielen hundert Jahren, waren Klöster nicht nur wichtige Zentren des Glaubens und der Politik, sondern auch der Bildung. Dort – und meist nur dort – gab es Schulen, Bibliotheken und Schreibstuben. Geschrieben wurde auf Latein.

Im Kloster St. Jakob bei Pegau (das heute nicht mehr existiert) wurden solche Jahrbücher zwischen den Jahren 1149 und 1227 verfasst. Ein Mönch beschrieb darin auch das Leben von Wiprecht von Groitzsch, der das Kloster 1091 gegründet hatte. So erfahren wir etwas über diesen Mann. Man muss aber immer bedenken, dass die Schriften die Perspektive des Verfassers zeigen: So bekam der Kloster-Gründer zum Beispiel viel Lob und wenig Kritik.

Wiprecht hatte die Burg 1070 im Tausch erhalten und später zu einer der größten sächsischen Burganlagen ausgebaut. Und er nahm aktiv an der Reichspolitik teil. Es gab damals ein Bündnis von Hunderten kleinerer oder größerer Königtümer, Herzogtümer, Grafschaften und Bistümer. Sie alle wählten sich einen Kaiser als weltlicher Herrscher der Christen. Deutschland gab es damals noch nicht.

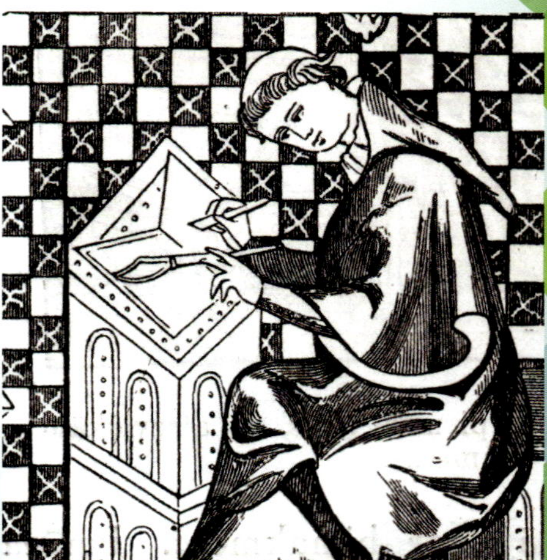

Das 11. Jahrhundert war auch die Zeit, in der viel um die Machtverteilung zwischen dem Papst (also der Kirche) und dem Kaiser (dem Staat) gekämpft wurde. Da unterstütze Wiprecht seinen Kaiser Friedrich IV. und zog sogar gegen den Papst nach Rom. Auch das wissen wir aus den Pegauer Annalen.

13 Badetrubel oder Strandidyll: rund um den Kulkwitzer See

Start	Ziel	Länge	Gehzeit	Schwierigkeit
Tram Lausen	Tram Lausen	8,5 km	2,5 Std.	● leicht

Der Kulkwitzer See, auch als Kulki bekannt, ist neben dem Cospudener See einer der beliebtesten in Leipzig. Er lockt mit glasklarem, türkisfarbenem Wasser und ist wegen seiner reichen Unterwasserflora und -fauna für Taucherinnen und Taucher sehr spannend. Man kann dort auch Wasserski oder Wakeboarding ausprobieren. Der etwa 8 Kilometer lange Seerundgang lohnt sich auf jeden Fall, und das nicht nur im Sommer. Er führt durch unterschiedliche Uferabschnitte und dabei auch zu zwei tollen Spielplätzen. Auf einem begegnet euch ein riesiger Kraken, auf dem Kinder herumklettern können, bevor sie auf den Tentakeln herunterrutschen.

Am ruhigeren Südufer kommt man an kleinen Stränden oder Wiesen entspannt ans Wasser

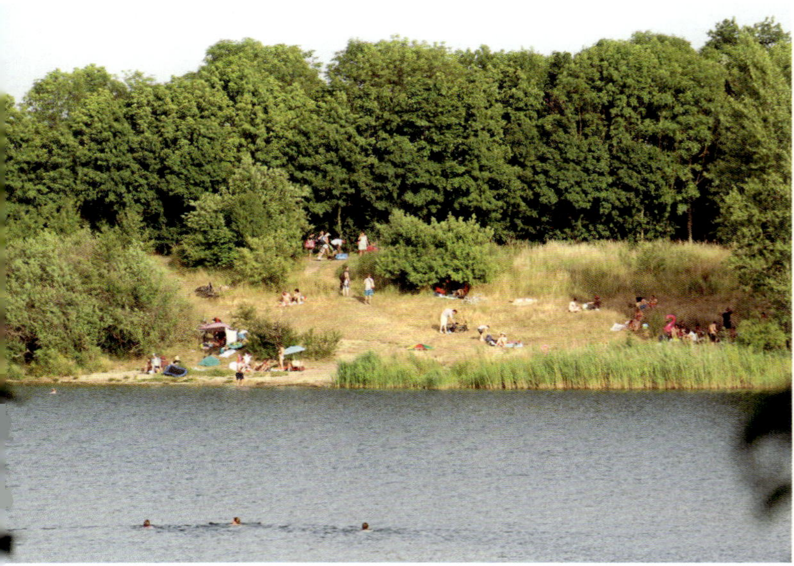

Infos zur Tour

An-/Rückfahrt

Tramhaltestelle Lausen
von Leipzig: Tram 1 von Leipzig Hbf., alle 10 Min., ca. 30 Min.
(oder S1 nach S-Bhf. Miltitzer Allee, alle 30 Min., ca. 25 Min.)
von Halle: S-Bahn nach Leipzig Hbf., dann wie oben, oft, ca. 1 Std.

Streckenverlauf

Tram Lausen (oder S-Bhf. Miltitzer Allee) – Kulkwitzer See – Rotes Haus – Südufer – Markranstädt – Nordufer – Tram Lausen

Streckencharakteristik

Dieser Rundgang um den Kulkwitzer See lässt sich zu jeder Jahreszeit unternehmen. Im Sommer ist es ein sehr beliebtes Badeziel. Am Ost- und Westufer gibt es Liegestrände mit viel Gastronomie und Wassersportangeboten, am Süd- und Nordufer findet man zwischen Schilf am Ufer mehr Ruhe.

Mit Kinderwagen?

Ja, auch für Fahrrad/Laufrad geeignet

Beschilderung

Teils rote Markierung, teils beschilderter Radweg

Spielplätze

Krakenspielplatz am Ostufer, Piratenspielplatz am Westufer

Baden

Große, belebte Strände und Liegewiesen am Ost- und Westufer, ruhigere, kleine Strände und Badenischen im Süden und Norden des Sees

Aktivitäten

Bootsverleih am Kulkwitzer See
Seestraße · 04207 Leipzig · www.os-kanu.de · Mai–Aug. tgl 10–19, Apr./Sep./Okt. Fr–So 10–19 Uhr bzw. wetterbedingt
Verleih von Kajaks, Ruder- und Tretbooten am Ostufer. Je nach Bootstyp und Zeit, zwischen 10€/Stunde bis 100€/Tag.

Einkehren

Ab ans Ufer
Falkenhain 31 · 04420 Markranstädt · www.abansufer.de ·
Mo 12–20, Di–So 10–20 Uhr
In dieser netten Kombüse werden frische vegetarische und vegane Speisen (etwa Burger und Sandwiches) angeboten. Nicht nur Kinder freuen sich über Pommes und die Liegestühle mit Blick zum See. Vor Ort gibt es auch einen Bootsverleih.

Eisdiele am See
Staffelsteinstraße 8 · 04207 Leipzig ·
Mo–Fr 15–18, Sa/So 14–18 Uhr
Ein etwas versteckter Eiskiosk, aber mit sehr leckerem, hausgemachtem Eis. Der kurze Abstecher lohnt sich.

km 0–1 Von Lausen zum Roten Haus

Auch der **Kulkwitzer See** ist aus einem ehemaligen Tagebau entstanden. Noch bis 1963 wurde hier Braunkohle gefördert. Das Gelände wurde geflutet und zehn Jahre später gab es den Kulkwitzer See, auch Kulki genannt, unweit der damals neu gebauten, großen Plattenbausiedlung **Grünau** (▸ Seite 111). So ist der Kulki einer der ältesten Seen des Leipziger Neuseenlands. Man erreicht ihn über verschiedene Verkehrsverbindungen: mit der Straßenbahn nach Lausen (diese Variante haben wir gewählt), mit der S-Bahn zur Miltitzer Allee oder mit dem RE nach Markranstädt. Auf der Karte sind die verschiedenen Wege zum See als Varianten eingezeichnet.

Von der Tramhaltestelle Lausen nehmt ihr den asphaltierten Weg rechts von der Straßenbahnschleife und danach den rot markierten Pfad, der nach rechts abzweigt. An Büschen entlang geht es bis zu einem blauen Tor zu eurer Rechten, ihr biegt dort aber links ab. Am Horizont schimmert schon das Wasser des Kulkwitzer Sees. Ihr erreicht die Strandwiese am **Ostufer.** Wer baden will, findet hier einen flachen, für Kinder gut geeigneten Zugang ins Wasser. Außerdem gibt es einen Imbiss (links) und einen Bootsverleih (rechts). An heißen Sommertagen füllt sich die Wiese mit sehr vielen Menschen aus der nahegelegenen Siedlung und aus ganz Leipzig. Es lohnt sich daher, eine ruhigere Ecke am Süd- oder Westufer zu suchen.

Relikt aus Tagebauzeiten: Das Rote Haus am Ostufer des Kulkwitzer Sees

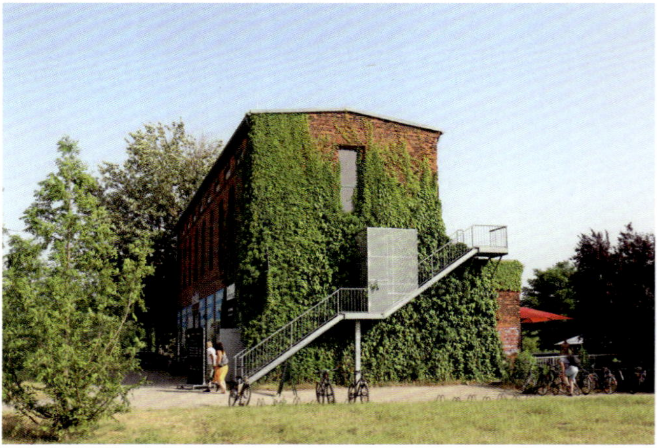

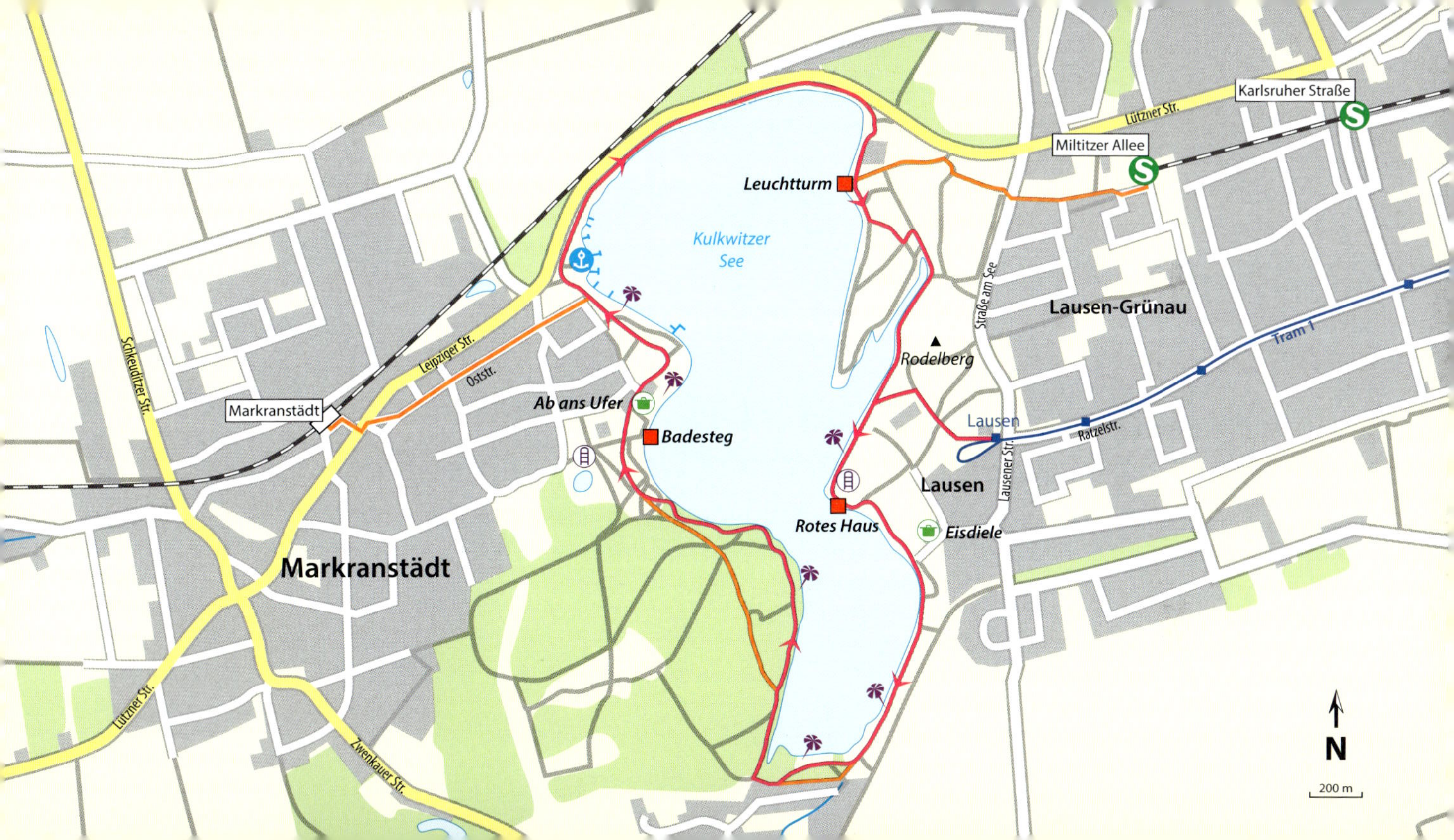

Karlsruher Straße
Lützner Str.
Miltitzer Allee
Leuchtturm
Kulkwitzer See
Straße am See
Lausen-Grünau
Tram 1
Rodelberg
Lausen
Ratzelstr.
Lausener Str.
Lausen
Rotes Haus
Eisdiele
Leipziger Str.
Oststr.
Ab ans Ufer
Badesteg
Markranstädt
Schkeuditzer Str.
Markranstädt
Lützner Str.
Zwenkauer Str.
N
200 m

Ihr lauft am See entlang auf dem asphaltierten Weg in Richtung Süden. Nach nur etwa 200 Metern tauchen der einfache, aber wunderbare **Spielplatz mit Kraken,** Fisch und Echse auf sowie das **Rote Haus.** Dieses großes Backsteingebäude beherbergt heute ein Restaurant, früher befand sich darin die elektrische Schaltzentrale des ehemaligen Tagebaus.

km 1–4,5 **Vom Roten Haus zum Piratenspielplatz**

Das Seeufer macht hier einen Knick. Vom Roten Haus aus folgt ihr der Seestraße. Bald wird sie zu einem breiten unbefestigten Weg, der weiter am Ufer verläuft und sich nach etwa 300 Metern gabelt. Geradeaus führt der Weg in eine Kleingartenkolonie – und gar nicht weit entfernt befindet sich dort eine **Eisdiele.** Wer auf Eis verzichtet und gleich den rot markierten Weg nach rechts nimmt, läuft weiter am Ufer entlang, bestanden von Birken und Sträuchern. Genießt den Blick über die ruhigere **Südseite** des Kulkwitzer Sees. Hier wächst viel mehr Schilf am Ufer. Am Wegesrand sind aber immer mal größere Wiesen-Strände oder kleine Nischen zu finden, wo ihr in Ruhe baden könnt.

Der Badesteg am Westufer ist barrierefrei

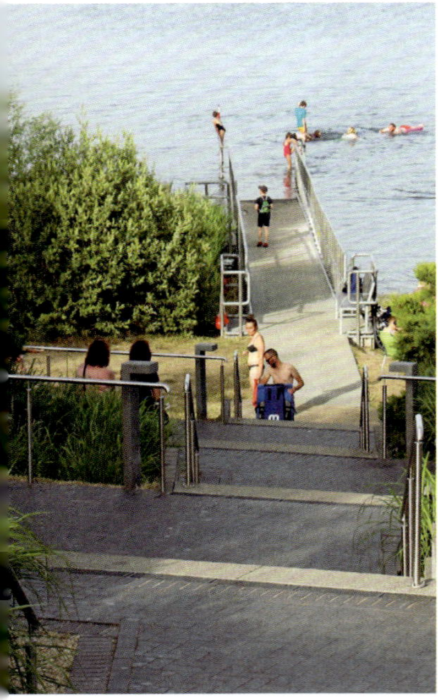

Ihr geht weiter der roten Markierung nach. Am Südzipfel folgt ihr – für einen kurzen Moment – einer Straße. Noch bevor sie nach links (zum Bratstübl) abbiegt, zweigt ein rot markierter Pfad nach rechts ab. Den nehmt ihr und seht bald wieder das Wasser. Rund 400 Meter weiter gabelt sich der Weg schon wieder. Nach links führt er bergauf zum asphaltierten Radweg – eine gute Variante für Familien mit Kinderwagen oder auf Rädern. Nach rechts geht es auf einen schmalen Uferpfad, der viele schöne Blicke über den See und auch Klettermöglichkeiten für Kinder bietet. Ihr lauft bergauf und bergab, zwischen Birken, Ahorn und Sträuchern. Immer wieder

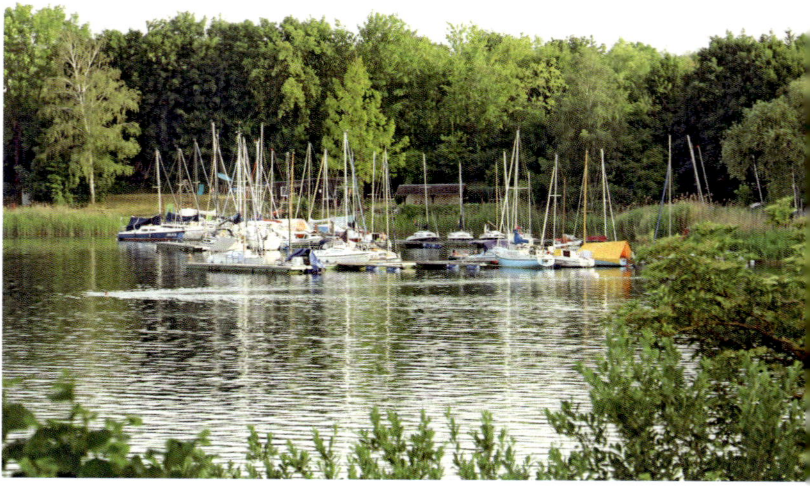

Am Westufer: Idyllisch liegt der kleine Segelhafen von Markranstädt im Abendlicht

gibt es auch hier Nischen oder Sandstrände, wo ihr – manchmal völlig ungestört – ausruhen, picknicken oder baden könnt.

Kurz vor Markranstädt mündet der Uferpfad in den Radweg. Ihr folgt ihm weiter am Strand entlang. Wenn ihr die Treppen und Rampen des barrierefreien **Badestegs** erreicht, könnt ihr noch einen kleinen Abstecher nach links zum **Piratenspielplatz** machen. Es gibt jede Menge Schiffe und Häuser zum Durchklettern, Schaukeln, Rutschen und auch Tischtennisplatten.

Vom Piratenspielplatz nach Grünau-Lausen **km 4,5–8,5**

Zurück an der Promenade geht es weiter am Seeufer entlang. Von Imbissen, über einen Bootsverleih bis zum Beachvolleyballfeld gibt es dort allerlei Angebote. Danach kommt noch eine große Liegewiese (mit nur wenigen schattenspendenden Bäumen), wo ihr mit Blick auf Grünau das schöne saubere Wasser genießen könnt.

Vorbei am Parkplatz (links) und Segelverein (rechts) kommt ihr zum Nordufer, das wieder mehr Ruhe verspricht. Zwar verläuft der asphaltierte Weg unweit der Lützner Straße, aber er ist abgetrennt

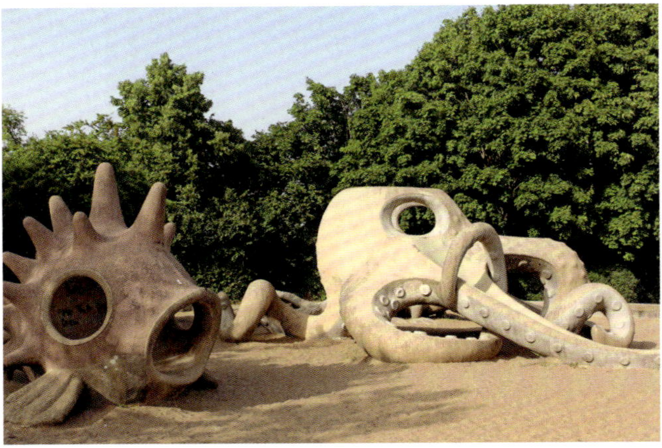

Krakenspielplatz: friedlich liegen die Seeungeheuer in der Sonne

durch Bäume und Sträucher. Auch ist das Ufer hier mit Schilf bewachsen. Weiter vor euch ist schon der Wakeboard-Lift am Wasser zu sehen und dort befinden sich auch wieder ein paar Einkehrmöglichkeiten. Ihr lauft im Baumschatten am Ufer entlang.

Zwei unübersehbare Wahrzeichen liegen ein Stück südlich: der kleine, rot-weiße **Leuchtturm** und **Frieda.** Frieda ist ein 53 Meter langer Lastenkahn, der bis 1971 auf Elbe und Saale fuhr und danach als Ausflugslokal zum neu angelegten Kulkwitzer See transportiert wurde. Inzwischen ist Frieda ein recht nobler Veranstaltungsort.

Wer nun mit der S-Bahn zurückkehren möchte, der nimmt von hier aus die Seestraße, die weg vom See und praktisch immer geradeaus bis zum Bahnhof Miltitzer Allee führt.

Sonst lauft ihr noch weiter am Ufer entlang bis zur dunkelroten **DLRG-Wachstation** und biegt dort links ab. Ihr folgt dem Zaun des Campingplatzes, kommt vorbei an einem kleinen Spielplatz, einem Beachvolleyballfeld und zwei alten Tischtennisplatten, und stoßt dann auf die Seestraße (mit vielen Parkplätzen). Geht die Straße rechts hinunter, am Wasser entlang. Ab und zu blitzen der See und die Bungalows des Campingplatzes zwischen den Ästen auf. Sobald ihr die Abzweigung erreicht, wo der Kulkwitzer See auf einem Schild abgebildet ist, biegt auf den engen Weg links ein, der euch zurück zur Straßenbahnhaltestelle Grünau-Lausen bringt.

Warum gibt es in Grünau am Kulkwitzer See so viele Plattenbauten?

Egal ob ihr mit der Straßenbahn oder mit der S-Bahn ankommt: Die kastenförmigen Hochhäuser von Grünau sind nicht zu übersehen. Diese Plattenbausiedlung gehört zu den größten in Ostdeutschland.

Die Idee, ein Haus aus fertigen Betonplatten schnell zusammenzusetzen, war damals nicht neu, aber sie passte perfekt für die Situation in Ostdeutschland, denn Wohnraum wurde dringend gebraucht. 1972 versprachen die Politiker in 20 Jahren drei Millionen neue Wohnungen zu bauen. Jeder sollte ein warmes, trockenes und sicheres Zuhause bekommen! Viele Altbauten in der Stadtmitte waren in schlechtem Zustand. Klo und Bad waren auf dem Flur, im Winter schleppte man Kohle zum Heizen in Eimern in die Wohnung. Ganz schön unpraktisch alles. In eine neue Wohnung mit eigenem Bad, fließend Warmwasser und Zentralheizung zu ziehen, war für viele ein verlockendes Angebot. Zudem sollte sich alles Nötige in der Nähe befinden: Einkaufsmöglichkeiten, Kita und Schule, Kultur- und Sportzentren, sogar Kunstwerke.

In Grünau am Leipziger Stadtrand plante man 36000 Wohnungen für 100000 Menschen. 1976 wurde der erste Stein gelegt, ein Jahr später gab es schon Häuser, eine Straße, eine Schule und Tausend neue Bewohner. Allerdings blieb die Siedlung noch mehrere Jahre lang eine matschige Baustelle. In den 1980er-Jahren lebten in Grünau 89000 Menschen, so viele wie in einer kleinen Stadt. Später verließen viele die Siedlung, einige Hochhäuser wurden sogar abgerissen. Doch seit 2012 ziehen wieder mehr Menschen hierher, denn auch heute gibt es wieder Wohnungsmangel in Leipzig.

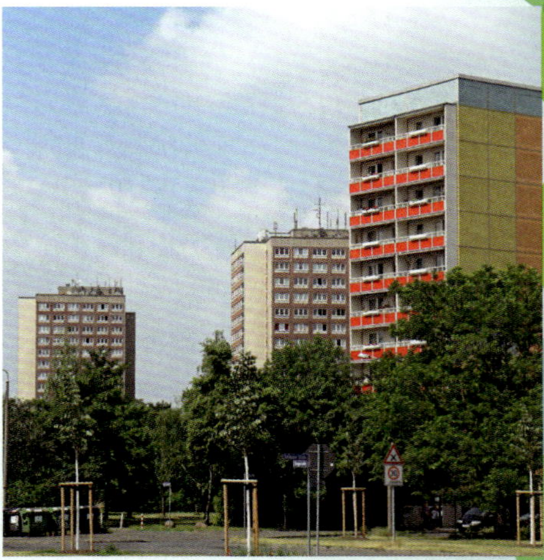

Leißling – Goseck

14 Durch die Saaleauen zum ältesten Sonnenobservatorium der Welt

Start	Ziel	Länge	Gehzeit	Schwierigkeit
Bhf. Leißling	Bhf. Leißling	10 km	4 Std.	● mittel

Schon vor fast 7 000 Jahren haben Menschen in Goseck den Himmel und die Sonne beobachtet. Man fand hier Reste des ältesten bekannten Sonnenobservatoriums der Welt, die Rekonstruktion ist heute für alle zugänglich. Nicht weit entfernt thront auf einem Felshang das Schloss Goseck, dessen Geschichte bis ins 9. Jahrhundert zurückreicht und mit den sächsischen Pfalzgrafen verbunden ist. Gleich daneben steht die Schlosskirche, einst ein Benediktiner-Kloster, und auf dem Hof wächst ein uralter Ginkgo-Baum. Von der Terrasse oder vom Igelsberg aus überblickt ihr das pittoreske Saaletal: die bunten Felder und Weiden, die bewaldeten Hügel und die Weingüter auf den Südhängen.

Weit schweift der Blick über die Felder Richtung Schönburg

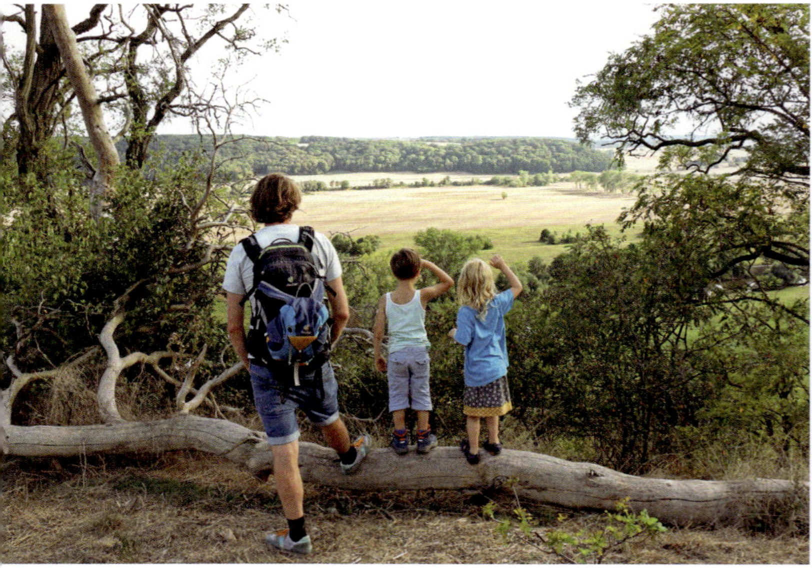

Infos zur Tour

An-/Rückfahrt

Bahnhof Leißling
von Leipzig: RB 20, stündlich, ca. 40 Min.
von Halle: RB 25, stündlich, ca. 30 Min.

Streckenverlauf

Bhf. Leißling – Fährbrücke – entlang der Saale – Schloss Goseck – Sonnenobservatorium – Goseck – Lobitzsch – Bhf. Leißling

Streckencharakteristik

Eine abwechslungsreiche Wanderung durch die Saaleaue und über die Südhänge des Igelsbergs. Das prähistorische Sonnenobservatorium und das Schloss Goseck sind die Highlights der Tour, dazu kommen noch die wunderschöne Natur, die tollen Ausblicke und die Bärenhöhle in den Sandsteinfelsen.

Mit Linderwagen und Laufrad?

Ja, wobei an manchen Abschnitten herausfordernd

Beschilderung

Teils gelber Punkt, teils gelbe Balken

Spielplätze

Im Hof von Schloss Goseck

Aktivitäten

Schloss Goseck
Burgstraße 53 · 06667 Goseck · www.schlossgoseck.de · Apr.–Okt. tgl. 11–17 Uhr
Multimediale Ausstellung in der Gosecker Schlosskirche zur Geschichte von Burg und Kloster. Im Schloss Informationszentrum zum Sonnenobservatorium mit einer familiengerechten Ausstellung (zu gleicher Zeit geöffnet wie die Kirche).

Sonnenobservatorium Goseck
Pflaumenweg · 06667 Goseck · www.himmelswege.de · Eintritt frei
Die Kreisgrabenanlage ist frei zugänglich. Öffentliche Führungen (ohne Anmeldung) Apr.–Okt. So 14 Uhr. Treffpunkt ist bei den Infotafeln am Sonnenobservatorium.

Einkehren

Schloss-Schenke
Im Schloss Goseck · www.schloss-schenke-goseck.blogspot.com · März–Dez. tgl. 11–18 Uhr
Die Schenke mit Terrasse auf dem Schlosshof bietet eher einfache Gerichte (Schnitzel, Kartoffelsuppe oder Bockwurst) an. Ganz wichtig: Eis am Stiel oder Eisbecher gibt es hier auch. Und einen Spielplatz in Sichtnähe.

Thüringer Pforte
Bahnhofstraße 21 · 06667 Weißenfels OT Leißling · www.gemeinde-leissling.de/tourismus/thueringer-pforte · Fr 16–22, Sa 11–22, So 11–20 Uhr
Restaurant in Bahnhofsnähe mit leckeren Gerichten (insbesondere für Fleischesser). Draußen unter den Bäumen sitzt es sich besonders angenehm. Mit Hochstuhl und Wickelmöglichkeiten. Oft „Geschlossene Gesellschaft" – schaut lieber vorher nach.

km 0–3 **Vom Bahnhof Leißling zum Schloss Goseck**

Vom Bahnhof aus nehmt ihr den mit gelbem Punkt markierten und ausgeschilderten Wanderweg zum Schloss Goseck. Er führt geradewegs zur **Saale** und über den weit gespannten Bogen der **Fährbrücke** (wo früher wirklich eine Fähre in Betrieb war). Am anderen Ufer hinter dem Rastplatz und der Pferdekoppel biegt der Wander- und Radweg nach links. Der Asphalt verschwindet und ihr lauft auf einem breiten, von Holunder gesäumten Feldweg. Neben euch fließt gemächlich die Saale. Das kleine Weingut am Hang des Igelbergs vor euch ist typisch für die Saale-Unstrut-Region.

Unterhalb des Hangs stoßt ihr auf einen asphaltierten Weg und folgt der Beschilderung nach links. Noch 1,3 Kilometer sind es bis zum Schloss und der Kirche, die majestätisch hoch oben auf einem Steilhang thronen und manchmal schon zwischen den Ästen hindurch zu sehen sind. Um hinzukommen, steigt ihr auf einer Straße mit beschränktem Verkehr steil nach oben. Links am Hang stehen schon die Mauern und gleich darauf erreicht ihr den Parkplatz mit Infotafeln zu Schlossanlage, Sonnenobservatorium und zur Straße der Romantik, die auch hier verläuft. Durch das Schlosstor betretet ihr den Hof, in dessen Mitte ein ungewöhnlich großer, rund 180 Jahre alter **Ginkgo-Baum** wächst. Im Hof gibt es auch einen **Spielplatz** und die Schloss-Schenke.

Schloss Goseck, über 1000 Jahre alt

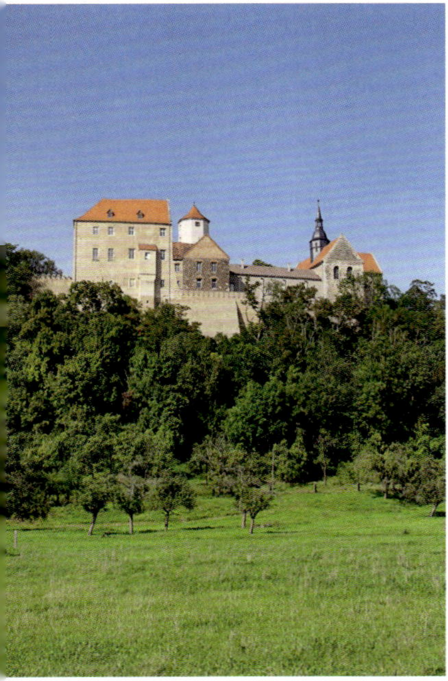

Schloss Goseck

Ursprünglich eine Burg, existierte es schon Ende des 9. Jahrhunderts. Die „Gozzesburg“ gehörte zu einem Netz fränkischer Burgen an der Saale. 1053 wurde im östlichen Teil des Geländes ein Benediktiner-Kloster geweiht und die Burg wurde zum Stammsitz der sächsischen Pfalzgrafen. Mit der Reformation kam die Säkularisierung und die Umwandlung in ein Rittergut. Im Laufe der

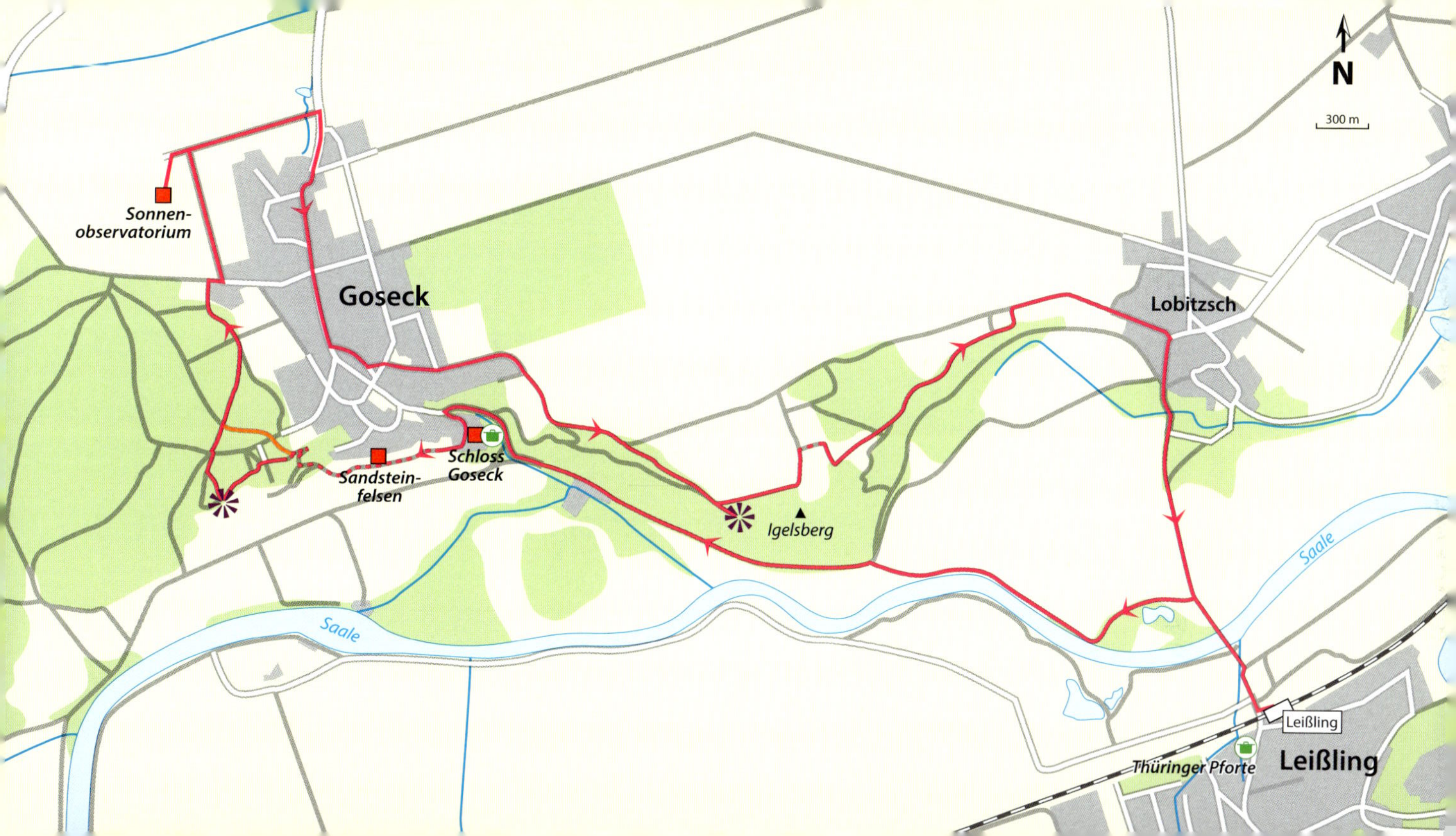

N
300 m
Sonnen-
observatorium
Goseck
Lobitzsch
Sandstein-
felsen
Schloss
Goseck
Igelsberg
Saale
Saale
Leißling
Thüringer Pforte
Leißling

Zeit wurde die Anlage auf unterschiedliche Art genutzt, als Kornspeicher oder Jugendherberge. 2014 wurde sie für die Öffentlichkeit zugänglich gemacht und eine multimediale Ausstellung präsentiert heute ihre Geschichte. Auch das Informationszentrum für das prähistorische Sonnenobservatorium befindet sich dort.

km 3–5 Vom Schloss Goseck zum Sonnenobservatorium

Ihr verlasst den Schlosshof an der hintersten (südwestlichen) Mauerecke durch ein kleines Tor, das zu einer Aussichtsterrasse führt. Der Blick über die Saale, die Felder und die bewaldeten Hügel, aus denen Dächer und Kirchtürme ragen, ist wunderschön.

Von hier folgt ihr dem Pfad am Steilhang – Sand und Steine machen ihn für Kinderwagen etwas beschwerlich. Über euch ragt der **Sandsteinfelsen.** Wo das Gesträuch einen freien Zugang lässt, können die Kinder die Beschaffenheit des weichen Sandsteins erkunden. Und verpasst die **Bärenhöhle** nicht! Sie liegt rechts, etwa 300 Meter von der Aussichtsterrasse entfernt und ist sehr dunkel! Nehmt am besten ein Seil mit, an dem sich alle festhalten können.

An den zwei folgenden Gabelungen geht ihr beide Male rechts. Der Weg ist mit einem gelben Balken markiert oder mit „Sonnenobservatorium" ausgeschildert. Er schlängelt sich durch den Wald und bald kommt ihr zu einer Treppe – die müsst ihr hoch. Für Familien mit Kinderwagen gibt es eine barrierefreie Alternative.

Oben geht es an einem Friedhof vorbei, an dessen Ende der etwas zugewachsene und hier nicht gut markierte Pfad links abbiegt, als wolle er den Friedhof umrunden. Dann verläuft er wieder parallel zum Hang bis zum **Aussichtspunkt Kaiserblick** mit Sitzbank. Von dort führt der Pfad nach rechts weg vom Hang. Links vom Weg steht im Gebüsch verborgen eine rostige Kletterbrücke aus DDR-Zeiten. Den Ort als Spielplatz zu bezeichnen, würde zu viele Erwartungen wecken und vorsichtig sollten die Kinder dort auch sein, aber das verwitterte Spielgerät aufzuspüren, ist für Kinder spannend.

Nach der Kletterrunde geht es weiter auf dem Pfad durch den Wald. Ihr erreicht einen breiteren Waldweg, biegt rechts ein und kommt bald zu einer Straße. Hier folgt ihr nicht den Schildern zum Sonnenobservatorium (es würde einen Umweg auf Asphalt bedeuten), sondern lauft geradeaus in den Buchenwald hinein. Bei der ersten Kreuzung geht ihr geradeaus. Von rechts stoßen hier die Familien dazu, die den alternativen Weg genommen haben.

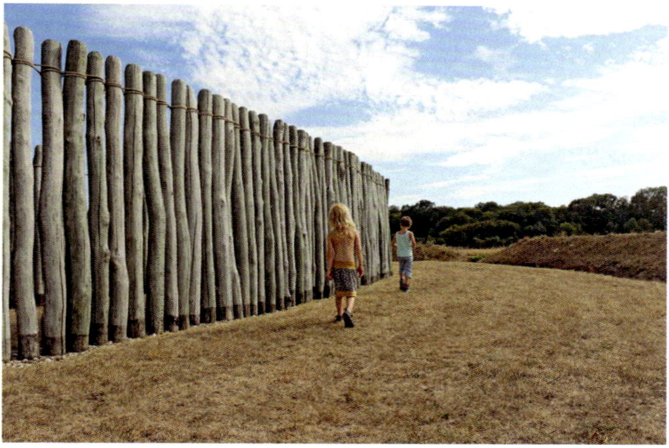

Wo ist die Sonne? Das Observatorium besteht aus zwei Palisadenringen

Alternative mit Kinderwagen

Vor den Treppen nehmt ihr den Pfad nach rechts. Bald müsst ihr eine asphaltierte Straße überqueren, um dem Pfad weiter geradeaus in einen Buchenwald zu folgen. Bei der nächsten Kreuzung biegt ihr rechts ab und seid schon wieder auf der Hauptstrecke.

Bald sieht man schon die Häuser von **Goseck** hinter den Bäumen und ihr stoßt auf einen Weg, der parallel zum Ortsrand (aber immer noch im Wald) verläuft. Die nächste Wegkreuzung überquert ihr geradeaus, biegt aber an der nächsten Gelegenheit rechts ab. Nach wenigen Metern überquert ihr eine asphaltierte Straße und direkt vor euch auf dem breiten Feld steht unübersehbar die Rekonstruktion des prähistorischen Sonnenobservatoriums. Der Pflaumenweg führt euch hin.

Das Sonnenobservatorium

Das jungsteinzeitliche **Sonnenobservatorium** in Goseck diente zur Bestimmung der Sonnenwenden. Mit knapp 7000 Jahren ist es viel älter als das bekanntere Stonehenge in Großbritannien. Im Gegensatz zu letzterem wurde es aber nicht aus Steinen gebaut, sondern besteht aus zwei Palisadenringen mit torartigen Öffnungen, umgeben von einem kreisförmigen Graben. Durch die

Durchlässe in den Palisaden konnte zu den Tagen der Sonnwende beobachtet werden, wie die Sonne auf- oder unterging. Man geht davon aus, dass diese Anlage nicht nur ein Kalenderbauwerk war, sondern auch ein religiöses und gesellschaftliches Zentrum. Sie gilt als der älteste (erhaltene) Beleg für die systematische Himmelsbeobachtung. Zusammen mit der Arche Nebra (Tour 18, ▸ Seite 144) gehört sie zur touristischen Straße „Himmelswege".

km 5–10 **Vom Sonnenobservatorium zurück nach Leißling**

Vom Observatorium aus führt euch der Pflaumenweg bis auf die Burgstraße. Dort biegt ihr rechts ein und lauft unter Linden durch Goseck, bis euch die Markierung (gelber Balken) vor dem Löschwasserteich nach links schickt. Durch Kirchgasse und die Straße Am langen Weinberg öffnet sich am Ortsrand wieder die Landschaft und ihr schaut weit über die Felder. Rechts hinter den Gärten taucht noch einmal die imposante Schlosskirche auf. Ihr lauft an den Feldern vorbei und am Waldrand in Richtung Igelsberg.

Beim Obstbaumgarten auf dem Igelsberg könnt ihr einen kurzen Abstecher (50 Meter) zum **Aussichtspunkt** machen. Die Saale schlängelt sich tief unter euch. Auf dem Panoramaweg geht es am Obstbaumgarten weiter auf das Weingut zu. Auf der unbefestigten Einfahrtstraße geht ihr links, aber schon nach 100 Metern biegt ein manchmal schlecht erkennbarer Weg über das Feld nach rechts ab, auf die Sträucher zu. An diesen Schlehdornen vorbei geht es danach gleich wieder rechts und auf dem inzwischen wieder etwas breiteren Weg leicht bergab und um ein etwas improvisiertes Gehege herum. Schwer zu sagen, ob sich die dort untergebrachten Esel oder die Kinder mehr über die Begegnung freuen.

Nun folgt ihr den Schildern nach **Lobitzsch**, vorbei an kleinen Feldern und Koppeln. Gleich seht ihr schon die ersten Häuser. Der Feldweg mündet in eine gepflasterte Straße, gleich darauf an der Hauptstraße geht ihr rechts und allmählich abwärts. Hinterm Dorf erreicht ihr einen großen Rastplatz an einer Kreuzung. Die Fährbrücke liegt nun schön sichtbar vor euch und wie es von dort zum Bahnhof geht, wisst ihr sicher noch. Dort müsst ihr diesmal die Unterführung nehmen, um auf die richtige Seite der Gleise zu gelangen.

Wie wurde das uralte Sonnenobservatorium entdeckt?

Mit Glück! Und mit Erfahrung und einem guten Auge. Das alles hatte der Pilot Otto Braasch, als er 1991 mit seinem kleinen Flugzeug über Goseck flog. Auf einem Feld unter ihm bemerkte er kreisförmige Umrisse. Aber hätte er nicht schon früher aus der Luft nach historischen Stätten gesucht, hätte er sie wohl gar nicht erkannt. Schon zwanzig Jahre vorher hatte zum Beispiel ein Agrarflieger dort Unregelmäßigkeiten im Pflanzenbewuchs erkannt – aber ihn hatte das nicht weiter interessiert.

Doch Otto Braasch war Luftbildarchäologe. Es war seine Arbeit, über die Landschaft zu fliegen und nach in der Erde verborgenen Orten wie alten Siedlungen, Gebäuden oder auch Schlachtfeldern zu suchen. Wenn er etwas Auffälliges entdeckte, fotografierte er es aus verschiedenen Perspektiven und untersuchte es dann genauer.

Der Flug nach Halle im Jahr 1991 war sein erster Flug über Ostdeutschland. Er war auf dem Weg zum hallischen Landesamt für Denkmalpflege, wo er über neue Aufträge in Sachsen-Anhalt sprechen wollte. In der DDR waren Luftbilder verboten und deswegen war Ostdeutschland aus dieser Perspektive noch gar nicht erforscht worden. So konnte Braasch in Halle gleich einen sensationellen Fund präsentieren.

Er und weitere Luftarchäologen dokumentierten die Kreisgrabenanlage sorfältig, erst danach begannen die Ausgrabungen und 2005 startete die Rekonstruktion. So könnt ihr heute den gesamten Bau bewundern, wie er vor 7000 Jahren vermutlich ausgesehen hat.

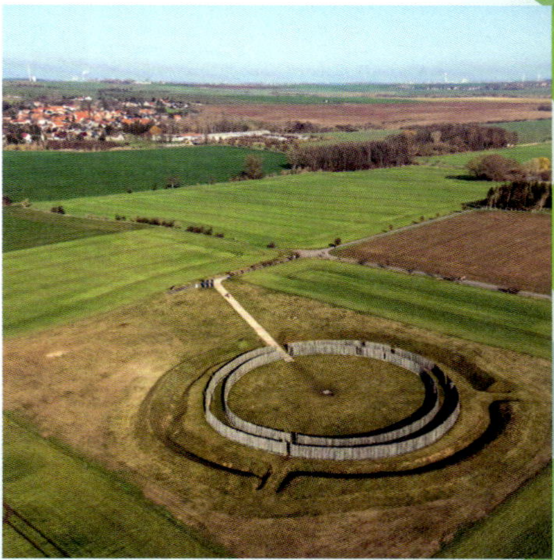

Mücheln/Geiseltalsee

15 Mittelmeer-Feeling in Sachsen-Anhalt

Start	Ziel	Länge	Gehzeit	Schwierigkeit
Bhf. Mücheln	Bhf. Mücheln Stadt	7,5 km	2,5 Std.	● leicht ● mittel

Gönnt euch einen Tag Sommerurlaub am Geiseltalsee! Im Sommer spielt die Landschaft hier mit bunten Farben: das Tiefblau des Sees, das Grün des Ufers, orangefarbene Sanddornsträucher, gelbe und lila Wiesenblumen, weiße Kieselsteine. Hier wurde ein Tagebau in einen wirklich besonderen Ort umgewandelt. Vom Aussichtsturm blickt ihr über den bisher größten künstlich angelegten See Deutschlands. Und dann ist es Zeit, alles aus der Nähe zu betrachten. Die Kinder irren durch ein Buchen-Labyrinth in Form eines Urpferdchens. In der kleinen Marina in Mücheln bekommt ihr fast ein mediterranes Gefühl. Wer es weniger touristisch mag, findet bestimmt eine schöne Badenische für sich am Ufer.

Mücheln an der Adria? An heißen Sommertagen kann es einem fast so vorkommen

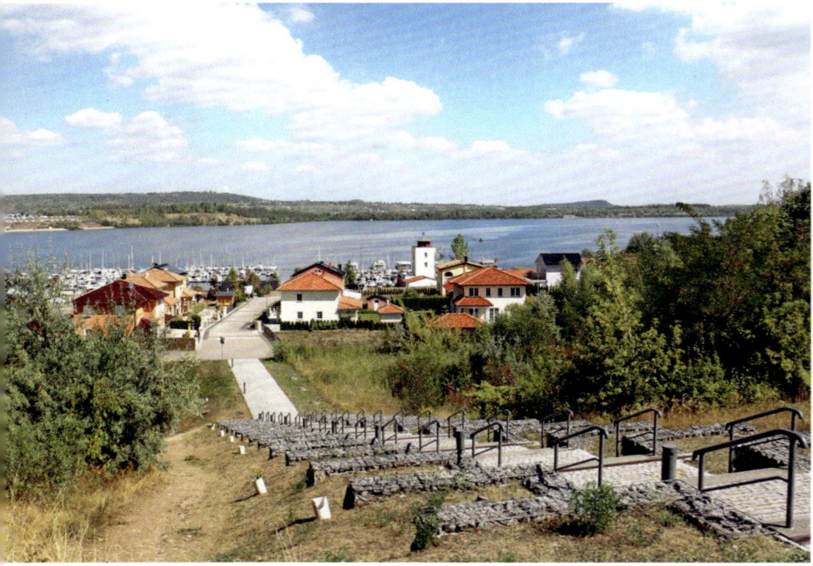

Infos zur Tour

Anfahrt
Bahnhof Mücheln (Geiseltal)
aus Leipzig: S5 nach Halle und weiter wie unten, stündlich, ca. 70 Min
aus Halle: RB 25 nach Merseburg, dann RB 78, stündlich, ca. 40 Min.

Rückfahrt
Bahnhof Mücheln (Geiseltal) Stadt wie oben

Streckenverlauf
Bhf. Mücheln –Aussichtsturm Pauline – am See entlang – Irrgarten – Bhf. Mücheln Stadt

Tipp
Die Wanderung kann auch als Rundweg mit Start und Ziel am Bahnhof Mücheln Stadt gemacht werden. Dabei lohnt es sich, mal einen Abstecher in den Ort hinein zu machen.

Streckencharakteristik
Abwechslungsreiche Wanderung entlang des Geiseltalsees. Dabei entdeckt ihr ruhige Nischen am Ufer, aber lauft auch durch touristisch spannende Orte wie die kleine Marina oder den Irrgarten.

Mit Kinderwagen?
Ja, aber beim Aussichtsturm wegen Sand und Steinen kurz anspruchsvoll. Auch für Laufrad/Fahrrad geeignet.

Beschilderung
Auf den Radwegen sind Orte ausgeschildert.

Spielplätze
Wasserspielplatz an der Marina

Baden
Am Ufer des Geiseltalsees finden sich immer wieder kleine sandige Badestellen.

Einkehren
Mehrere Restaurants und Cafés gibt es an der Marina Mücheln.

Fischrestaurant Zur Forelle
Hafenplatz 3 ·
06249 Mücheln (Geiseltal) ·
www.forellenanlage-schmidt.de ·
Apr.–Nov. Di–So 11–20 Uhr
Nettes Restaurant mit Terrasse und Blick zum See. Hier ist frische Forelle (aus eigener Zucht) der Klassiker. Für Kinder gibt es Pasta mit Tomatensauce oder einfach Pommes.

Pier 5
Hafenplatz 5 ·
06249 Mücheln (Geiseltal) ·
www.pier5-geiseltalsee.de ·
Mai–Okt. Mi–So 11–20 Uhr,
Nov.–Apr. Fr–So 11–20 Uhr
Wie am Mittelmeer, denn hier werden italienische Gerichte serviert, es gibt aber auch sehr leckere Flammkuchen. Kindergerichte stehen ebenfalls auf der Karte, wobei die Eisbecher-Auswahl wahrscheinlich mehr Begeisterung hervorruft.

km 0–2 Vom Bahnhof zum Aussichtsturm

Euer Weg beginnt leicht rechts versetzt auf der anderen Seite der Straße Am Bahnhof. Der (zunächst) gepflasterte Weg schlängelt sich durch den Kiefernwald bis zu einer Kreuzung. Den Geiseltalsee könnt ihr hier schon sehen, aber ihr geht zunächst den asphaltierten Weg (Oberer Rundweg) geradeaus nach **Stöbnitz.** Kurz hinter einem netten Rastplatz mit Seeblick biegt ihr rechts ab, überquert den Bach Stöbnitz und geht an der nächsten Kreuzung links in den Ort hinein. Ziegen im Gehege eilen voll Neugier zu euch, hinter den Häusern ragt schon die Dorfkirche hervor.

Vor der barocken Kirche biegt ihr rechts auf die Hauptstraße ab. An ihrem Ende seht ihr schon einen bewaldeten Hang und genau dorthin führt euer Weg. Am Anfang ist er sandig und schmal, wird aber gleich breiter und ist dann mit Kinderwagen besser befahrbar. Oben bei der Kreuzung geht ihr rechts zum **Aussichtsturm Pauline.**

Von diesem 15 Meter hohen, hölzernen Turm habt ihr einen tollen Blick auf den See. Mit einer Fläche von 18,4 km^2 ist der **Geiseltalsee** der bisher größte künstlich angelegte See Deutschlands. Es

Kaffee am Pier schlürfen mit Blick auf die Boote – Marina Mücheln

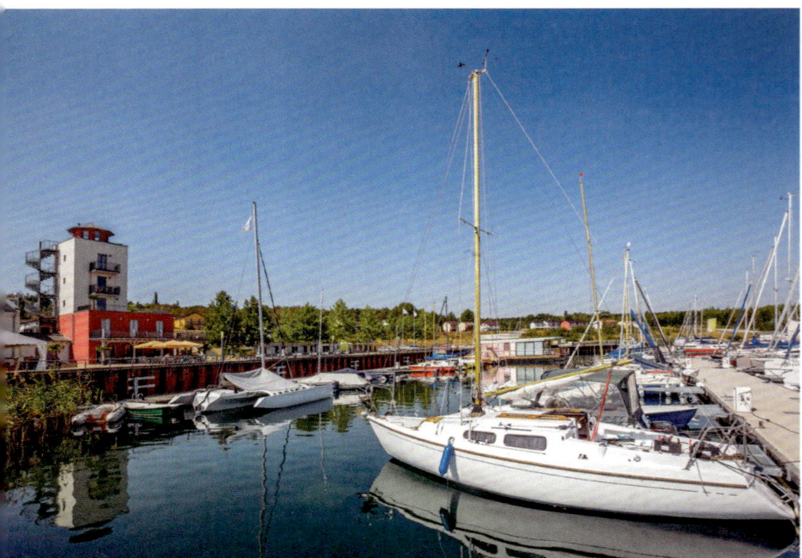

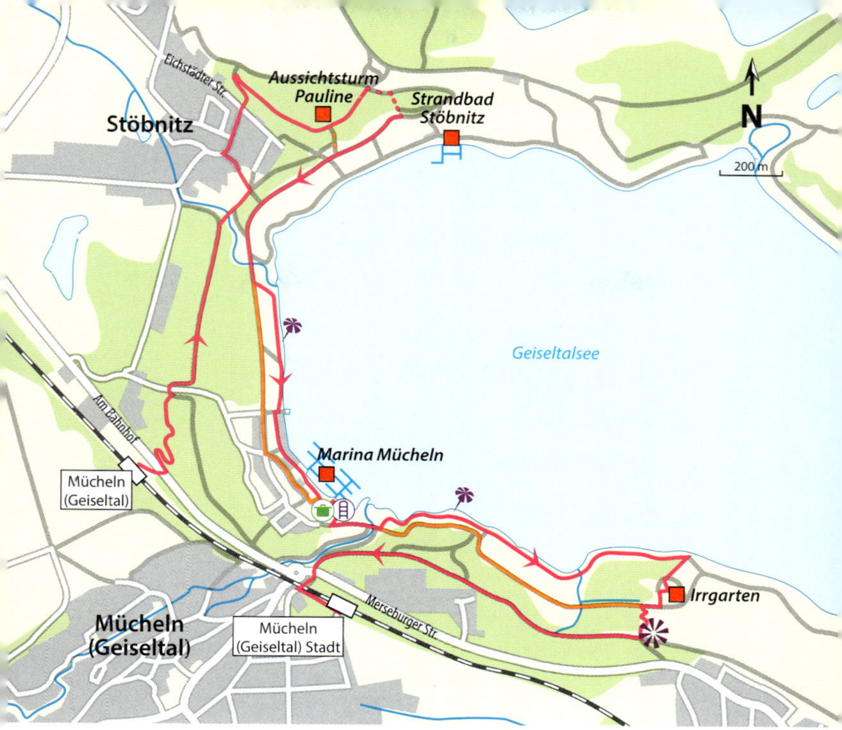

handelt sich um eines der vielen rekultivierten Tagebaurestlöcher in Sachsen-Anhalt. Bis 1991 wurde noch Braunkohle abgebaut, seit 2011 ist der See gänzlich geflutet.

Vom Aussichtsturm zur Marina — km 2–4

Den Turm im Rücken mit Blick auf den See geht ihr nach links auf den breiten Weg und dann rechts hinunter Richtung Strand. (Mit Kinderwagen wird es wegen vieler Steine hier kurz anstrengend.) Eine interessante Alternative für Abenteuerlustige ohne Kinderwagen ist der enge Weg geradeaus, der steil bergab zum Ufer führt. Weiter geht es dann auf dem asphaltierten Radweg am Seeufer.

Nachdem ihr wieder den Bach Stöbnitz überquert habt, nehmt den Pfad ganz nah am Ufer (Kinderwagenchauffeure können auf dem Asphaltweg bleiben). Im Sommer ist es schön bunt hier: Weiße Birkenstämme, gelbe Goldruten, Sanddornbeeren leuchten orange vor viel Blau und Grün. Hinter dem Bootskran beginnt wieder eine asphaltierte Straße, die zur kleinen, etwas noblen **Marina** führt. Dort findet ihr Restaurants und Cafés und könnt Boote oder Flöße

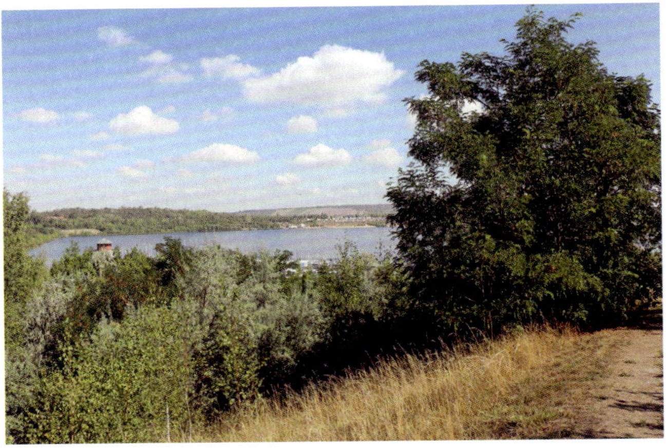

Zwischen 2003 und 2011 wurde das Tagebauloch mit Saalewasser geflutet

leihen. Spannend für Kinder ist der **Wasserspielplatz** am anderen Ende der Marina.

km 4–7,5 **Von der Marina zum Bahnhof Mücheln**

Vorbei am Spielplatz führt ein Pfad hoch zum Radweg, über den ihr nach links die Marina verlasst. Nach der hölzernen Brücke über den Bach könnt ihr wieder den Kieselsteinweg am Ufer nehmen (mit Kinderwagen ist es auf dem Radweg einfacher). Mal liegen große Steine am Seeufer, mal gibt es kleine, lauschige Badestrände. Nach rund einem Kilometer, vor einer breiteren Badestelle, biegt ihr auf einen schmalen Pfad nach rechts ab, die Uferböschung hoch. Ihr erreicht nun ein Highlight der Tour: den **Irrgarten** „Im Urpferdchen". Die Form des Labyrinths ist an ein Urpferdchen angelehnt. Fossilien dieses ausgestorbenen Tieres wurden im Geiseltal gefunden.

Vom Irrgarten geht es auf dem asphaltierten Weg zurück nach **Mücheln.** Gleich führt ein Weg links bergauf, er ist in Richtung Geiseltalsee-Kirche ausgeschildert. Ihr kommt zu einem Aussichtsplatz und lauft dort rechts weiter auf dem Asphaltweg. Rechts kommt bald die Brücke über den Bach Geisel, ihr geht hier aber geradeaus, überquert die Landstraße und lauft unter dem Bogen einer imposanten Eisenbahnbrücke hindurch. Dahinter zweigt links ein Weg ab, an dessen Ende Treppen und eine schmale Rampe direkt zum Bahnhof führen.

Vorsicht, Krokodile!

Lasst uns in der Zeit reisen! Etwa 45 Millionen Jahre zurück, in die Gegend des heutigen Geiseltals.

Es ist sehr warm und feucht, das Klima ist subtropisch. Ihr bewegt euch langsam durch den Sumpf, aus dem hohe Pflanzen und Bäume ragen. Vögel schreien, Frösche quaken, eine riesige Schildkröte sonnt sich auf einem umgeknickten Baumstamm. Ihr brecht euch Bahn durchs dichte Gebüsch und entdeckt einen Tapir. Und was ist das? An einem Ast knabbert ein winziges Pferd, kaum größer als ein Schäferhund. Es ist ein Urpferdchen, in Ruhe frisst es Blätter und Blüten. Aber Vorsicht! Da nähert sich ein Krokodil! Jetzt doch lieber schnell zurück in die Gegenwart.

Wenn diese Tiere starben, blieben sie im Sumpf liegen. Ihre Körper wurden bedeckt von Laub und abgestorbenen Pflanzenteilen, die sich langsam in Torf verwandelten, und nach sehr langer Zeit in Braunkohle. Normalerweise wären die Körper der Tiere im Sumpf verwest und zerfallen, aber im Geiseltal verlief es etwas anders. Vielleicht wegen des Kalkbodens, vielleicht haben häufige Überschwemmungen damit zu tun. Die Braunkohle hat jedenfalls viele Tierkadaver aus der Urzeit konserviert, fünf Millionen Jahre lang.

Als die Braunkohle abgebaut wurde, tauchten viele dieser Fossilien auf und Wissenschaftler erkannten, dass das Urpferdchen viel kleiner und Ur-Tapire größer und dicker waren als ihre heutigen Artgenossen. Einzigartig an den Fossilien im Geiseltal ist, dass manche Skelette dreidimensional erhalten sind, manche sogar mit Weichteilen. Zum Beispiel hat man den Mageninhalt eines Urpferdchens gefunden.

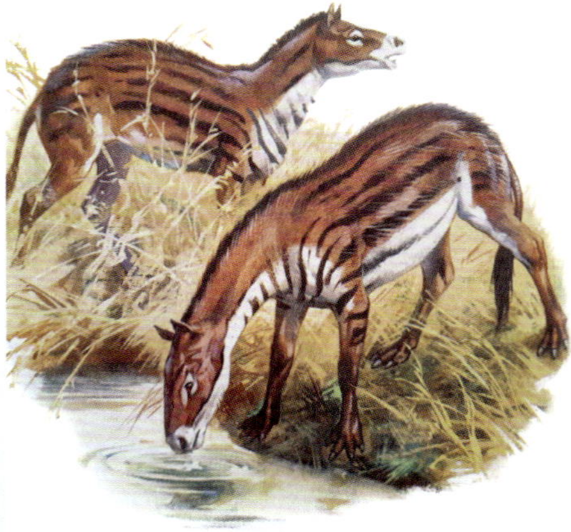

Freyburg

16 Berg der wilden Pferde und Tal der Orchideen

Start	Ziel	Länge	Gehzeit	Schwierigkeit
Bhf. Freyburg	Bhf. Freyburg	7 km (12 km)	2,5 Std. (4,5 Std.)	● mittel ● herausfordernd

Schöne Frühlings- oder Herbsttage sind ein idealer Zeitpunkt zum Erkunden des Hochplateaus auf dem Berg Rödel bei Freyburg. Die weitläufige, trockene Landschaft mit Rosensträuchern ähnelt einer Savanne. Hier weiden Koniks, Nachfahren des europäischen Wildpferds, und mit etwas Glück könnt ihr sie aus der Nähe beobachten. Das offene Plateau liegt inmitten von Wald und von den Hängen habt ihr immer wieder eine tolle Aussicht, etwa auf die alte Stadt Freyburg an der Unstrut, auf die Weinberge oder das Schloss Neuenburg. Falls ihr Lust und Energie für eine längere Wanderung habt, besucht die benachbarten „Toten Täler". Sie gehören zu den orchideenreichsten Gebieten in Sachsen-Anhalt.

Hier wächst ein guter Tropfen: Freyburg am Fuße der Weinberge im Unstruttal

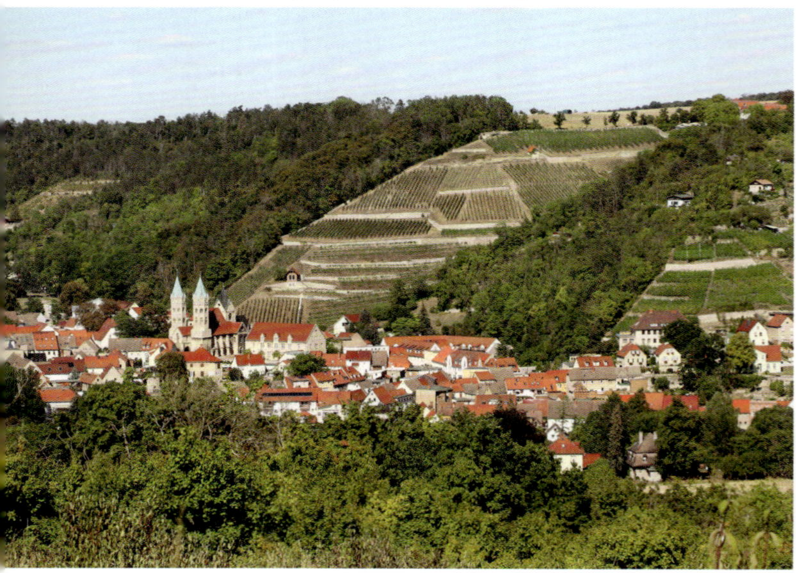

Infos zur Tour

An-/Rückfahrt

Bahnhof Freyburg (Unstrut)
aus Leipzig: RE 42 nach Naumburg Hbf., dann RB 77 nach Freyburg, alle 2 Std., ca. 60 Min. oder über Halle
aus Halle: RE 16 nach Naumburg Hbf., dann RB 77 nach Freyburg, stündlich, ca. 60 Min.

Streckenverlauf

Bhf. Freyburg (Unstrut) – Rödel – Hochplateau – (Orchideenweg) – Bhf. Freyburg – (Innenstadt von Freyburg)

Streckencharakteristik

Abwechslungsreiche Wanderung auf den Berg Rödel – teilweise im schattigen Wald, aber auch auf dem offenen (und im Sommer heißen) Hochplateau. Dafür direkt über die Konik-Weide. Die Stadt Freyburg und das Schloss Neuenburg bieten eine kulturelle und gastronomische Ergänzung zur Tour im Grünen.

Tipp

Fernglas mitnehmen

Mit Kinderwagen

Nein (zu steile und teils enge Wege und das Plateau mit den Koniks ist nur durch enge Tore zugänglich)
Für Lauf- oder Fahrrad: Nein

Beschilderung

Gelbe Markierung (meistens)

Aktivitäten

Schloss Neuenburg
Schloss 1 · 06632 Freyburg (Unstrut) · www.schloss-neuenburg.de · Apr.–Okt. Di–So 10–18, Nov–März Di–So 10–17 Uhr (Bergfried geschlossen)
Das Schloss kann besichtigt werden, Führungen sind buchbar. Verschiedene kinderfreundliche Veranstaltungen finden vor allem in den Ferien statt, Burgfest ist im Mai. Im Sommer könnt ihr den mächtigen Bergfried Dicker Wilhelm besteigen und den Blick über Freyburg, Weinberge und den Rödel genießen.

Einkehren

Thüringer Pforte
Bahnhofstraße 13 · 06632 Freyburg (Unstrut) · (0 34 46) 42 85 41 · im Sommer: Mo/Mi 13–21, Do/Fr 14–22, Sa 11–22, So 10–21 Uhr
Der Bier- und Weingarten Thüringer Pforte am Bahnhof ist der einzige Ort, wo man auf der Wanderung etwas zu essen bekommen kann, ohne in die Stadt zu gehen. Er bietet (neben lokalen Weinsorten) imbisstypische Gerichte an: Bratwurst oder Grillkäse im Brötchen. Ein Spielplatz sorgt für Spaß bei den Kleinen.

Eis-Café Merle
Markt 12 · 06632 Freyburg (Unstrut) · www.cafe-merle.de · Ostern–Okt. tgl. 10–18, Nov., Dez., März–Ostern tgl. 14–17 Uhr, Jan./Feb. geschlossen
Café am Markt mit sehr leckeren, hausgemachten Kuchen und Eis – sowohl in der Waffel als auch im Eisbecher (auch Kindereisbecher). Man kann am Markt und im Innenhof draußen sitzen.

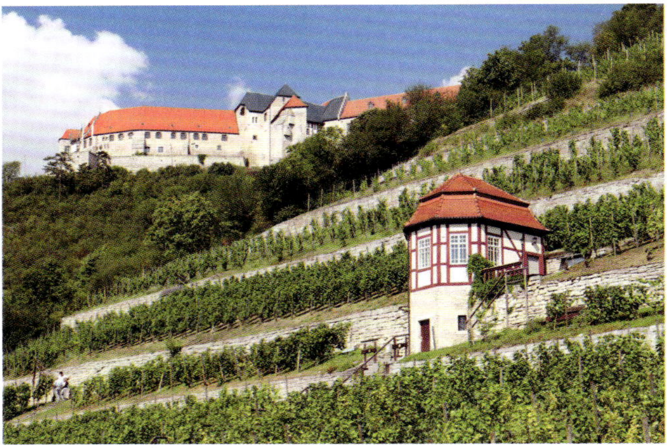

Schloss Neuenburg thront oberhalb der Weinberge

Freyburg

Die Stadt Freyburg liegt am Fluss **Unstrut** und ist das Zentrum des Weinanbaugebiets Saale-Unstrut. Die vielen Weinberge an den Hängen über dem Fluss seht ihr schon aus dem Zug, ebenso das imposante **Schloss Neuenburg.** Bereits um 1090 stand hier eine der ältesten und wichtigsten Burgen der Landgrafen von Thüringen. Wenn ihr wollt, könnt ihr bei einer Führung Genaueres erfahren. Mit dem Bau der Burg begann jedenfalls auch die Geschichte der Stadt Freyburg. Sie wurde im 12. Jahrhundert gegründet, die fast geschlossen erhaltene Stadtmauer aus Muschelkalk stammt aber aus späterer Zeit. Die Stadt ist besonders für Wein und Sekt bekannt (hier ist die Sektkellerei Rotkäppchen ansässig), viele Häuser schmücken rankende Weinreben. Kinder werden sich eher über ein Eis freuen, das unter einem Ahornbaum am Markt genossen werden kann. Stadt und Schloss lohnen einen Besuch, die Wanderung verläuft jedoch am anderen Ufer der Unstrut, wo sich auch der Bahnhof befindet.

km 0–1,7 **Vom Bahnhof Freyburg zum Zscheiplitzblick**

Am Bahnhof stellen Infotafeln die Freyburger Sehenswürdigkeiten und die Geschichte der Unstrut-Bahn vor. Dahinter führt ein Fußweg über die Gleise und weiter zur Lauchauer Straße, auf der ihr rechts

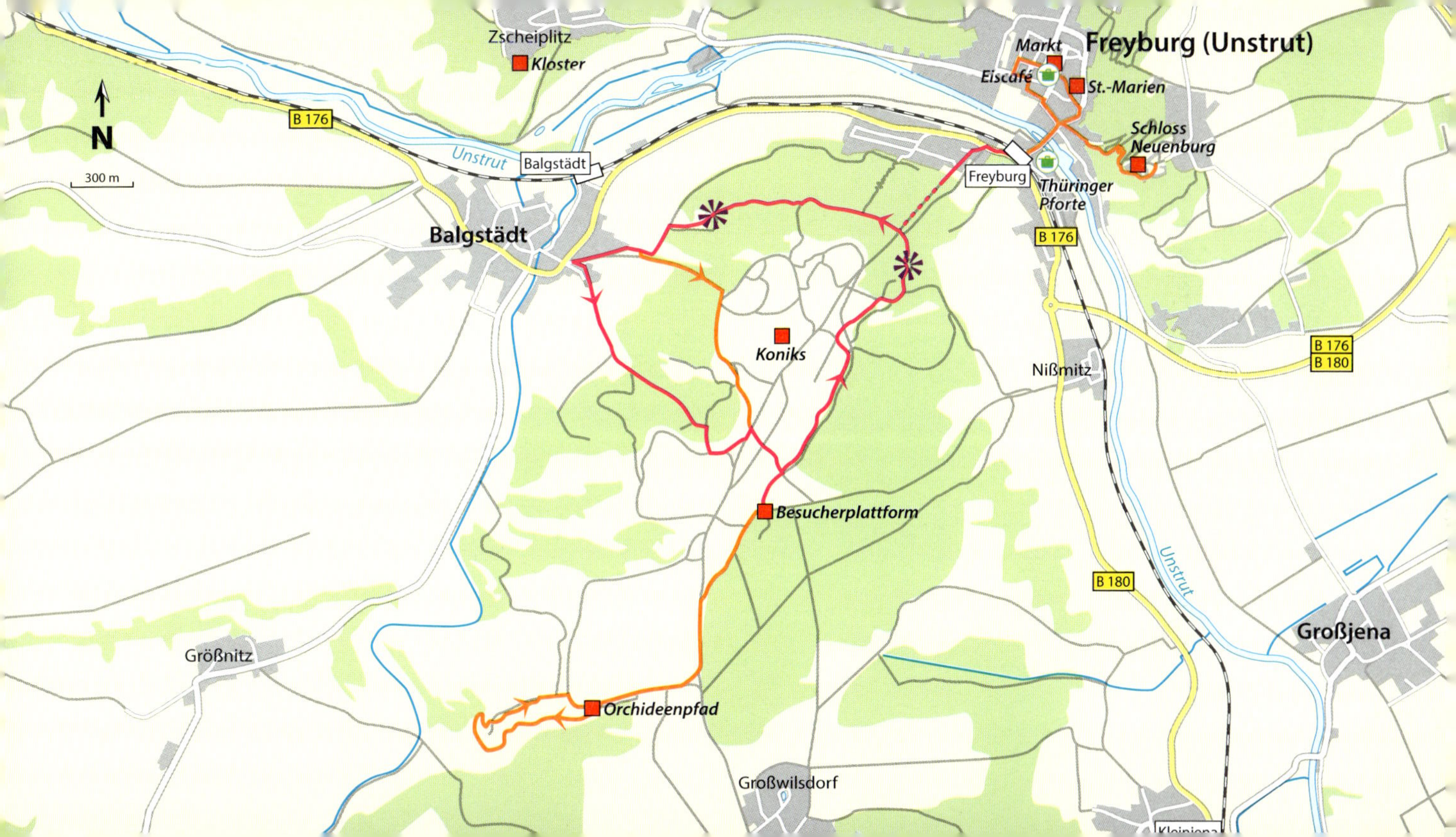
Freyburg (Unstrut)
Markt
Eiscafé
St.-Marien
Schloss Neuenburg
Thüringer Pforte
Freyburg
Zscheiplitz
Kloster
N
300 m
B 176
Unstrut
Balgstädt
Balgstädt
Koniks
Nißmitz
B 176
B 180
Besucherplattform
B 180
Unstrut
Großjena
Größnitz
Orchideenpfad
Großwilsdorf

geht. Bald stoßt ihr auf einen Wegweiser und biegt – über die verkehrsreiche Straße hinweg – nach links in Richtung **Rödel** ab. Gleich darauf gabelt sich die unbefestigte Straße und ihr haltet euch links. Den nächsten halben Kilometer geht es nun bergauf. Der schmale Weg verläuft dabei in einer Art Rinne zwischen Ahorn, Buchen und Haselsträuchern. Steinbrecherweg heißt er, denn auf dem Rödel wurde früher in verschiedenen Steinbrüchen Muschelkalk gewonnen. Manche sind noch sichtbar, andere hat die Natur zurückerobert.

Oben erreicht ihr eine Kreuzung und geht rechts in Richtung Zscheiplitzblick. Der Weg ist gelb markiert. Angenehm im Schatten geht es durch Mischwald, bis sich der Weg nach einem halben Kilometer wieder gabelt. Links führt der Weg zu einem alten Muschelkalk-Steinbruch. Früher konnte man hier weiter zum Plateau hochlaufen, jetzt stoßt ihr aber auf einen Zaun, der rund um die Bergkuppe führt, damit die hier lebenden Koniks nicht weglaufen.

Am **Zscheiplitzblick** angekommen öffnet sich vor euren Augen die hügelige Landschaft des Unstrut-Tals. Auf dem gegenüberliegenden Hang ist die Kirche des ehemaligen Benediktinerinnen-**Klosters Zscheiplitz** zu sehen.

km 1,7–4,5 **Vom Zscheiplitzblick zur Besucherplattform auf dem Rödel**

Von dem schönen Aussichtspunkt lauft ihr den Weg über die Wiese weiter hinunter. Der Ausblick ist herrlich. Ihr könnt ihn auf einer Bank am Feldrand noch einmal in aller Ruhe genießen. Weiter folgt ihr der gelben Markierung nach links und geht ein kurzes Stück an einem Wäldchen entlang, an dessen Rand Pflaumenbäume wachsen. Wenn ihr auf einem sicheren – also markierten – Weg laufen wollt, dann folgt der Pflaumenbaumallee einfach weiter, so wie es der weiß-gelbe Balken zeigt, nach **Balgstädt.**

Abkürzung

Es gibt einen kürzeren Weg zum Plateau, bei dem ihr euch den Umweg über Balgstädt spart. Kurz bevor ihr das erste Haus des Ortes erreicht, wird der Waldstreifen zu eurer Linken von einem unscheinbaren Weg hoch zum Feld unterbrochen. Nach nur ein paar Metern, noch bevor dieser Weg zum Feld steil ansteigt, gibt es links einen engen Pfad rein in den Waldstreifen. Er ist am Anfang oft etwas zugewachsen (was Kinder meist erst recht spannend finden),

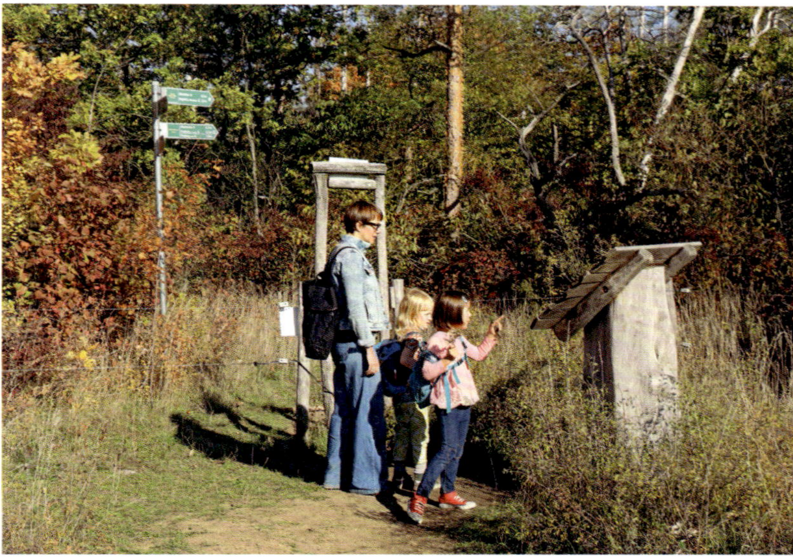

Durch die schmale Pforte im Hintergrund betritt man das Reich der Koniks

wird danach aber breiter und ihr lauft in einer Art Rinne bergauf, bis ihr nach knapp 500 Metern aus dem Wald auf das **Hochplateau** tretet. Da oben schlüpft ihr durch ein enges Tor und folgt dem Weg nach rechts, nahe am Waldrand entlang. Die Schilder zeigen euch die Richtung zur Aussichtsplattform.

Auf der weiß-gelb markierten Pflaumenbaumallee erreicht ihr **Balgstädt.** Noch bevor ihr auf die Hauptstraße (Freyburger Straße) stoßt, biegt ihr scharf links ab und steigt allmählich wieder auf zum Rödel. Bei der ersten Gabelung nehmt den linken Weg (die Markierung ist in diesem Abschnitt etwas verwirrend). Danach kommt ein schöner Feldweg und später führt euch die Markierung durch einen Mischwald. Wenn ihr schließlich den Wald verlasst, erscheint vor euch ein enges hölzernes Tor, durch das ihr auf das **Hochplateau** des Rödel tretet. Hier gibt es eine flache Trockenrasenlandschaft mit Rosensträuchern, die an eine Savanne erinnert.

Spätestens hier wird klar, warum diese Tour mit Kinderwagen oder Fahrrädern nicht zu machen ist, denn nichts davon würde durch diesen engen Durchgang passen. Der Grund ist, dass oben auf dem Berg

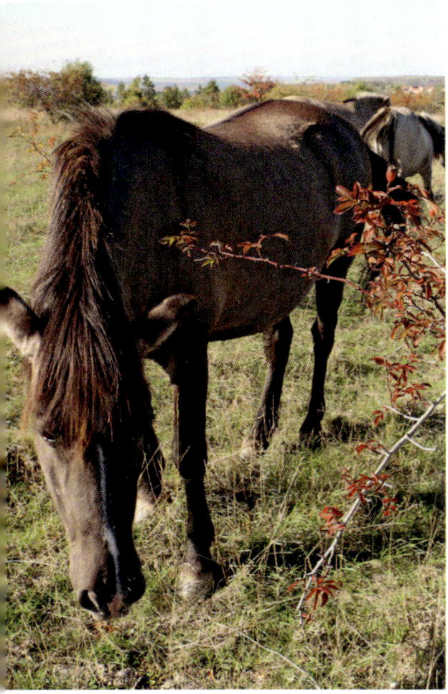
Manche Koniks scheinen recht neugierig

Pferde frei leben. Um präziser zu sein: **Koniks** – Nachfahren der europäischen Wildpferde. Dadurch, dass sie hier weiden, verhindern sie die Verbuschung des Trockenrasens. Manchmal sind sie sofort zu sehen, ein andermal müsst ihr sie auf der Bergkuppe suchen. Das Tolle ist, dass ihr auf demselben Gelände seid wie sie. Und da gelten natürlich einige Regeln: die Wege nicht verlassen, sicherheitshalber einen größeren Abstand zu den Pferden halten und sie nicht füttern!

Das Gelände am Rödel wurde – nach dem Ende der Steinbruchzeit – militärisch als Panzerfahrgelände genutzt, was zahlreiche ausgefahrene Spuren hinterließ. Im Jahr 2009 ist es zum nationalen Naturerbe erklärt worden und wegen seiner verschiedenen, artenreichen Lebensräume geschützt.

Die Wanderwege über die flache Landschaft sind mit oben rot bemalten Pfosten gekennzeichnet. Die Schilder an den Wegkreuzungen zeigen euch den richtigen Weg zur **Besucherplattform.** Wenn ihr Glück oder ein Fernglas (oder beides) habt, seht ihr die Konikherde weiden. Auch auf der Plattform findet ihr Informationen über die Wildpferde sowie über die lokale Flora und Fauna. Der Rundgang (weiß-gelber Balken) verläuft von der Beobachtungsplattform zurück nach Freyburg.

Abstecher

+ 4,2 km **Über den Orchideenpfad durch die Toten Täler**

Wer sich für Botanik interessiert, sollte zwischen Ende April und Mitte Juni die Wanderung hier ein wenig verlängern. Denn das Naturschutzgebiet Tote Täler ist bekannt für seinen Orchideenreichtum. Besonders auf dem mageren Kalktrockenrasen am westlichen

Hang wachsen zahlreiche Orchideen zusammen mit allerlei anderen Frühlingsblühern.

Dafür lauft ihr von der Beobachtungsplattform in Richtung Süden bis zum anderen Ende der Weide. Ihr schlüpft durch den engen Durchlass und wendet euch nach rechts, wie es der bunte Holzpfeil mit dem Hinweis „Orchideenpfad" anzeigt. Bald biegt der eigentliche Pfad links in die Wiesen ab. Der enge Weg ist meist von hölzernen Geländern eingefasst. Insgesamt 25 streng geschützte Orchideenarten gibt es in den Toten Tälern zu entdecken. Auch der Blick über diese Landschaft ist beeindruckend. Wenn ihr den Rundweg fast beendet habt und der enge Weg nach links Richtung Balgstädt abbiegt, bleibt auf dem breiten Weg geradeaus, der euch an Maisfeldern vorbei zurück zur Beobachtungsplattform bringt.

Vom Hochplateau zum Bahnhof Freyburg

km 4,5–7

Von der Beobachtungsplattform aus lauft ihr über das Hochplateau am Waldrand beziehungsweise am Zaun im Osten entlang. Der Weg ist sowohl mit den hölzernen Pfeilen als auch mit dem gelben Balken markiert. Bald verlasst ihr das „Koniksreich" durch das enge Tor und wandert in Richtung Freyburg und Nißmitzblick weiter.

Der Pfad verläuft nun angenehm schattig durch den Mischwald. Immer wieder gabelt er sich und führt nach rechts heraus auf eine Wiese, von der ihr herrliche Ausblicke genießt. Zuerst ist das Dorf

Der magere Kalkrasenboden der Toten Täler ist für Orchideen ideal

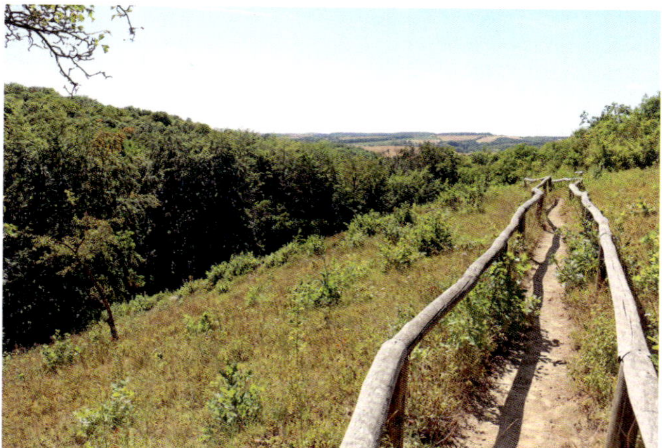

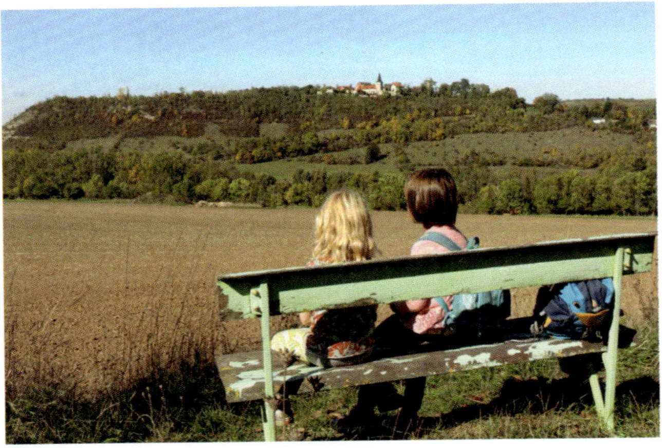

Blick vom Rödel aufs Kloster Zscheiplitz

Nißmitz mit seiner Kirche zu sehen. Später öffnet sich vor euch das Unstrut-Tal und ihr seht euch dem majestätischen **Schloss Neuenburg** gegenüber, das noch immer seine Umgebung zu bewachen scheint. Unterhalb liegt am Fluss die Stadt Freyburg. Die Türme der **St. Marienkirche** erheben sich inmitten der Stadt und auf den Hängen darüber bilden die grün-weißen Weinbergterrassen ihre Muster. Pure Idylle.

Wandert weiter auf dem gelb markierten Pfad bis zur Weggabelung, die euch bekannt ist. Von hier aus führt der 0,8 Kilometer lange Verbindungsweg bergab zum Bahnhof – den seid ihr zuvor bereits hochgestiegen.

Abstecher in die Stadt und zum Schloss

Wenn ihr nach dem Wandern im Grünen noch Lust auf eine kleine Stadtbesichtigung habt oder irgendwo einkehren möchtet, überquert die Unstrut und begebt euch in die Stadt Freyburg oder zum Schloss. Kurz hinter der Brücke zeigt schon ein Schild nach rechts zum Wanderweg zur Neuenburg. Geradeaus geht es zur St. Marienkirche und zum Markt mit malerischen Gässchen. Auch an diesem Unstrut-Ufer kann man noch viel Zeit verbringen.

Was sind Koniks?

Auf Polnisch bedeutet Konik kleines Pferd. Und wirklich sind Koniks kleiner als normale Pferde, aber es gibt noch mehr Unterschiede: Sie haben dunkle Beine und einen typischen dunklen Streifen auf dem Rücken. Sonst sind sie grau oder braun, im Winter wird ihr Fell heller und länger und schützt vor Frost und Wind. Sie vertragen extreme Wetterbedingungen und sind auch beim Fressen nicht anspruchsvoll. Koniks sind die letzten Nachfahren der europäischen Wildpferde.

Denn in den Wäldern Mitteleuropas lebten früher Wildpferde, sogenannte Tarpane. Noch im 18. Jahrhundert gab es Herden in Litauen, Polen und Preußen. Doch der Mensch zerstörte zunehmend ihren Lebensraum und jagte die Tiere. So starben die Wildpferde aus. Die letzten Tiere brachte man in polnische Tierparks. Sie wurden gezähmt und weiter gezüchtet. Natürlich waren sie dann keine Wildpferde mehr. Vielmehr waren nun unsere Koniks in der Welt.

Etwas Ähnliches passierte mit den asiatischen Wildpferden, die man heute Przewalski-Pferde nennt: Als sie schon fast ausgerottet waren, wurden die letzten Exemplare in Zoos gebracht. Jahrzehnte später, nachdem sie sich vermehrt hatten, wurden sie nach und nach in geschützten Naturparks in der Mongolei ausgesetzt.

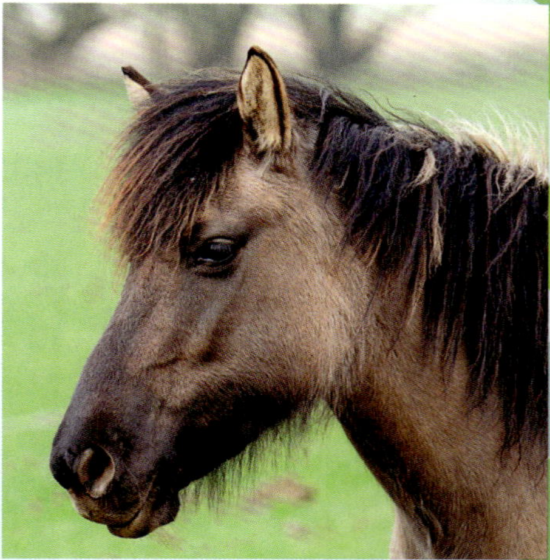

Von den Koniks erwartet keiner, dass sie wieder zu wilden Pferden werden. Es geht eher darum, dass diese robusten Tiere härtere Bedingungen aushalten. Sie können ganzjährig auf dem trockenen Plateau des Rödel leben, bei Hitze und großer Kälte. Mit ihren starken Schneidezähnen knabbern sie an Büschen und verhindern so, dass diese die ganze Landschaft überwuchern. Die Koniks sind die besten Landschaftspfleger hier.

17 Burgenromantik im Saaletal und ein geologischer Exkurs

Start	Ziel	Länge	Gehzeit	Schwierigkeit
Bhf. Bad Kösen	Bhf. Bad Kösen	9,5 km	4 Std.	● herausfordernd

Auf und Ab geht es auf dieser Tour entlang der Saale. Die hügelige und von Felsen durchsetzte Landschaft ist nicht nur außerordentlich malerisch, sie gibt auch viel von ihrer geologischen Beschaffenheit preis. Zeitzeugen aus dem Mittelalter sind die alten Burgen Rudelsburg und Saaleck, gebaut aus dem Kalkstein der Region. Seit der Zeit der Romantik, als man nicht nur für Ruinen schwärmte, sondern auch das Wandern und das damit verbundene Naturerlebnis für sich entdeckte, sind sie wieder en vogue. In der Kurstadt Bad Kösen, die Start und Ziel dieser Tour darstellt, kann man indes salzige (fast Meeres-)Luft atmen oder sich in einer historischen Spielzeug-Manufaktur ein Plüschtier basteln.

Die Erbauer der Burg Saaleck haben für ihre Immobilie die beste Lage gewählt

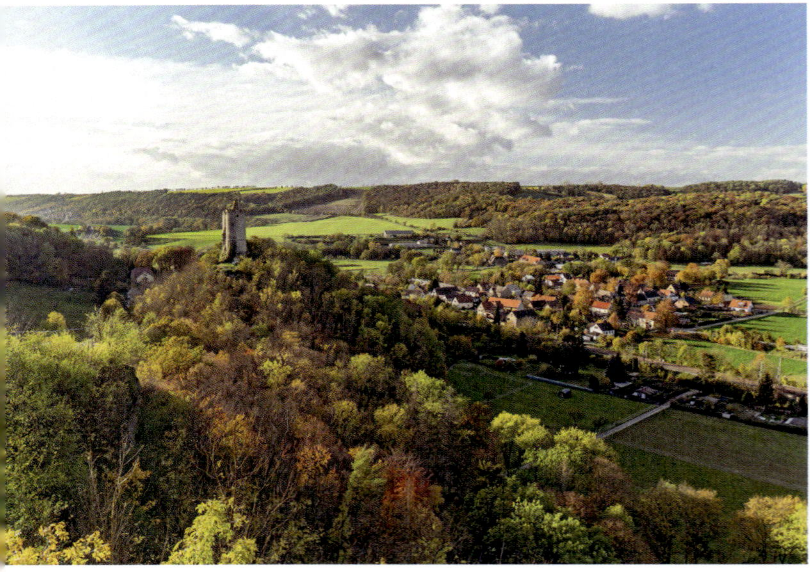

Infos zur Tour

An-/Rückfahrt

Bahnhof Bad Kösen
aus Leipzig: RB 20 nach Bad Kösen, stündlich, ca. 60 Min.
aus Halle: RE 16 oder RE 18 nach Bad Kösen, stündlich, ca. 40 Min. oder RB 25 nach Bad Kösen, stündlich, ca. 55 Min.

Seilfähre Bad Kösen
Apr.–Okt. tgl. außer Mo 10–17/18 Uhr · www.saaleschifffahrt.de

Streckenverlauf

Bhf. Bad Kösen – Fähre – Gradierwerk – Rudelsburg – Burg Saaleck – Himmelreich – Lengefeld – Bhf. Bad Kösen

Streckencharakteristik

Wanderung durch eine sehr schöne, hügelige Landschaft mit tollen Blicken ins Saaletal und spannenden Burgen. Zuerst sehr schattig, später in offener Landschaft. Die letzten 1,5 km auf dem Gehweg an einer Straße entlang.

Mit Kinderwagen

Nein. Mit Auf- und Abstiegen auf unebenem Terrain mit Steinen und Wurzeln ist dieser Weg ungeeignet.

Beschilderung

Geopfad (weißes Feld mit schrägem grünen Strich)

Besichtigungen

Rudelsburg
Am Burgberg 33 · 06628 Naumburg (Saale) · www.rudelsburg.info · Mo geschlossen
In der Rudelsburg könnt ihr den 50 Meter hohen Turm besteigen (gegen Spende, Münzgeld mitnehmen!). Es gibt es in der Burg ein Restaurant (siehe unten).

Burg Saaleck
Burgstraße 32 · 06628 Naumburg (Saale) · (03 44 63) 2 77 45 · www.burg-saaleck.info
Die Burg wird durch Ehrenamtliche betrieben, daher stehen die Türen nur an (manchen) Wochenenden offen. Am besten vorher telefonisch erkundigen.

Kösener Spielzeug Manufaktur
Rudelsburgpromenade 20 c · 06628 Bad Kösen · www.koesener.de
Werksverkauf und Museum tgl., Führungen am Wochenende 14 Uhr
In Bad Kösen befindet sich eine historische Manufaktur von Plüschtieren und Spielzeugen. Im Werksverkauf könnt ihr täglich während der Öffnungszeiten ein eigenes Plüschtier fertigen (Dauer 60–90 Min.).

Einkehren

Burgrestaurant in der Rudelsburg
(siehe links)
Apr.–Nov Di–Sa 11–20, So 11–18, Dez.–März Di–So 10–17 Uhr
Restaurant im Burghof mit Terrasse. Die Preise sind eher hoch, es ist aber an Kinder gedacht (Kindermenü, Hochstuhl).

Eiscafe an der Saline
Rudolf-Breitscheid-Straße 6b · 06628 Naumburg (Saale) ·
Di–Fr 12–17.30, Sa/So bis 18 Uhr
Nettes Café mit großer Kuchenauswahl und leckerem Eis.

km 0–2,5 Von Bad Kösen zum Campingplatz

Die Wanderung beginnt in Bad Kösen im Saaletal. Heilkurort darf sich das Städtchen dank der dortigen Salzvorkommen nennen. Schon seit 1859 bezeichnet sich Bad Kösen offiziell als „Solebad" und seine historische Salinenanlagen sind immer noch in Betrieb. Das unübersehbare Gradierwerk thront oben auf dem Hang. Der Weg dorthin führt vom Bahnhof über den **Kurpark**, wo sich neben Kurhäusern auch ein kleiner Tierpark und ein Café befinden. Folgt einfach den Wegweisern. Auf einer Info-Tafel könnt ihr schon etwas über Geologie und den Geopfad erfahren, dem ihr heute auf weiten Abschnitten folgen werdet.

Hinter dem breiten, weißen Gebäude des ehemaligen Badehauses und links hinter den Parkplätzen liegt der **Fähranleger.** Hier lassen sich auch Ruderboote leihen oder man kann ein Schiff zur Rudelsburg nehmen. Ihr lasst euch mit der Fähre aber einfach ans andere Ufer übersetzen. Sollte sie nicht in Betrieb sein, gibt es nördlich davon auch eine Brücke.

Am östlichen Ufer angekommen lauft ihr nach links, denn von dort steigt gleich ein gepflasterter Weg an zum **Gradierwerk.** Der Anblick der riesigen Mauer, bestehend aus einem Holzgerüst und Reisigbündeln von Schwarzdorn, ist beeindruckend. Während die Sole durch das Reisig rieselt, verdunstet Wasser und ihr Salzgehalt wird dadurch erhöht. Gleichzeitig wird die Luft mit Soletröpfchen

Es dürften knapp 50 Meter sein, die die Fähre in Bad Kösen überwindet

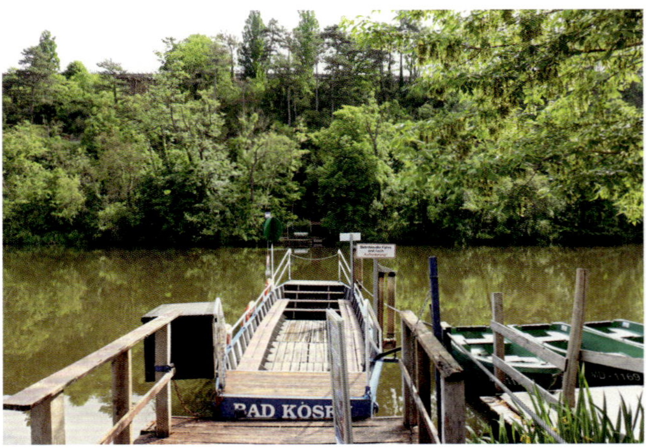

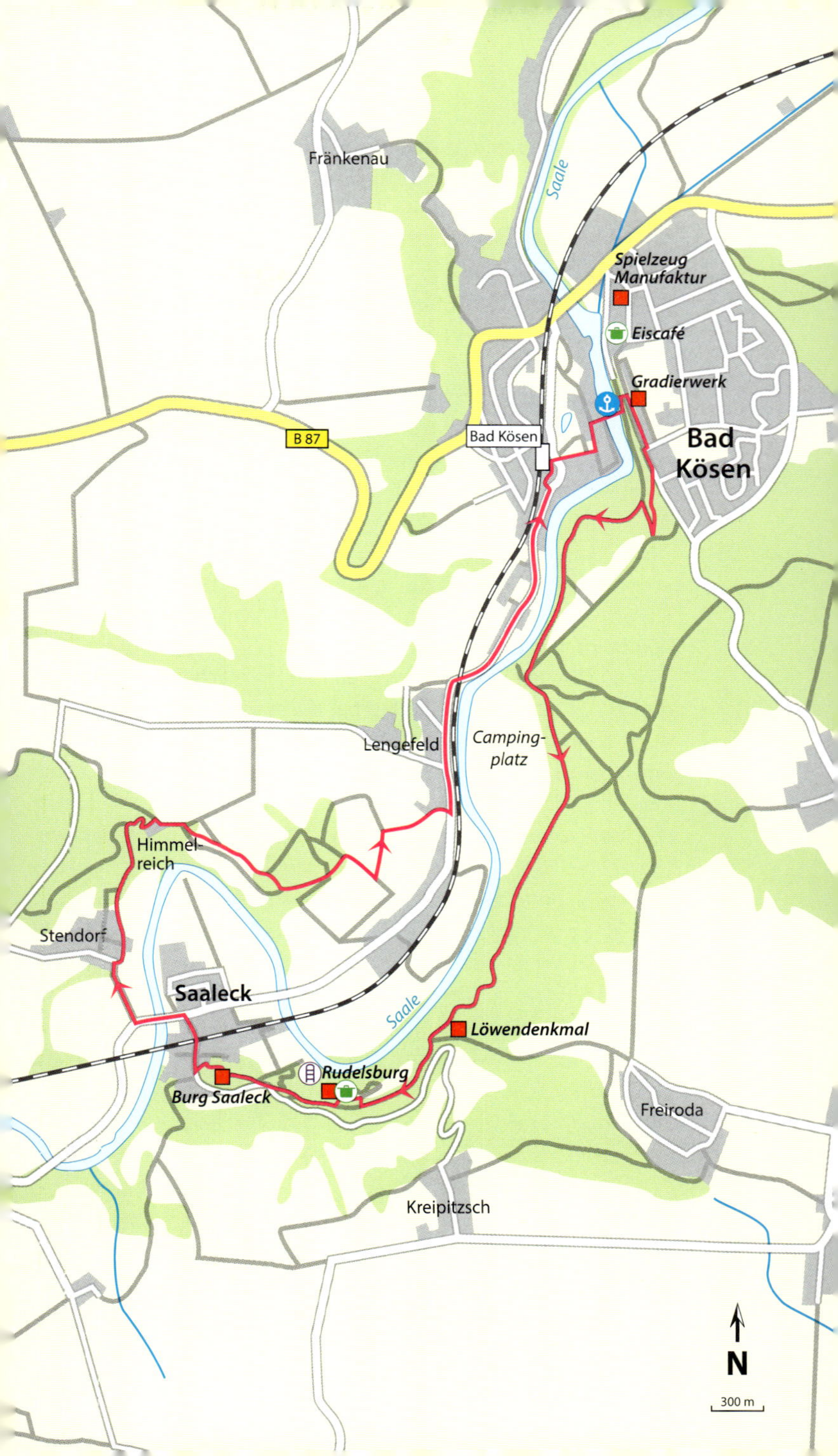
Fränkenau
Saale
Spielzeug Manufaktur
Eiscafé
Gradierwerk
B 87
Bad Kösen
Bad Kösen
Camping-platz
Lengefeld
Himmel-reich
Stendorf
Saaleck
Saale
Löwendenkmal
Rudelsburg
Burg Saaleck
Freiroda
Kreipitzsch
N
300 m

angereicht und ähnelt so der Seeluft. Schließt die Augen und stellt euch die Meeresküste vor. Nur sind statt Möwen die Spatzen zu hören. Vor mehr als 250 Millionen Jahren erstreckte sich hier aber tatsächlich ein Meer (▸ Seite 143).

Verlasst den Park bei dem Gradierwerk nach rechts über den Kukulauer Weg. Gleich biegt ein sehr enger Pfad rechts ab, der als Knoblauchpfad bezeichnet ist. Wildromantisch führt er bergab im Zickzack zum Uferweg. Entlang der **Saale** lauft ihr nun angenehm im Schatten der Bäume auf dem markierten Geopfad (weißes Feld mit grünem schrägen Strich). Ihr kommt an den Resten einer abgerissenen Holzbrücke vorbei, später mündet der Weg in eine rot gepflasterte Straße, die zum Campingplatz führt.

km 2,5–5 **Vom Campingplatz über die Rudelsburg nach Burg Saaleck**

Die Markierung beim Campingplatz zeigt 2,3 Kilometer bis zur Rudelsburg. Der Weg, der zu einem unbefestigten Wanderweg wird, biegt hinter dem Eingang zum Campingplatz rechts in den Wald ein. Gleich am Anfang sind aus Holzstämmen breite Treppen geformt (schon daher ist die Tour mit Kinderwagen nicht zu empfehlen). Anschließend geht es bergauf – zwar nicht sehr steil, aber für fast einen halben Kilometer. Und der Boden wird sehr uneben: mit Rinnen und Steinen mitten im Weg.

Ihr erreicht das **Löwendenkmal,** das an die gefallenen Corpsstudenten im Ersten Weltkrieg erinnert. Unweit befindet sich ein Rastplatz unter einer alten Eiche, wo ihr für das Bergaufwandern mit einem wunderschönen Blick über das Saaletal und die Burgen auf den Hängen belohnt werdet. Während dann zu eurer Linken Pferde weiden, passiert ihr auf der rechten Seite hintereinander drei weitere Denkmäler: den Kaiser-Wilhelm-I.-Gedenkobelisken, das Jung-Bismarck-Denkmal und das Gefallenendenkmal. Sie alle wurden vom corpsstudentischen Verband errichtet. Parallel verläuft nun eine asphaltierte Straße bis zur Rudelsburg.

Schon taucht vor euch ein eckiger Bau aus gelblichem Kalkstein mit einem imposanten Turm auf: die **Rudelsburg.** Über eine Steinbrücke gelang ihr zum Tor. Während die romantischen Wandersleute im 19. Jahrhundert dahinter noch auf malerisch verfallene Mauertrümmer stießen, erwartet euch heute ein Restaurant mit Terrasse auf dem Hof. Den Turm könnt ihr gegen Spende besteigen (Münzgeld mitnehmen!) und den Blick über die Saale ge-

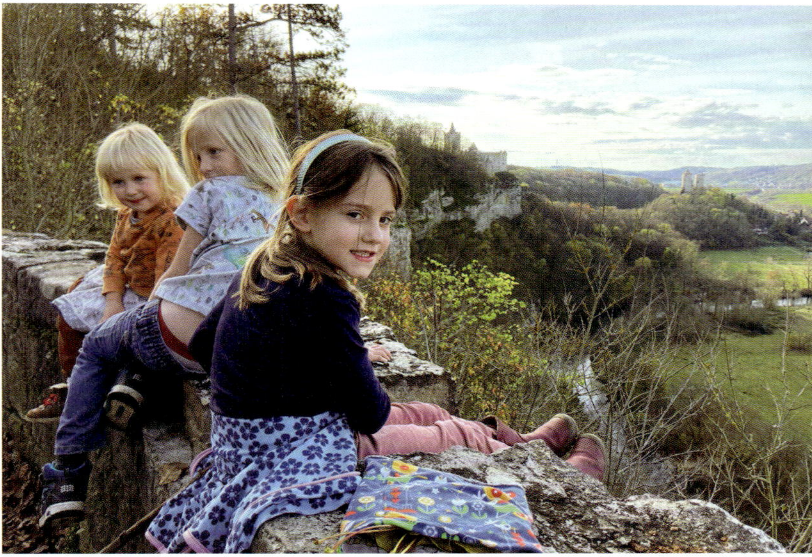

Die Rudelsburg und Burg Saaleck stehen kurz vor der Eroberung

nießen, die hier tief unterhalb der Felsen fließt. Ihr seht von hier aus auch schon die zwei runden Türme der Burg Saaleck zwischen den Bäumen aufragen und könnt auf der anderen Seite des Tals die verschiedenen geologischen Schichten an den Felsen erkennen.

Die Rudelsburg

Sie wurde zum ersten Mal 1171 erwähnt, ist aber wohl noch älter. Sie wurde ursprünglich von den Bischöfen von Naumburg angelegt und sollte den nördlich gelegenen Handelsweg Via Regia schützen. Verschiedene Adelsfamilien nutzten sie später als Wohnsitz, bis sie im Dreißigjährigen Krieg zerstört wurde. Für die Ruine begann man sich erst wieder im 19. Jahrhundert im Zuge der Romantik zu interessieren und entdeckte sie als Ausflugsziel.

Von der Burg folgt ihr dem Geopfad. Der Weg verläuft unter der Burgbrücke und weiter als enger Pfad links von der Burg. Es geht bergab zwischen Sträuchern und Bäumen, über Steine und auch mal über Steintreppen. Burg Saaleck taucht in der Ferne wieder vor euch auf und ist bereits ausgeschildert. Nach einem kurzen Stück

Straße geht es rechts wieder ins Grüne hinein und auf einem Waldweg bergauf bis zur Burg Saaleck und einem Rastplatz. Ein ausgeschilderter Weg führt außerdem zum Schiffsanleger – den könnt ihr als Abstecher zum Fluss nehmen, um dort zu picknicken oder den Imbiss zu besuchen. Schaukel und Rutsche gibt es dort auch.

Burg Saaleck

Sie entstand Anfang des 12. Jahrhunderts und gehörte wahrscheinlich dem Markgrafen von Meißen. Im Laufe der Zeit wechselten sich verschiedene Burgherren ab, seit dem 16. Jahrhundert verfiel das Gebäude. Später wurde die Ruine als Steinbruch benutzt. Auch Burg Saaleck verdankt ihre Neuentdeckung der Romantik.

km 5–9,5 **Von Burg Saaleck nach Bad Kösen**

Von der Burg lauft ihr auf einem engen Kieselsteinweg hinunter ins Dorf **Saaleck,** dann rechts auf dem Gehweg bis zur Landstraße und nach links über die Saalebrücke Richtung Stendorf und Himmelreich. Kurz hinter der Brücke biegt ihr rechts ab. Die Straße ist wenig befahren und außerdem Tempo-30-Zone. Seid trotzdem vorsichtig, denn es gibt auf circa 300 Metern keinen Gehweg.

Durch **Stendorf** geht es rechts von der Bushaltestelle geradeaus hindurch und weiter in Richtung **Berggaststätte Himmelreich.** Die Straße wird zu einem breiten, mit Gras bewachsenen Weg. Ihr taucht wieder in den Wald ein und der schmale Weg führt steil bergauf, links von euch ist eine Schlucht (Geländer ist vorhanden). Oben angekommen umrundet ihr das Ausflugslokal mit toller Aussicht über die Saale, Wald, Wiesen und Felsen und zu den Burgen.

Nun verläuft euer Weg für rund 100 Meter auf der Straße. Zur Linken öffnet sich die Landschaft und ihr schaut über die Felder auf einen Steinbruch und eine Baumallee am Horizont. Dann biegt ihr auf einen engen Weg rechts ab. Im Frühling blühen hier viele Wiesenblumen, über den Kalksteinfelsen herrscht angenehme Ruhe und immer wieder habt ihr schöne Aussichten über das Saaletal.

Über die Felder geht es den Markierungen folgend zum Ort **Lengefeld** am Saaleufer. Ihr stoßt auf die verkehrsreiche Thüringer Straße und geht links. Die letzten 1,5 Kilometer geht ihr nun auf dem Gehweg neben der Straße an der Saale entlang. Ihr überquert die Bahngleise, ab hier heißt die Straße Rudelsburgpromenade. Sie führt bis zum Bad Kösener Bahnhof.

Was ist Muschelkalk?

Geologinnen und Geologen beschäftigen sich damit, wie sich die Erde formte und formt. Sie haben auch die Felsen entlang der Saale untersucht, und was sie dort entdeckt haben, erlaubt Rückschlüsse auf das Leben hier in der Urzeit.

Wir reisen zurück in die Zeit vor 250 bis 205 Millionen Jahren. Dieses Zeitalter der Erdgeschichte nennt man Trias. Auf der Erde gibt es einen einzigen, riesigen Kontinent, er heißt Pangea. Doch langsam aber sicher bricht er in mehrere Teile, die sich stetig voneinander entfernen. In den entstehenden Rissen und Lücken breitet sich das Wasser des Urozeans aus. So bildet sich, wo heute die Saale fließt, ein flaches Meer, in dem Muscheln, ganz kleine Tiere und Fische leben. An Land bewegen sich zu dieser Zeit zwischen baumhohen Farnen Frösche und Reptilien, aus denen sich später die Dinosaurier entwickeln. Es ist heiß und trocken.

Die Schalen toter Muscheln und anderer urzeitlicher Meerestiere lagern sich auf dem Meeresboden ab. Zusammen mit weiteren Ablagerungen, darunter auch Meersalz, bleiben sie als feste Schicht zusammengebacken, als das Wasser wieder verschwindet. Dieses Gestein nennt man heute Muschelkalk und manchmal kann man fossile Einschlüsse darin entdecken.

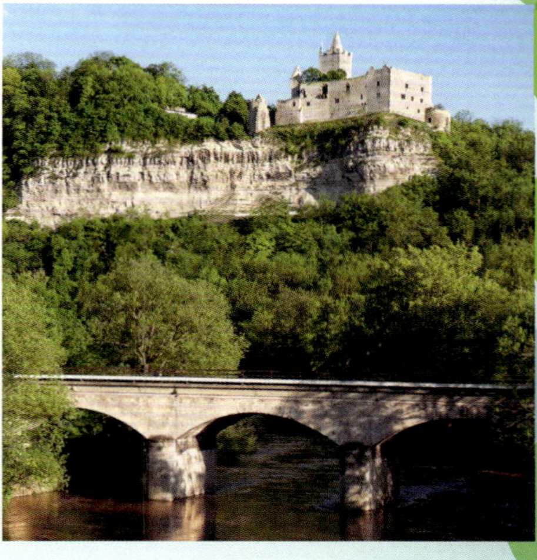

Da das urzeitliche Meer nicht immer gleich war (sondern mal tief, mal seicht, mal verschwand das Wasser, dann kehrte es zurück), entstanden verschiedene Varianten von Ablagerungen, zum Beispiel Wellen- oder Schaumkalk.

Die Muschelkalkfelsen an der Saale bilden jedenfalls einen guten, stabilen Untergrund, um darauf zum Beispiel eine Burg zu errichten. Ihr könnt es an der Rudelsburg wunderbar erkennen.

Wangen/Arche Nebra

18 Großer Auftritt einer himmlischen Bronze

Start	Ziel	Länge	Gehzeit	Schwierigkeit
Bhf. Wangen (Unstrut)	Bhf. Wangen (Unstrut)	6,5 km	2,5 Std.	● mittel

1999 fanden zwei Männer auf dem Mittelberg einen Schatz, darunter eine flache Scheibe mit Punkten und Linien aus Bronze und Gold. Es stellte sich heraus, dass es sich um die älteste konkrete Darstellung des Himmels handelt, mit Mond und Sternen sowie den Richtungen von Sonnenauf- und -untergang zu den Sonnwenden – vom Mittelberg aus beobachtet. Drei Jahre lang wanderte die Himmelsscheibe durch die Hände von Hehlern und Händlern, bis sie endlich sichergestellt und für Wissenschaft und Öffentlichkeit bewahrt werden konnte. Bei Nebra widmet sich ein schön gestaltetes Museum ihrer Bedeutung und Geschichte. An der Fundstelle auf dem Mittelberg könnt ihr selber die Sonne beobachten.

Unweit des Fundorts der Himmelsscheibe errichtete man das spektakuläre Besucherzentrum

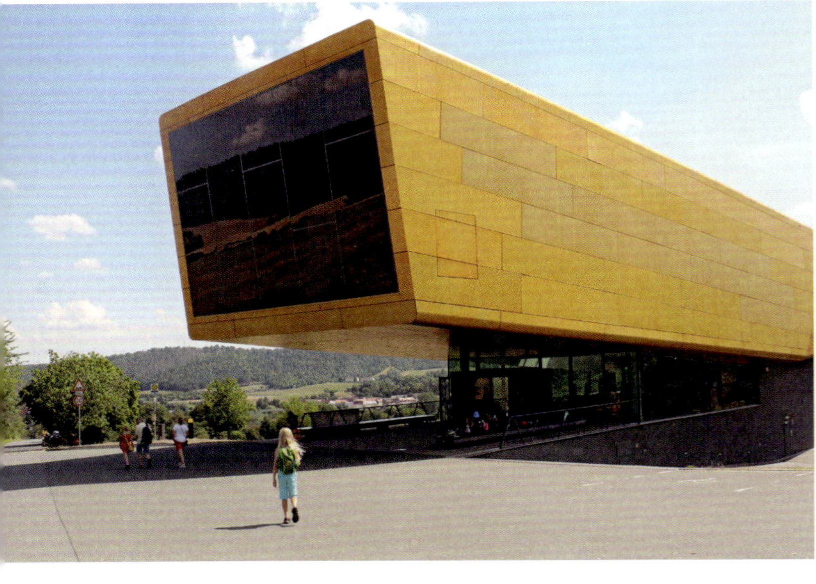

Infos zur Tour

An-/Rückfahrt

Bahnhof Wangen (Unstrut)
aus Leipzig: RE 42 nach Naumburg, dann RB 77, alle 2 Std., ca 110 Min.
aus Halle: RE 16 oder 18 nach Naumburg, dann RB 77, stündlich, ca. 110 Min.

Streckenverlauf

Bhf. Wangen (Unstrut) – Arche Nebra – Mittelberg – Bhf. Wangen (Unstrut)

Tipp

Wer weiterwandern möchte, kann den ausgeschilderten Weg über den Steinbruch nach Nebra nehmen.

Streckencharakteristik

Bei dieser Wanderung dreht sich alles um die Himmelsscheibe aus Nebra. Der Weg zur Arche Nebra und weiter bis zur Fundstelle auf dem Mittelberg ist recht touristisch. Es gibt mehrere nette Rastplätze an der Strecke. Die Pfade im Wald sind oft eng und auch mal zugewachsen, was sie ungeeignet für Kinderwagen macht, aber spannend für abenteuerlustige Kinder.

Mit Kinderwagen

Nur die Variante zum Aussichtsturm und zurück. Für Lauf- oder Fahrrad gilt dasselbe.

Beschilderung

Gelber Punkt

Aktivitäten

Besucherzentrum Arche Nebra
An der Steinklöbe 16 · 06642 Nebra (Unstrut) · www.himmelsscheibe-erleben.de · tgl. 10–18 Uhr.
Eintritt: Familie 17 €
Das Besucherzentrum präsentiert die Himmelsscheibe auf verschiedene Weisen. Empfehlenswert ist die Show im Planetarium. Angeboten werden außerdem Führungen und kostenfreie Audioguides. Den Audioguide kann man auch zum Mittelberg mitnehmen (für 2 €). Für Kinder ab 6 Jahren gibt es sogar einen Hörspiel-Guide (1 €). Im Gebäude befindet sich das Panorama-Café mit einem Angebot kleiner Speisen sowie Kuchen, Eis und Getränken (Apr.–Okt. Di–Do, Sa/So 10–18 Uhr).

Einkehren

Restaurant Waldschlösschen
An der Steinklöbe 13 · 06642 Nebra OT Wangen · www.waldschlösschen-saale-unstrut.de · tgl. 12–21 Uhr
Das einzige Restaurant in Wangen befindet sich im Hotel Waldschlösschen. Der Außenbereich unter Bäumen ist sehr schön, daneben ist auch ein Spielplatz. Es wird saisonale Küche serviert.

km 0–1 Vom Bahnhof Wangen zur Arche Nebra

Vom Bahnhof ist der Weg zur Arche Nebra schon ausgeschildert. Bald öffnet sich vor euch die hügelige Landschaft und auf dem Hang leuchtet das **Besucherzentrum** in der Sonne. Es ist der Sonnenbarke nachempfunden, die auf der Himmelsscheibe abgebildet ist. Die metallische Fassade ändert die Farbe mit dem aktuellen Lichteinfall, das große Panorama-Fenster spiegelt Himmel und Erde.

Der (kostenpflichtige) Besuch des Museums lohnt sich, auch wenn die echte **Himmelsscheibe** hier leider nicht ausgestellt ist (sie befindet sich im Landesmuseum für Vorgeschichte in Halle, ▸ Seite 151). Es wird ihre Gestaltung und Bedeutung sowie die Herkunft der verwendeten Materialien erklärt und auch die Geschichte ihres Erwerbs erzählt. Ein Puppentheaterstück schildert Kindern, wie die Himmelsscheibe von ihrem Fundort auf dem Mittelberg bis in die öffentliche Ausstellung kam. Im Planetarium zeigt ein 22-Minuten langer Film sehr anschaulich das komplexe astronomische Wissen und mythologische Verständnis der Bronzezeit. Es stehen auch Audioguides zur Verfügung, inklusive kindgerechter Variante.

km 1–3,5 Von der Arche Nebra bis zum Mittelberg

Vom Besucherzentrum folgt man dem mit gelbem Punkt markierten Weg zum Mittelberg. Die rund 2,5 Kilometer werden zuerst auf der

Für ihn kein Hindernis – für Kinderwagen gibt es einen alternativen Weg

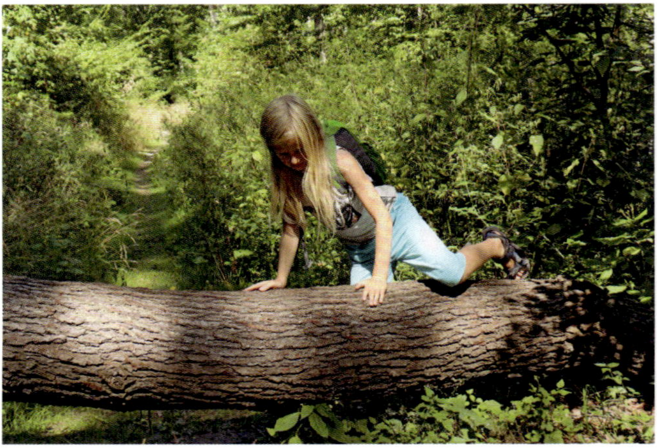

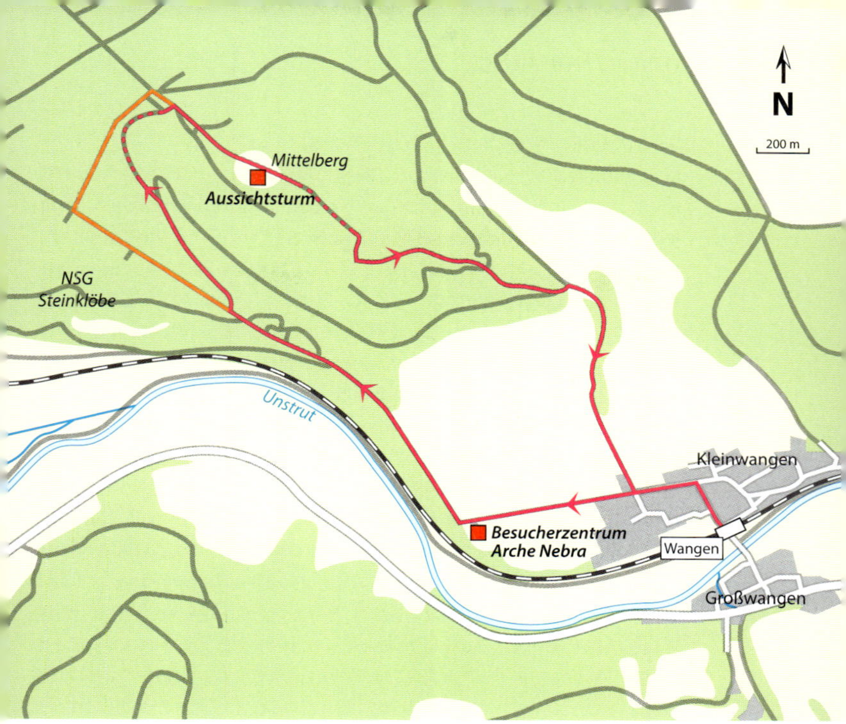

Straße und später auf einem Pfad durch den Wald zurückgelegt. Der zweite Teil ist nicht kinderwagentauglich, es gibt aber den etwas längeren Weg über die Straße. Alternativ fährt auch ein Shuttle-Bus vom Museum (sonst ist die Straße für den Verkehr gesperrt).

Der Asphaltweg steigt vor euch die Hügel empor, zur Linken das Tal der Unstrut. Zum Fluss hin fällt ein steiler Hang ab, der Teil des Naturschutzgebiets Steinklöbe ist. Dieses Sandsteinplateau bietet ideale Bedingungen für Orchideen und Lebensraum für seltene Insekten. Dann führt der Weg in den schattigen Wald. Bald entdeckt ihr funkelnde zylindrische Statuen im Wald – die „Wächter" des spanischen Bildhauers José Cobo Calderón. Mittelalterlichen Rüstungen vergleichbar bieten sie Schutz und dienen gleichzeitig der Zierde. Es ist eines von drei Kunstwerken unter dem Motto „Zwischen Welt und Kosmos" auf dem Kunstweg zum Mittelberg.

An einer Kreuzung mit Rastplatz und Info-Tafel biegt ein enger Pfad nach rechts zum Mittelberg ab. Mit Kinderwagen (oder Fahrrad) folgt ihr der Straße für weitere 700 Meter und biegt erst bei der nächsten Kreuzung rechts und später wieder rechts ab.

Der enge Pfad zwischen Buchen und Eichen, Brombeersträuchern und auch Brenneseln hindurch wird gelegentlich durch umgestürzte Bäume versperrt, über die ihr drüberklettern könnt, wenn ihr wollt – meist führt ein alternativer Pfad drum herum. Dann taucht der acht Meter hohe „Waldpavillon" auf – ein weiteres Kunstwerk, dieses vom japanischen Künstler Hayato Mizutani.

Dahinter mündet der Pfad in die asphaltierte Straße (auf der die mit Kinderwagen laufen) und es geht nach rechts bis zum Fundort der Himmelsscheibe auf dem **Mittelberg.** Vorher steht rechts noch unübersehbar das dritte Kunstwerk: „Tonight – The Sky" von Michael Krenz. Das überdimensionale Schild kündigt das Freilichtkino auf dem Mittelberg an, nämlich die Beobachtung des Nachthimmels. Auf der Rückseite gibt es sogar eine Zuschauertribüne.

Nur noch 250 Meter bis zu der Kuppe des Mittelbergs, dem Fundort der Himmelsscheibe und weiterer Schätze. Ihr passiert den Zugang bei der Wallanlage aus der Eisenzeit und geht dann entweder links zum runden „Himmelsauge", wo 1999 der Schatz gefunden wurde, oder nach rechts zum **Aussichtsturm.** Von Weitem sieht er aus wie ein hoher, schiefer Betonklotz, aber von innen leuchtet er sonnengelb. Seine Neigung macht ihn zum riesigen Zeiger einer Sonnenuhr. Er wird unterteilt durch einen senkrechten Schnitt, der die Sichtachse zum Brocken markiert. Zur Sommersonnwende sieht man dadurch die Sonne untergehen. In der Umgebung zeigen lange Betonbänder auf dem Boden weitere Achsen an, auf denen die Sonne auf- und untergeht, so wie es auch die Himmelsscheibe darstellt. Nach 176 Stufen erwartet euch ein herrlicher Blick.

km 3,5–6 Vom Aussichtsturm auf den Mittelberg zum Bahnhof Wangen

Der Pfad zurück nach Wangen verläuft auf der gegenüberliegenden Seite der Kuppe. Da auch er sehr schmal ist und wieder Bäume überm Weg liegen, solltet ihr mit Kinderwagen oder Rad zurück denselben Weg auf der asphaltierten Straße nehmen. Alle anderen erreichen nach circa 1,3 Kilometern den Fuß des Bergs. Da mündet der Pfad in einen breiteren Feldweg. Nach links kommt ihr auf eine Kreuzung und geht dort nach rechts weiter dem gelben Punkt nach.

Der breite unbefestigte (und später gepflasterte) Weg führt jetzt auf baum- und strauchgesäumtem Weg durch ein Tal. Nach 900 Metern erreicht ihr den Parkplatz an der Arche Nebra und nehmt links den bekannten Weg zurück zum Bahnhof Wangen.

Warum ist die Himmelsscheibe von Nebra so wertvoll?

Die Himmelscheibe von Nebra sieht ein bisschen aus wie ein Smiley: eine runde, grünliche Platte aus Bronze mit goldenen Punkten, Bögen, einem Kreis und einer Sichel. Sie ist unermesslich wertvoll. Nicht wegen des Goldes, sonder weil sie die weltweit älteste bekannte Darstellung des Kosmos ist und uns Auskunft darüber gibt, was die Menschen vor 3600 Jahren davon wussten. Denn so alt ist die Himmelsscheibe. Sie stammt aus der frühen Bronzezeit. Man kann erkennen, dass sie längere Zeit benutzt und mehrfach verändert wurde, wahrscheinlich von Priestern. Viele Archäologen haben inzwischen ihre Bedeutung erforscht.

Sonne, Mond und Sterne sind auf der Scheibe dargestellt. Eine Ansammlung von sieben Punkten symbolisiert das Sternbild der Plejaden. Denn dieses half den Bauern aus der Bronzezeit, den richtigen Zeitpunkt für Aussaat und Ernte zu bestimmen. Später kamen zwei goldene Bögen an den Seiten dazu: sie zeigen, wo (und in welchem Winkel) am Fundort der Scheibe der Sonnenauf- und -untergang zu den Sonnenwenden stattfindet – also am kürzesten und am längsten Tag des Jahres. Später fügte man unten einen weiteren Bogen hinzu, wahrscheinlich eine Barke, also ein kleines Boot. Die Menschen der Bronzezeit stellten sich vor, dass die Sonne damit nachts von Westen nach Osten über den Himmelsozean reist. So erkennen wir auf der Himmelsscheibe nicht nur das astronomische und kalendarische Wissen der Menschen damals, sondern auch ihre spirituellen Vorstellungen.

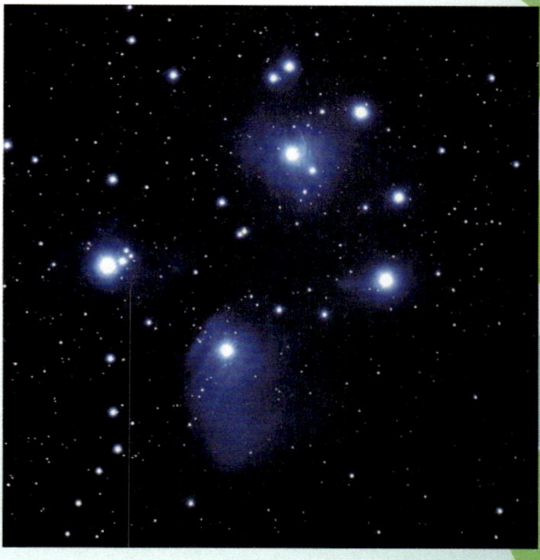

Um 1600 v. Chr. wurde die Himmelsscheibe begraben, und zwar zusammen mit goldverzierten Waffen, Werkzeug und Schmuck, genau so wie eine wichtige Persönlichkeit.

Halle (Saale)

19 Schokoladenstadt an der Saale

Start	Ziel	Länge	Gehzeit	Schwierigkeit
Halle (Saale) Hbf.	Tram Burg Giebichenstein	5,5 km	2 Std.	● leicht

Diese Wanderung führt durch die Stadt und doch durch lauter Grün. Halle an der Saale bietet für Familien jede Menge tolle und abwechslungsreiche Aktivitäten. Am Markt besteigt ihr zwei Türme, um euch einen Überblick über die schöne Innenstadt zu verschaffen. Unten tankt ihr neue Kräfte – und zwar in Form von Schokolade. Denn in Halle steht die älteste Schokoladenfabrik Deutschlands. Wer Lust auf Kunst hat, sollte der Moritzburg einen Besuch abstatten und auf der Burg Giebichenstein könnt ihr euch ins Mittelalter zurückversetzen. Dazwischen liegt jede Menge Spaß am Saale-Ufer, am Sandstrand, auf einem großen Spielplatzschiff oder vielleicht bei einem Fest auf der Ziegelwiese.

Blick von Burg Giebichenstein auf den Stadtteil Kröllwitz mit Petruskirche

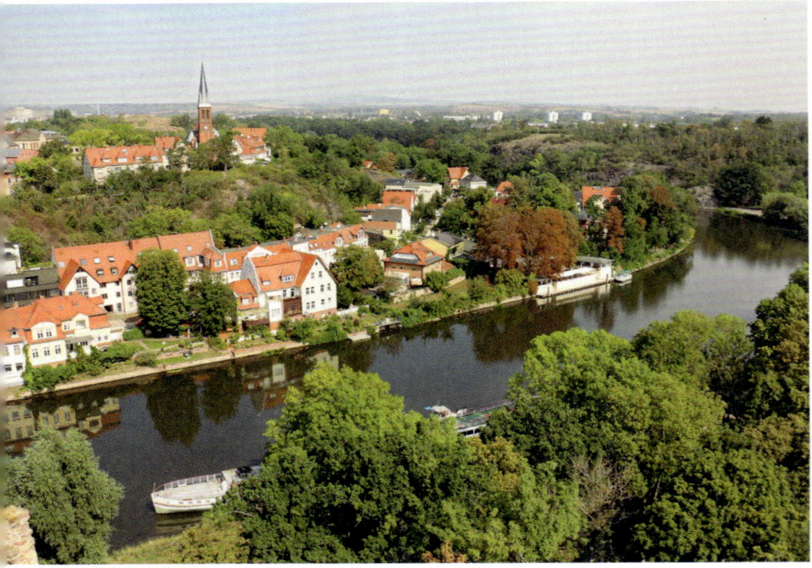

Infos zur Tour

Anfahrt
Halle (Saale) Hbf.
aus Leipzig: S3, S5 oder IC, oft, ca. 25–37 Min.

Rückfahrt
Tramhaltestelle Burg Giebichenstein
nach Halle: Tram 7 zum Hbf., oft, ca. 30 Min.
nach Leipzig: siehe oben, weiter mit S-Bahn nach Leipzig Hbf., oft, ca. 1 Std

Streckenverlauf
Halle (Saale) Hbf. – Markt – Dom – Pfälzer Ufer – entlang der Saale – Peißnitz – Westufer – Burg Giebichenstein (- Berg-Zoo)

Streckencharakteristik
Ihr entdeckt sowohl mehrere Sehenswürdigkeiten der Saalestadt als auch ihre grüne Seite. Die Stadt, ihre vielen Parks und Spielplätze haben zu jeder Jahreszeit ihren Charme. Auf einen historischen Exkurs begebt ihr euch auf der Oberburg Giebichenstein – leider nicht barrierefrei.

Mit Kinderwagen
Ja, außer Burg Giebichenstein. Lauf-/Fahrrad: ja, mit Schieben in der Leipziger Straße (Fußgängerzone!)

Beschilderung
Richtung Innenstadt/Markt, später zur Burg Giebichenstein

Spielplätze
Würfelwiese am Pfälzer Ufer (Saale); auf der Peißnitzinsel; auf der Ziegelwiese

Besichtigungen
Oberburg Giebichenstein
Seebener Str. 1 · 06114 Halle (Saale) · www.stadtmuseumhalle.de/standorte · Mo geschlossen
Die romantische Ruine auf dem Felsen ist als (Freiluft-)Museum gestaltet. Nicht barrierefrei.

Hausmannstürme (Marktkirche)
Marktplatz 12 · 06108 Halle (Saale) · www.stadtmuseumhalle.de/standorte · ohne Führung Apr.–Okt. Sa/So 10–15 Uhr, sonst nur mit Führung (Website!)
Die zwei niedrigeren Türme der Marienkirche lassen sich besteigen (über 225 Stufen): außergewöhnlicher Rundblick über die Innenstadt.

Landesmuseum für Vorgeschichte
Richard-Wagner-Straße 9 · 06114 Halle (Saale) · www.landesmuseum-vorgeschichte.de · Mo geschlossen
Hervorragendes archäologisches Museum. Hier befinden sich die Himmelsscheibe von Nebra (▶ Tour 18) und die Schätze aus den Grabhügeln der Dölauer Heide (▶ Tour 20).

Einkehren
Halloren Schokoladenwelt
Marktplatz 13 · 06108 Halle (Saale) · www.halloren.de · Mo–Fr 9.30–18, Sa 10–16, So 11–15 Uhr
In Halle steht die älteste Schokoladenfabrik Deutschlands, Halloren, von 1804. Die Halloren-Kugeln, Torten oder die Trinkschokolade könnt ihr im Café des Marktschlösschens genießen. Warnung: Das Café ist auch ein Laden mit reichhaltigem Schokoladenangebot, eine große Verlockung für Kinder.

km 0–2,5 **Vom Bahnhof zur Saale**

Ihr verlasst den Bahnhof über den Ausgang Hans-Dietrich-Genscher-Platz und folgt den Straßenbahnschienen nach links unter einer Brücke hindurch. Auf ihren Pfeilern sind berühmte Hallenserinnen dargestellt. Ein Stück weiter, an einem bizarr zubetonierten Kreisverkehr, hat man die bekannten Söhne der Stadt verewigt. Geradeaus über den Riebeckplatz geht es Richtung Innenstadt.

Das **Stadtzentrum von Halle** blieb im Zweiten Weltkrieg weitgehend verschont und ist architektonisch sehr vielfältig. Die Leipziger Straße führt als Fußgängerzone zum Markt. Ihr könnt also die unterschiedlichen Baustile der Häuser, die St.-Ulrich-Kirche und die vielen Skulpturen in Ruhe betrachten. Der Leipziger Turm war einst Bestandteil der Stadtmauer.

Am **Markt** angekommen versteht ihr sofort, warum Halle die Stadt der fünf Türme genannt wird: Da steht der **Rote Turm** mit dem Halleschen Roland, der die Stadtfreiheit symbolisiert, und dahinter die spätgotische **Marktkirche** mit vier weiteren Türmen. In dieser Kirche predigte einst Martin Luther und an der Orgel spielte **Georg Friedrich Händel,** dessen Statue in der Mitte des Platzes steht. Auch ist am Markt noch ein „Geoskop" zu finden, mit dessen Hilfe ihr euch die geologischen Schichten – inklusive der wichtigen Salzlagerstätten – unter der Stadt besser vorstellen könnt.

Schön bunt präsentiert sich heute der Marktplatz in Halle

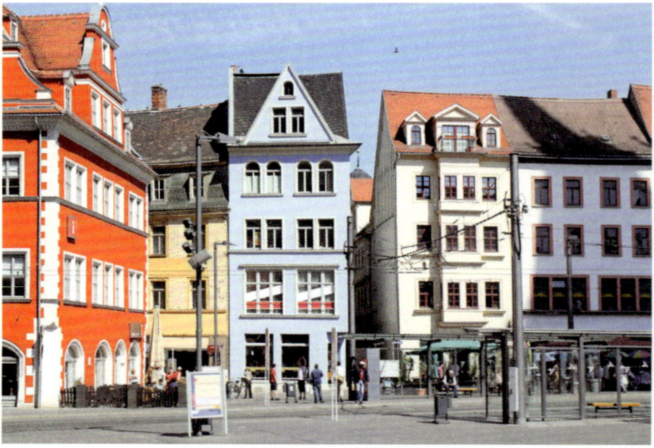

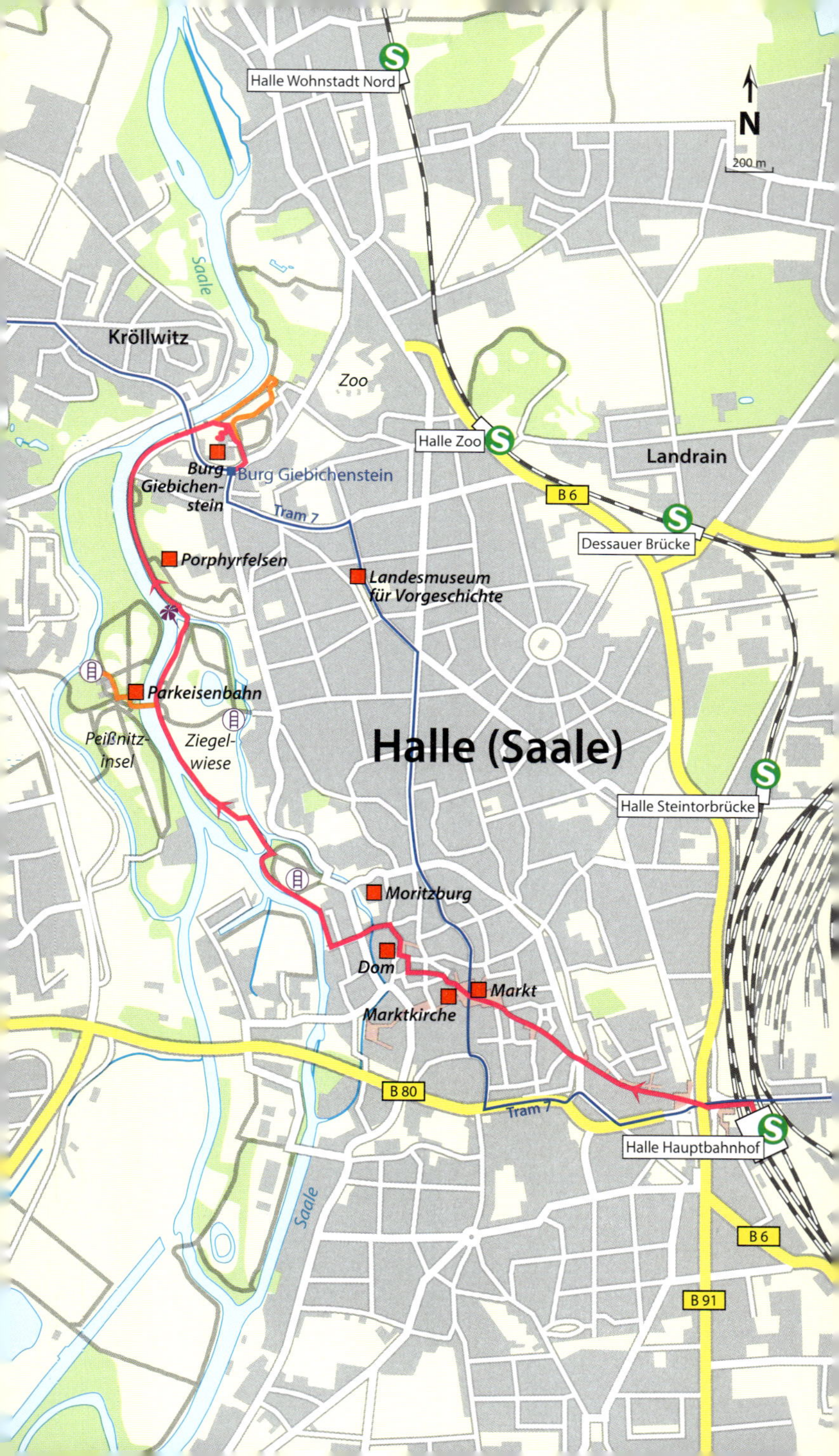
Halle Wohnstadt Nord
N
200 m
Saale
Kröllwitz
Zoo
Halle Zoo
Landrain
Burg Giebichenstein
Burg Giebichenstein
Tram 7
B 6
Dessauer Brücke
Porphyrfelsen
Landesmuseum für Vorgeschichte
Parkeisenbahn
Peißnitzinsel
Ziegelwiese
Halle (Saale)
Halle Steintorbrücke
Moritzburg
Dom
Markt
Marktkirche
B 80
Tram 7
Halle Hauptbahnhof
Saale
B 6
B 91

Ihr steuert auf das rote **Marktschlösschen** zu, wo sich die Touristinformation befindet. Geht rechts daran vorbei in die gepflasterte Große Klausstraße und folgt ihr bis zur Flutgasse. Geradeaus würdet ihr nach circa 500 Metern das bedeutende **Saline-Museum** erreichen, aber ihr biegt rechts ab zum **Domplatz.** Der Dom ist das älteste Kirchengebäude der Stadt, Baubeginn der ursprünglichen Klosterkirche war 1271. Eine Zeit lang residierten hier die Erzbischöfe von Magdeburg. Vom Domplatz geht ihr die Straße nach rechts hinunter – und wenn ihr wollt, wieder hinauf zur **Moritzburg.** Erbaut als Erzbischöfliches Schloss Ende des 15. Jahrhunderts, dient sie heute als Kunstmuseum. Ausstellungsschwerpunkte sind Expressionismus, sozialkritische Kunst und Kunst der DDR.

Sonst geht der Spaziergang weiter auf der Straße Mühlpforte, über den Mühlgraben und dann geradeaus durch die Klaustorvorstadt. Die Straße mündet in einen Radweg, der nach rechts führt und zur Burg Giebichenstein ausgeschildert ist. Links von euch fließt jetzt die **Saale.**

km 2,5–7 Entlang der Saale bis zur Burg Giebichenstein

Hier am Pfälzer Ufer befinden sich ein paar Cafés und Bars. Danach geht es entlang der Saale durchs Grün. An der Würfelwiese ankert ein **Spielplatzschiff** im Sandmeer. Ein Stück weiter überquert ihr

Schiffe sind ein beliebtes Spielplatzthema, auch in Halle

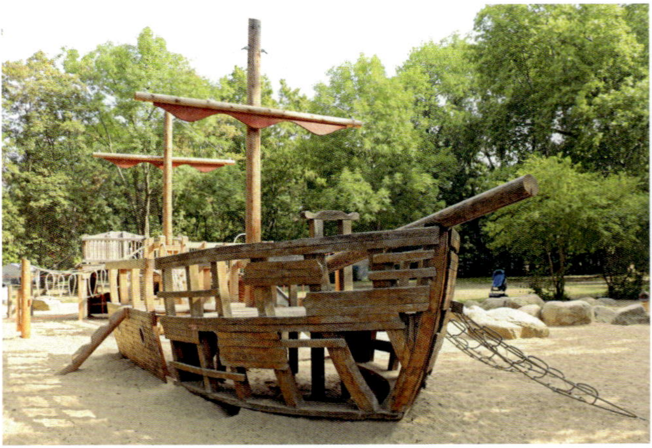

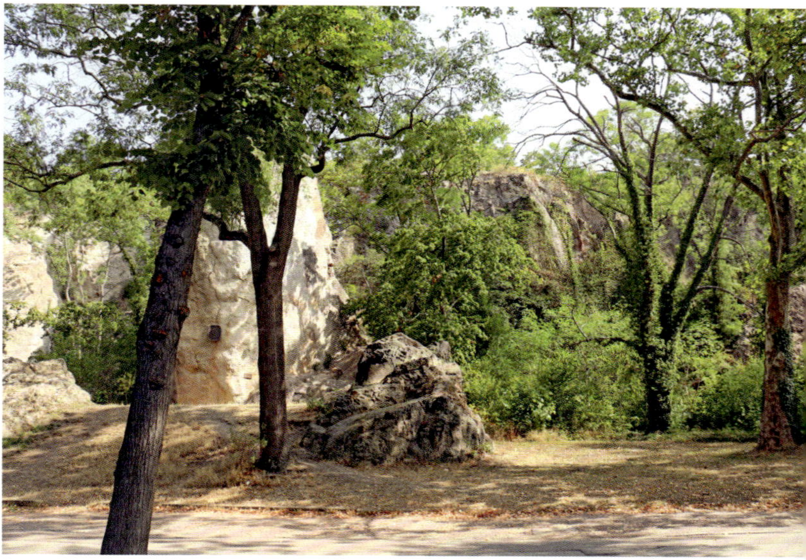

Heinrich-Heine-Felsen am Riveufer – vom oberhalb gelegenen Park hat man eine schöne Sicht

eine Brücke, umrundet das Gelände der Gimritzer Schleuse und folgt dem Radweg am Flussufer in Richtung Burg. Schön entspannt lauft ihr im Schatten der Bäume. Ihr seid nun auf der **Ziegelwiese,** einer Insel zwischen Saale und Mühlgraben, auf der die verschiedensten Feste stattfinden. Wenn ihr zur Peißnitzbrücke kommt, könnt ihr noch einen Abstecher auf die Peißnitzinsel machen.

Abstecher zur Peißnitzinsel

Ihr überquert die Brücke, von der ihr einen wunderschönen Blick auf Burg und Felsen und beide Saaleufer habt. Gleich rechts könnt ihr mit der **Parkeisenbahn** eine Runde auf der Insel drehen. Oder ihr geht klettern auf dem **Spielplatz** hinter dem Peißnitzhaus.

Zurück auf der Ziegelwiese geht es bis zum kleinen Sandstrand am Nordzipfel und über die Brücke. Ihr folgt dem Flussufer nach links an roten **Porphyrfelsen** vorbei, die nach Heinrich Heine benannt sind. Hier gibt es Imbisse und Biergärten. Hinter der Kröllwitz-Brü-

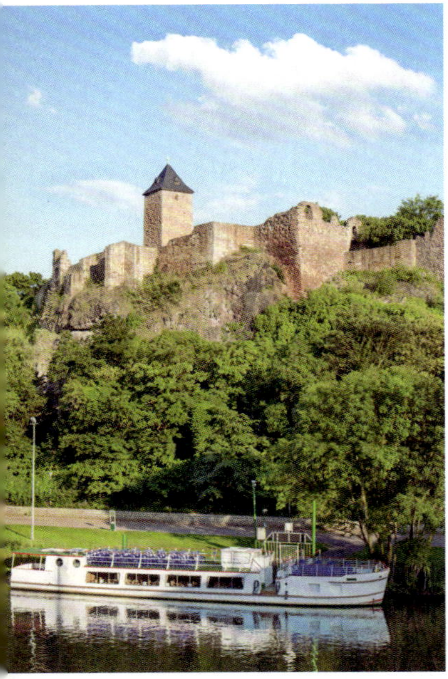

Imposante Ruine der Burg Giebichenstein

cke, die ein steinernes Pferd und eine Kuh zieren, ankert ein Theater-Schiff. Kurz danach führt ein Weg rechts hoch durch den Park bis zur Burg. Hier müsst ihr mit einigen Treppen rechnen. Für eine barrierefreie Variante müsst ihr noch etwas weiter am Ufer entlang und dann etwas länger durch den Amtsgarten. Bei der Burgbesichtigung lassen sich allerdings Treppen nicht mehr vermeiden.

Burg Giebichenstein

Die Burg Giebichenstein aus dem 10. Jahrhundert gilt als älteste aller Saaleburgen. Im Dreißigjährigen Krieg wurde sie zu großen Teilen zerstört. Ein Zeitreise-Fernglas versetzt euch in jene Zeit zurück, als sie noch intakt war und nicht wie die heutige, romantische Ruine aussah. Über viele QR-Codes lässt sich mehr über die Geschichte und Architektur der Burg erfahren. Außerdem könnt ihr euch als Minnesänger versuchen! Das Burggelände auf einem Felsen hoch über der Saale ist ganz offen und ohne Schatten, es gibt mehrere Bänke zum Ausruhen. Das Stadtmuseum organisiert dort auch Veranstaltungen für Familien, bei denen das mittelalterliche Burgleben wiedererweckt wird.

Zur Tramhaltestelle „Burg Giebichenstein" gelangt ihr, indem ihr bergauf an der Kunsthochschule vorbeilauft und auf der Seebener Straße nach rechts abbiegt.

Falls ihr noch genug Energie und Zeit habt, dann empfiehlt sich ein Besuch im **Berg-Zoo.** Dafür lauft ihr über die Seebener Straße nach links (circa einen Kilometer). Unweit der Burg befindet sich auch das **Landesmuseum für Vorgeschichte,** wo die archäologischen Sammlungen inklusive der **Himmelsscheibe von Nebra** ausgestellt sind. Beide Ziele findet ihr auf der Karte.

Salz, Handel und Händel – die Stadt Halle (Saale)

Die Geschichte der Stadt Halle an der Saale ist eng mit dem Salz verbunden, das man dort abbauen konnte. Und um zu verstehen, woher das Salz kam, muss man wieder einmal in die Urzeit der Erde zurückblicken. Vor circa 250 Millionen Jahren war die Gegend vom salzigen Zechsteinmeer bedeckt. Bei seinem Verschwinden hinterließ es eine dicke Schicht aus Salz, die dann viel später in der Erdgeschichte von unten nach oben gedrückt wurde. So konnte man das Salz hier einfacher aus der Erde gewinnen. Schon die Menschen der Bronzezeit machten das.

Ein Ort namens Halla ist seit dem Jahr 806 bekannt. Dank des Salzhandels entwickelte sich die Stadt gut und blühte auf. Halle wurde Mitglied des Handelsverbands Hanse. Seit 1964 wird kein Salz mehr in Halle gewonnen, es gibt aber noch das Salinemuseum.

1419 wurde das heutige Wahrzeichen der Stadt, der Rote Turm, errichtet. Einen großen Umbau der Stadt im Renaissance-Stil veranlasste um 1530 Kardinal Albrecht von Brandenburg. Er ließ zwei Kirchen am Markt abreißen und nur ihre insgesamt vier Kirchtürme stehen. Dazwischen baute er eine neue Kirche: die Marktkirche. Der Kardinal verließ Halle, als sich seine Kritiker – Martin Luther und die Reformationsbewegung – in der Stadt durchsetzten.

1685 wurde in Halle der berühmte Komponist Georg Friedrich Händel geboren. Eines der bedeutendsten Festivals für Barockmusik in Deutschland, die Händel-Festspiele, finden deswegen jedes Jahr in Halle statt. Und auch die Wissenschaften spielen eine wichtige Rolle hier: Halle ist Universitätsstadt und Sitz der Nationalen Akademie der Wissenschaften Leopoldina.

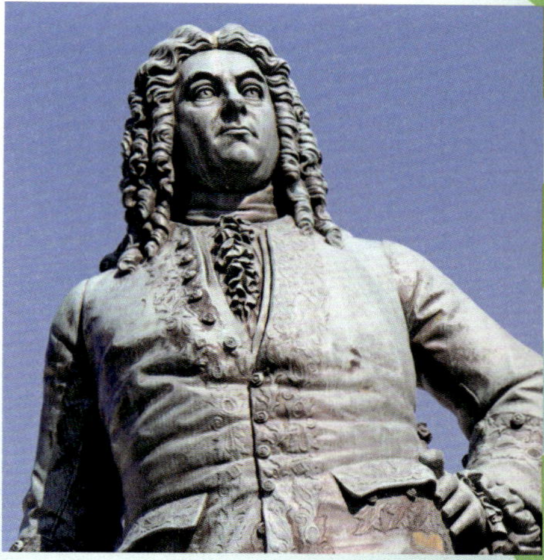

Dölauer Heide

20 1000 Möglichkeiten für einen schönen Tag im Grünen

Start	Ziel	Länge	Gehzeit	Schwierigkeit
Tram Universitätsklinikum	Bhf. Halle-Nietleben	5 km (7,2 km)	2 Std. (3 Std.)	● leicht ● herausfordernd

Die Dölauer Heide ist mit 740 Hektar die große grüne Lunge von Halle und gleichzeitig ein toller Ort zum Spielen und Entdecken. Sie lässt sich auf zahlreichen Wanderwegen erkunden. Kinder finden überall ausreichend Äste und andere Naturmaterialien, um am Wegesrand etwas zu bauen. Auf dem Spielplatz klettern sie auf einen riesigen Ameisenhaufen. Einen Besuch lohnt auch der ehemalige Steinbruch oder der Aussichtsturm, der einen schönen Überblick über die Heide und über Halle gewährt. Wenn ihr euch auf die engen und steilen Wege begebt, stoßt ihr sogar auf Spuren prähistorischer Kulturen. Und am Ende der Tour springt ihr in den Heidesee.

Auf zu neuen Abenteuern! Viele naturnahe Wege führen durch die Dölauer Heide

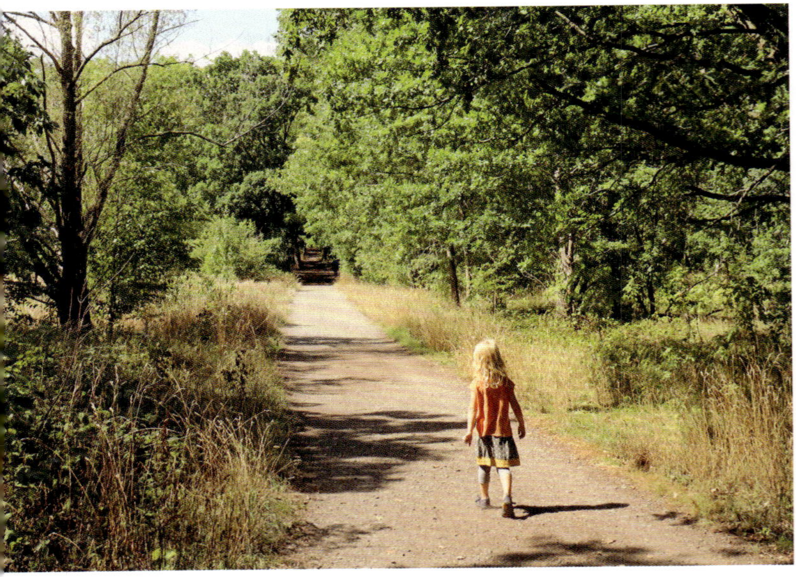

Infos zur Tour

Anfahrt
Tramhaltestelle Halle Universitätsklinikum
aus Leipzig: S-Bahn oder IC nach Halle (Saale) Hbf., dann siehe unten
aus Halle: Tram 4 oder 5 von Halle (Saale) Hbf., oft, ca. 20 Min.

Rückfahrt
Bhf. Halle-Nietleben
nach Leipzig: S3 nach Leipzig Hbf., alle 30 Min., ca. 60 Min.
nach Halle: S3 nach Halle (Saale) Hbf., alle 30 Min., ca. 20 Min.

Streckenverlauf
Halle (Saale), Universitätsklinikum – Spielplatz – Kolkturm – (Variante: Steinbruch – Langer Berg – Rehteich – Grabhügel 27 & 28) – Heidesee – (Abstecher: Heidebad) – Ameisenspielplatz – Bhf. Nietleben

Streckencharakteristik
Schneller Ausflug ins Grüne und viel Waldspaß mitten in der Stadt Halle. Die Hauptstrecke verläuft auf gut begehbaren, breiten Wegen, mit Ausnahme des Aufstiegs zum Kolkturm. Dort steil und sandig, dafür mit herrlichem Ausblick. Die längere Wanderung ist nur zu Fuß machbar, vermittelt aber archäologisches, geologisches und botanisches Wissen.

Mit Kinderwagen
Nur die kürzere Variante ist mit Kinderwagen machbar, zum Kolkturmberg hinauf allerdings herausfordernd.

Beschilderung
Die Wege in der Heide sind in der Regel gut ausgeschildert.

Spielplätze
Vor dem Aufstieg zum Kolkturmberg; Ameisenspielplatz am Ende der Tour

Baden
Heidebad
Am Heidebad 10 · 06126 Halle (Saale) · www.dein-freibad.de · Apr.–Sep. tgl. geöffnet, Okt.–März nur an Wochenenden 10–18 Uhr, witterungsbedingte Änderungen möglich
Das Heidebad verfügt über einen Sandstrand mit einer Rutsche im Wasser, einen Kletterspielplatz in den Bäumen (für Kinder bis 12 Jahre). Das Strandcafé „NoMa" bietet lokale imbiss-mäßige Speisen, Sonntagsfrühstück und natürlich auch Eis.

Einkehren
Gaststätte & Biergarten Waldkater
Waldkater 1 · 06120 Halle (Saale) · www.waldkater.eu ·
Di–Do, Sa 11.30–20, So bis 18 Uhr, Fr nur Reservierungen
Der Waldkater ist das älteste Ausflugslokal in Halle an der Saale. Je nach Hungergröße wählt ihr etwa zwischen Gulasch, Currywurst oder Salat. Kinder freuen sich über Fischstäbchen mit Pommes, bevor sie selbst kochen: in der Spielküche beim Sandkasten unter hohen Kastanien und Eichen. Oder sie toben auf dem Klettergerüst.

Dölauer Heide

Das naturgeschützte Areal ist eines der größten Waldgebiete in der Umgebung von Halle. Es ist von einem circa 20 Meter hohen Gesteinsplateau durchzogen und mit natürlichen Schluchten und Steinbrüchen landschaftlich äußerst abwechslungsreich. Archäologische Funde belegen, dass es hier bereits in der Jungsteinzeit zwischen 3500 und 3000 v. Chr. Siedlungen gab. Einige Steingräber gibt es noch in der Heide, die jeweiligen Funde sind im Halleschen Landesmuseum für Vorgeschichte (▸ Seite 151) ausgestellt.

km 0–2 Vom Universitätsklinikum zum Kolkturm

Es gibt mehrere Zugänge zur Heide, dieser Weg beginnt an der Tramhaltestelle Universitätsklinikum. An der Gleisschleife vorbei und weiter geradeaus betretet ihr die Heide über eine breite Straße, die gleich zum ältesten Waldlokal in Halle führt, dem **Waldkater** (eröffnet im Jahr 1848). Doch noch vor dem Biergarten-Tor, gleich hinter dem Parkplatz, biegt ein Weg nach links ab, der mit einer roten Krone markiert ist: der Prinzessinnenweg. Als unbefestigter Weg führt er durch den Wald zum **Neuen Herthateich.** Dort biegt er rechts ab und stößt bald auf eine unbefestigte Straße, den **Hallweg.** Ihr geht links und erreicht nach weniger als 500 Metern eine Wegkreuzung mit Rastplatz bei einem hölzernen Waldgeist. Vor euch ist schon der Bischofs- oder Kolkturmberg zu erahnen, die höchste Erhebung der Dölauer Heide. Vor dem Aufstieg können sich die Kinder noch auf dem kleinen **Spielplatz** austoben oder aus Ästen eine Hütte bauen.

Auf blau-gelben Stufen geht es in die Höhe

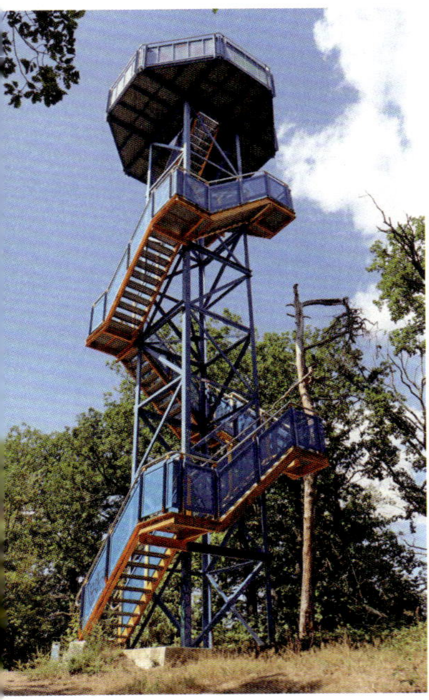

Vom Spielplatz steigt ein enger und sehr steiler Weg hoch zum **Kolkturmberg.** Den nehmen Kinder besonders gerne. Wer es etwas entspannter mag, nimmt den etwas längeren, aber weniger anstrengenden Weg. Dafür folgt

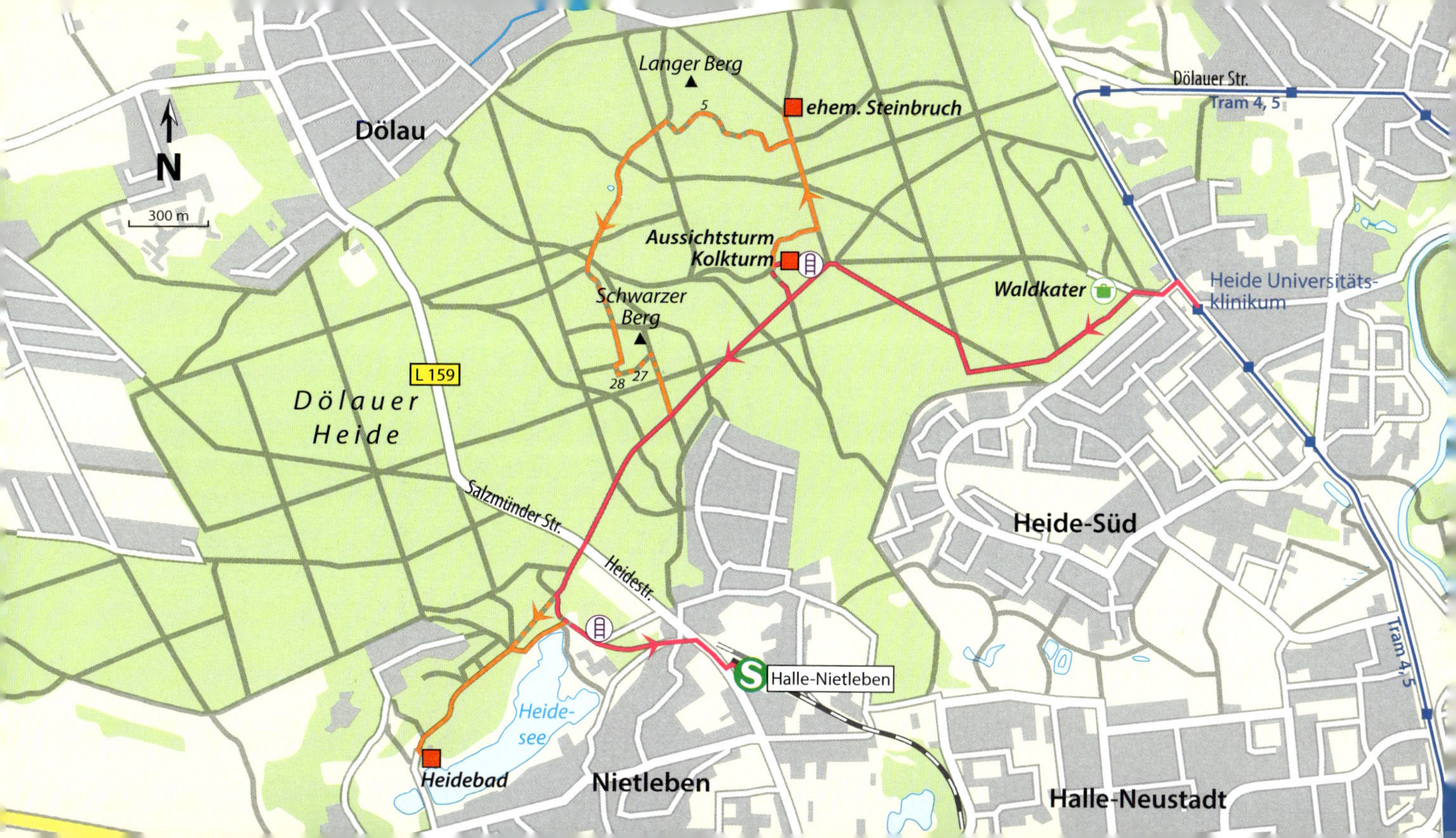

Dölau
N
300 m
Langer Berg
5
ehem. Steinbruch
Dölauer Str.
Tram 4, 5
Aussichtsturm
Kolkturm
Waldkater
Heide Universitäts-
klinikum
Schwarzer
Berg
28
27
L 159
Dölauer
Heide
Salzmünder Str.
Heidestr.
Heide-Süd
Halle-Nietleben
Heide-
see
Heidebad
Nietleben
Halle-Neustadt
Tram 4, 5

ihr dem breiten Kolkturmweg beim Spielplatz bis zur Abbiegung nach rechts, ausgeschildert zum **Aussichtsturm.** Auch diese Strecke ist allerdings mit Kinderwagen herausfordernd, denn der Weg ist mal sandig, mal matschig und die Höhendifferenz müsst ihr so oder so bewältigen. Sobald der Weg mit langen Treppen aus schräg gelegten Ästen befestigt wird, biegt ihr rechts ab. Oben könnt ihr den 16 Meter hohen, gelb-blau gestrichenen Turm besteigen und den Blick über die Heide und die Altstadt von Halle genießen.

Beim Abstieg müsst ihr entscheiden, ob ihr gleich zum Heidesee und einem weiteren Spielplatz wollt, oder eine lange Runde durch die Heide drehen möchtet. Auf rund 3 Extra-Kilometern führt diese über einen ehemaligen Steinbruch und zu einigen prähistorischen Steingräbern. Mit Kinderwagen ist sie leider nicht zu machen. In diesem Fall geht ihr auf dem blau markierten Weg nach rechts.

Variante über Steinbruch und Naturlehrpfad

+ 2,2 km **Über den Naturlehrpfad zu den prähistorischen Gräbern**
Ihr steigt vom Bischofsberg nach rechts zum breiten Hallweg ab und geht hier links. Nach rund 500 Metern erreicht ihr einen ehemaligen **Steinbruch,** wo früher Quarzporphyr abgebaut wurde. Die davor liegende, freie Fläche ist ein netter Ort zum Rasten und Spielen an nicht zu heißen Tagen.

Um zum Naturlehrpfad zu kommen, geht ihr auf dem Hallweg wieder ein Stück zurück und biegt dann rechts ab. Der Naturlehrpfad ist mit einem roten Balken im weißen Feld markiert. Er wurde im Jahre 1932 angelegt, aber seitdem natürlich mehrmals modernisiert. Entlang des Weges entdeckt ihr daher auch keine Holztafeln, sondern kleine weiße Steinwürfel mit roten Nummern und QR-Codes, über die mit dem Smartphone Informationen zu den historischen, botanischen und geologischen Besonderheiten der Orte abgerufen werden können (alternativ gibt es eine Broschüre auf der Webseite der Stadt Halle).

Ihr betretet das **Naturschutzgebiet Bischofswiese.** Von nun an geht es allmählich wieder bergauf auf den Langen Berg. Der Weg ist schmal und der Boden weich, nach Regen kann es hier rutschig werden. Oben angekommen entdeckt ihr beim Stein mit der Nummer 36 den geöffneten Grabhügel Nummer 5 mit **prähistorischem**

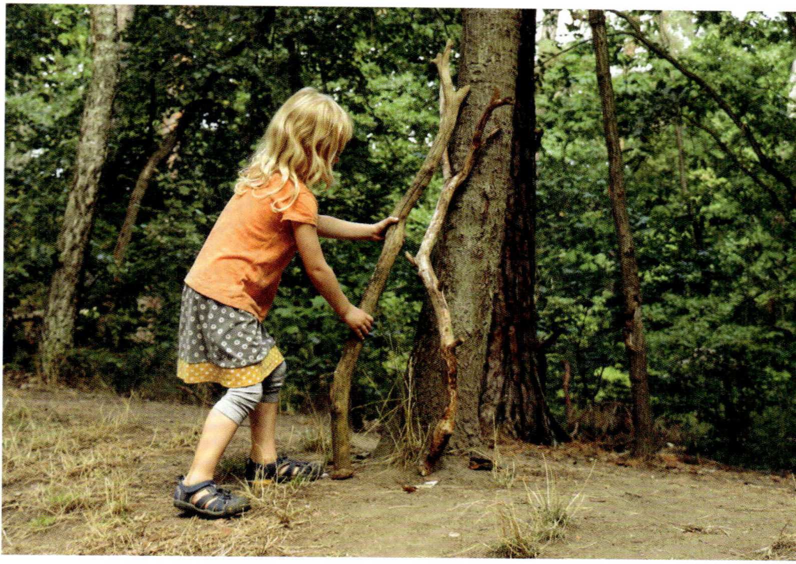

Das wird mal ein tolles Tipi! Kinder finden hier überall Material zum Bauen und Spielen

Steinkistengrab. Es gibt hier noch weitere Grabhügel, die aber ungeöffnet bleiben. Sie sind ungefähr 4 000 Jahre alt.

Jetzt geht es wieder steil bergab. Kurz nach dem Stein mit der Nummer 39 trifft der Pfad auf einen breiteren Weg. Ihr biegt links ein und verlasst damit den Naturlehrpfad. Immer geradeaus geht es weiter durch Mischwald. Nachdem ihr den Wolfsschluchtweg gekreuzt habt, erreicht ihr eine Gabelung, wo ihr euch links haltet. Es geht hoch auf den **Schwarzen Berg.**

Nach etwa 400 Metern biegt der Weg rechts ab. Hier bietet ein Schild archäologische Informationen über den Grabhügel Nummer 28, der dahinter liegt. Sieben Gräber wurden darin gefunden, dazu Keramik, die man wegen ihres Musters als Schnurkeramik bezeichnet und die mehr als 4 200 Jahre alt ist. Der schmale Weg führt nach links zu Grabhügel Nummer 27. Diesen geöffneten Hügel umgibt ein Steinkranz, in der Mitte erkennt man ein markantes Steingrab. Insgesamt fand man auf diesem Hochplateau 36 Grabhügel.

Folgt dem Pfad bis zu einer T-Kreuzung und dort nach rechts. Es geht nun ziemlich steil bergab. Ihr kreuzt zuerst eine asphaltierte

Straße und stoßt dann auf den Kolkturmweg. Hier wendet ihr euch nach rechts in Richtung Heidesee.

km 2–5 **Vom Kolkturm zum Bahnhof Nietleben**

Für die leichte Hauptstrecke geht ihr vom Aussichtsturm zurück zum Kolkturmweg, von dem ihr gekommen seid. Dort schlagt ihr die Richtung zum Heidesee ein. Kurz nachdem ihr den Weg mit dem beunruhigenden Namen Wolfsschlucht überquert habt, kommt eine Gabelung. Ihr haltet euch links, bleibt somit auf dem Kolkturmweg und überquert nach einem knappen Kilometer alte, zugewachsene Bahngleise und dahinter eine Landesstraße (L 159). Weiter geht es geradeaus durch Mischwald und an einem Sportplatz vorbei. Wo der Wald sich lichtet, ist eine Kreuzung. Falls ihr noch zum Heidebad wollt, geht geradeaus über die Lichtung, sonst biegt links ab. Zum S-Bahnhof ist es von hier aus noch ein knapper Kilometer.

Abstecher zum Heidebad

Über die Lichtung geht es durch den von Kiefern geprägten Wald. Dieser Abschnitt ist sehr sandig und für Kinderwagen oder Fahrräder schwierig, aber im Wald wird der Weg zu einem einfacher befahrbaren Plattenweg. Langsam geht es bergab, bis nach rund 500 Metern das **Heidebad** mit großem Parkplatz auftaucht. Dort können die Kinder im Sand buddeln, ins Wasser rutschen oder den Kletterspielplatz in den Bäumen erobern. Ein Strandcafé gibt es natürlich auch. Nach dem Baden kehrt ihr auf dem gleichen Weg bis zur Lichtung zurück oder ihr lauft am Seeufer entlang.

Von der Lichtung geht es rechts bergab zu einem kleinen Sandhang. Hinter einer großen Eiche und dem Schilf lugt der Heidesee hervor und nach wenigen Metern kommt der **Ameisenspielplatz.** Da verwandeln sich Kinder (oder auch Erwachsene) in Ameisen, klettern auf den überdimensionalen Ameisenhaufen und rutschen wieder runter oder balancieren auf den vielen Stockbauten.

Hinter dem Spielplatz führt ein Pfad schräg links wie durch einen grünen Tunnel und ein Stück weiter stoßt ihr auf die Heidestraße, auf der sich rechts der Bahnhof befindet.

Was verraten uns die uralten Grabstellen in der Dölauer Heide?

Ihr steht auf der Bischofswiese in der Dölauer Heide – und jetzt versetzt euch etwa 4500 Jahre in die Vergangenheit. Diese Zeit nennen wir heute Jungsteinzeit. Damals hat sich langsam aber sicher vieles im Leben der Menschen verändert. Die meisten sind schon keine Nomaden mehr, sie bauen Häuser und wohnen in kleinen Siedlungen. Auch hier auf der Bischofswiese.

Euer Alltag hätte in etwa so ausgesehen: Kinder arbeiten mit den Erwachsenen zusammen – ihr kümmert euch um die Nutztiere (es werden zum Beispiel Rinder, Schafe oder Hunde gehalten) oder ihr geht mit in den Wald, um essbare Früchte zu sammeln oder zu jagen. Es gibt auch einfache Spielzeuge – Holztiere, Rasseln oder Kinderspeere.

Die Menschen bauen Getreide an. Daraus wird zwischen zwei Steinen Mehl gemahlen und dann Brot gebacken. Man stellt Werkzeuge her (zum Beispiel aus Stein, Holz und Knochen) und töpfert. In den keramischen Gefäßen wird Nahrung aufbewahrt und für den Winter gelagert und man kann darin Speisen zubereiten.

Woher wissen wir das alles?

Viele Informationen konnte man aus den Gräbern gewinnen, die man in der Dölauer Heide gefunden hat. Denn wenn die Menschen der Jungsteinzeit ihre Toten bestatteten, gaben sie ihnen Dinge wie Waffen, Werkzeuge, Schmuck und auch Nahrung mit. Sie glaubten wohl, dass die Toten dies im Jenseits benötigten. Jahrtausende später hat man diese Spuren versunkener Gesellschaften wieder ausgebuddelt.

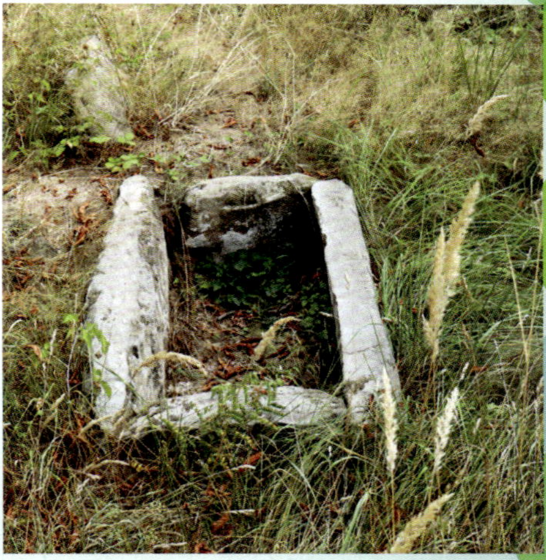

Mindestens 36 Grabhügel mit jeweils mehreren Gräbern wurden hier in der Jungsteinzeit angelegt. Man sieht sie noch heute.

S

T

U

V

W

Z

Es gibt überall so viel zu entdecken!

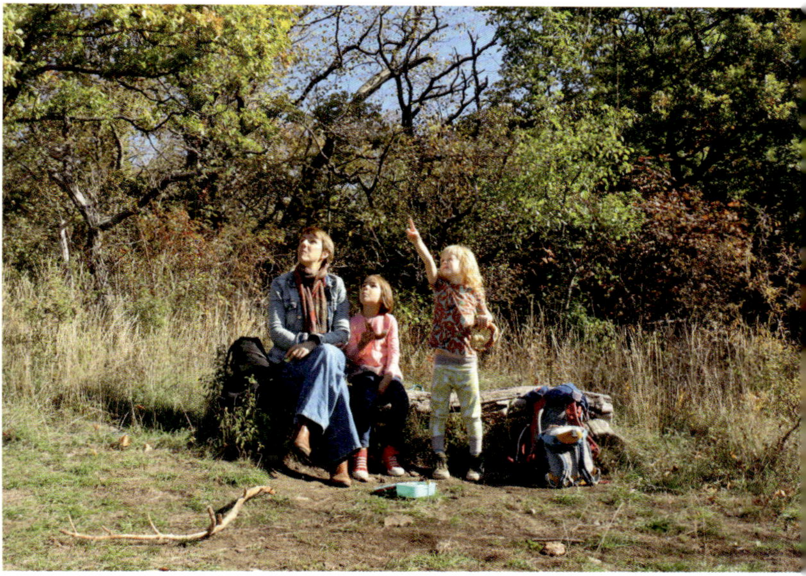

Liebe Leserinnen und Leser,
alle Angaben in diesem Wanderführer sind gewissenhaft geprüft. Trotz gründlicher Recherche können sich manchmal Fehler einschleichen. Wir bitten um Verständnis, dass der Verlag dafür keine Haftung übernehmen kann. Über Hinweise, Berichtigungen und Ergänzungsvorschläge freuen wir uns jederzeit!

Verlagsanschrift
via reise verlag
Lehderstraße 16–19
13086 Berlin
post@viareise.de
www.viareise.de

1. Auflage, Berlin 2023

ISBN 978-3-949138-29-4

Text & Recherche
Pavla Nejezchleba

Redaktion
Nelly Möller

Herstellung & Gestaltung
Annelie Krupicka (via reise verlag)

Kartografie
Annelie Krupicka (via reise verlag)

Umschlagreihengestaltung
Nino Arndt, Berlin

Umschlaggestaltung
Annelie Krupicka

Druck
Druckhaus Sportflieger, Berlin

FSC www.fsc.org MIX Papier aus verantwortungsvollen Quellen FSC® C104586

Fotos
Pavla Nejezchleba, außer:
Martin Nejezchleba 5, 141; 2199_de/stock.adobe.com 111; ArTo/stock.adobe.com 152, 157; autofocus67/stock.adobe.com 128; Ceri Mitchell 85; David Hajnal/stock.adobe.com 149; gemeinfrei 49, 57, 79,125; jk daylight/stock.adobe.com 35; Juergen/stock.adobe.com 136; Juulijs/stock.adobe.com 103; LianeM/stock.adobe.com 114; lurii/stock.adobe.com 19; Marcus Friedrich/stock.adobe.com 87; Marion/Pixelio 71; mhp/stock.adobe.com 58; maunzel/stock.adobe.com 135; nuwanda/stock.adobe.com 156; osiris59/stock.adobe.com 95; Ralf Lehmann/stock.adobe.com 43; Sina Ettmer/stock.adobe.com 50; Sina Ettmer/Shutterstock.com 122; Sven Jungnickel/stock.adobe.com 11; tilialucida/stock.adobe.com 143

Umschlagfoto vorn
Wandern mit Kindern am Rochlitzer Berg
(Pavla Nejezchleba)

Umschlagfoto hinten
An den Haselbacher Teichen
(Pavla Nejezchleba)

Foto Umschlagklappe vorn
Aussicht vom Rochlitzer Berg
(Pavla Nejezchleba)